Entwurf

VERTRAG
ÜBER EINE

VERFASSUNG FÜR EUROPA

Vom Europäischen Konvent im Konsensverfahren angenommen
am 13. Juni und 10. Juli 2003

DEM PRÄSIDENTEN DES EUROPÄISCHEN RATES
IN ROM ÜBERREICHT

— *18. Juli 2003* —

E

Europäischer Konvent

Europe Direct soll Ihnen helfen, Antworten auf Ihre Fragen zur Europäischen Union zu finden

Neue gebührenfreie Telefonnummer:
00 800 6 7 8 9 10 11

Zahlreiche weitere Informationen zur Europäischen Union sind verfügbar über Internet, Server Europa (http://europa.eu.int).

Bibliografische Daten befinden sich am Ende der Veröffentlichung.

Luxemburg: Amt für amtliche Veröffentlichungen der Europäischen Gemeinschaften, 2003

ISBN 92-78-40195-1

Printed in Germany

GEDRUCKT AUF CHLORFREI GEBLEICHTEM PAPIER

VORWORT

zu Teil I und Teil II des Entwurfs eines Vertrags über eine Verfassung für Europa, die dem Europäischen Rat auf seiner Tagung in Thessaloniki am 20. Juni 2003 überreicht wurden.

Der Europäische Rat hat auf seiner Tagung am 14./15. Dezember 2001 in Laeken (Belgien) festgestellt, dass sich die Europäische Union an einem entscheidenden Wendepunkt ihrer Geschichte befindet, und hat den Europäischen Konvent zur Zukunft Europas einberufen.

Dieser Konvent erhielt den Auftrag, Vorschläge zu drei Anliegen zu unterbreiten, nämlich den Bürgern das europäische Projekt und die europäischen Organe näher zu bringen, das politische Leben und den europäischen politischen Raum in einer erweiterten Union zu strukturieren und die Union zu einem Stabilitätsfaktor und zu einem Vorbild in der neuen Weltordnung zu machen.

Der Konvent hat auf die Fragen in der Erklärung von Laeken folgende Antwort gegeben:

- Er schlägt eine bessere Aufteilung der Zuständigkeiten der Union und der Mitgliedstaaten vor.
- Er empfiehlt, die Verträge zusammenzufassen und die Union mit einer Rechtspersönlichkeit auszustatten.
- Er arbeitet vereinfachte Handlungsinstrumente der Union aus.
- Er schlägt Maßnahmen für mehr Demokratie, Transparenz und Effizienz in der Europäischen Union vor; so sollen die nationalen Parlamente stärker an der Legitimierung des europäischen Projekts mitwirken, die Entscheidungsprozesse vereinfacht und dafür gesorgt werden, dass die Funktionsweise der europäischen Organe transparenter und besser verständlich wird.
- Er arbeitet die Maßnahmen aus, die zur Verbesserung der Struktur und zur Stärkung der Rolle aller drei Organe der Union erforderlich sind, und trägt dabei insbesondere den Auswirkungen der Erweiterung Rechnung.

In der Erklärung von Laeken wurde die Frage aufgeworfen, ob die Vereinfachung und Neuordnung der Verträge nicht zur Annahme eines Verfassungstextes führen sollte. Im Verlauf seiner Beratungen ist es dem Konvent schließlich gelungen, den Entwurf eines Vertrags über eine Verfassung für Europa auszuarbeiten, zu dem auf der Plenartagung am 13. Juni 2003 weitgehender Konsens erzielt wurde.

Diesen Text dürfen wir heute, am 20. Juni 2003, im Namen des Europäischen Konvents dem Europäischen Rat in Thessaloniki in der Hoffnung unterbreiten, dass er das Fundament eines künftigen Vertrags über die Europäische Verfassung darstellen wird.

Valéry Giscard d'Estaing
Vorsitzender

Giuliano Amato
Stellvertretender Vorsitzender

Jean-Luc Dehaene
Stellvertretender Vorsitzender

ENTWURF

VERTRAG ÜBER EINE VERFASSUNG FÜR EUROPA

PRÄAMBEL

Χρώμεθα γὰρ πολιτείᾳ... καὶ ὄνομα μὲν διὰ τὸ μὴ ἐς ὀλίγους ἀλλ' ἐς πλείονας οἰκεῖν δημοκρατία κέκληται.

Die Verfassung, die wir haben ... heißt Demokratie, weil der Staat nicht auf wenige Bürger, sondern auf die Mehrheit ausgerichtet ist.

Thukydides, II, 37

In dem Bewusstsein, dass der Kontinent Europa ein Träger der Zivilisation ist und dass seine Bewohner, die ihn seit Urzeiten in immer neuen Schüben besiedelt haben, im Laufe der Jahrhunderte die Werte entwickelt haben, die den Humanismus begründen: Gleichheit der Menschen, Freiheit, Geltung der Vernunft,

Schöpfend aus den kulturellen, religiösen und humanistischen Überlieferungen Europas, deren Werte in seinem Erbe weiter lebendig sind und die zentrale Stellung des Menschen und die Unverletzlichkeit und Unveräußerlichkeit seiner Rechte sowie den Vorrang des Rechts in der Gesellschaft verankert haben,

In der Überzeugung, dass ein nunmehr geeintes Europa auf diesem Weg der Zivilisation, des Fortschritts und des Wohlstands zum Wohl all seiner Bewohner, auch der Schwächsten und der Ärmsten, weiter voranschreiten will, dass es ein Kontinent bleiben will, der offen ist für Kultur, Wissen und sozialen Fortschritt, dass es Demokratie und Transparenz als Wesenszüge seines öffentlichen Lebens stärken und auf Frieden, Gerechtigkeit und Solidarität in der Welt hinwirken will,

In der Gewissheit, dass die Völker Europas, wiewohl stolz auf ihre nationale Identität und Geschichte, entschlossen sind, die alten Trennungen zu überwinden und immer enger vereint ihr Schicksal gemeinsam zu gestalten,

In der Gewissheit, dass Europa, "in Vielfalt geeint", ihnen die besten Möglichkeiten bietet, unter Wahrung der Rechte des Einzelnen und im Bewusstsein ihrer Verantwortung gegenüber den künftigen Generationen und der Erde dieses große Abenteuer fortzusetzen, das einen Raum eröffnet, in dem sich die Hoffnung der Menschen entfalten kann,

In dankender Anerkennung der Leistung der Mitglieder des Europäischen Konvents, die diese Verfassung im Namen der Bürgerinnen und Bürger und der Staaten Europas ausgearbeitet haben,

[Sind die Hohen Vertragsparteien nach Austausch ihrer in guter und gehöriger Form befundenen Vollmachten wie folgt übereingekommen:]

TEIL I

Titel I DEFINITION UND ZIELE DER UNION

Artikel 1 GRÜNDUNG DER UNION

(1) Geleitet von dem Willen der Bürgerinnen und Bürger und der Staaten Europas, ihre Zukunft gemeinsam zu gestalten, begründet diese Verfassung die Europäische Union, der die Mitgliedstaaten Zuständigkeiten zur Verwirklichung ihrer gemeinsamen Ziele übertragen. Die Union koordiniert die diesen Zielen dienende Politik der Mitgliedstaaten und übt die ihr von den Mitgliedstaaten übertragenen Zuständigkeiten in gemeinschaftlicher Weise aus.

(2) Die Union steht allen europäischen Staaten offen, die ihre Werte achten und sich verpflichten, ihnen gemeinsam Geltung zu verschaffen.

Artikel 2 DIE WERTE DER UNION

Die Werte, auf die sich die Union gründet, sind die Achtung der Menschenwürde, Freiheit, Demokratie, Gleichheit, Rechtsstaatlichkeit und die Wahrung der Menschenrechte; diese Werte sind allen Mitgliedstaaten in einer Gesellschaft gemeinsam, die sich durch Pluralismus, Toleranz, Gerechtigkeit, Solidarität und Nichtdiskriminierung auszeichnet.

Artikel 3 DIE ZIELE DER UNION

(1) Ziel der Union ist es, den Frieden, ihre Werte und das Wohlergehen ihrer Völker zu fördern.

(2) Die Union bietet ihren Bürgerinnen und Bürgern einen Raum der Freiheit, der Sicherheit und des Rechts ohne Binnengrenzen und einen Binnenmarkt mit freiem und unverfälschtem Wettbewerb.

(3) Die Union strebt die nachhaltige Entwicklung Europas auf der Grundlage eines ausgewogenen Wirtschaftswachstums an, eine in hohem Maße wettbewerbsfähige soziale Marktwirtschaft, die auf Vollbeschäftigung und sozialen Fortschritt abzielt, sowie ein hohes Maß an Umweltschutz und Verbesserung der Umweltqualität. Sie fördert den wissenschaftlichen und technischen Fortschritt.

Sie bekämpft soziale Ausgrenzung und Diskriminierungen und fördert soziale Gerechtigkeit und sozialen Schutz, die Gleichstellung von Frauen und Männern, die Solidarität zwischen den Generationen und den Schutz der Rechte des Kindes.

Sie fördert den wirtschaftlichen, sozialen und territorialen Zusammenhalt und die Solidarität zwischen den Mitgliedstaaten.

Die Union wahrt den Reichtum ihrer kulturellen und sprachlichen Vielfalt und sorgt für den Schutz und die Entwicklung des kulturellen Erbes Europas.

(4) In ihren Beziehungen zur übrigen Welt schützt und fördert die Union ihre Werte und Interessen. Sie trägt bei zu Frieden, Sicherheit, nachhaltiger Entwicklung der Erde, Solidarität und gegenseitiger Achtung unter den Völkern, freiem und gerechtem Handel, Beseitigung der Armut und Schutz der Menschenrechte, insbesondere der Rechte des Kindes, sowie zur strikten Einhaltung und Weiterentwicklung des Völkerrechts, insbesondere zur Wahrung der Grundsätze der Charta der Vereinten Nationen.

(5) Diese Ziele werden mit geeigneten Mitteln entsprechend dem Umfang der Zuständigkeiten verfolgt, die der Union in der Verfassung übertragen werden.

Artikel 4 GRUNDFREIHEITEN UND NICHTDISKRIMINIERUNG

(1) Der freie Personen-, Waren-, Dienstleistungs- und Kapitalverkehr sowie die Niederlassungsfreiheit werden innerhalb der Union und von der Union gemäß der Verfassung gewährleistet.

(2) Unbeschadet besonderer Bestimmungen der Verfassung ist in ihrem Anwendungsbereich jede Diskriminierung aus Gründen der Staatsangehörigkeit verboten.

Artikel 5 BEZIEHUNGEN ZWISCHEN DER UNION UND DEN MITGLIEDSTAATEN

(1) Die Union achtet die nationale Identität der Mitgliedstaaten, die in deren grundlegender politischer und verfassungsrechtlicher Struktur einschließlich der regiona-

len und kommunalen Selbstverwaltung zum Ausdruck kommt. Sie achtet die grundlegenden Funktionen des Staates, insbesondere die Wahrung der territorialen Unversehrtheit, die Aufrechterhaltung der öffentlichen Ordnung und den Schutz der inneren Sicherheit.

(2) Nach dem Grundsatz der loyalen Zusammenarbeit achten und unterstützen sich die Union und die Mitgliedstaaten gegenseitig bei der Erfüllung der Aufgaben, die sich aus der Verfassung ergeben.

Die Mitgliedstaaten erleichtern der Union die Erfüllung ihrer Aufgabe und unterlassen alle Maßnahmen, welche die Verwirklichung der in der Verfassung genannten Ziele gefährden könnten.

Artikel 6 RECHTSPERSÖNLICHKEIT

Die Union besitzt Rechtspersönlichkeit.

Titel II

GRUNDRECHTE UND UNIONSBÜRGERSCHAFT

Artikel 7 GRUNDRECHTE

(1) Die Union erkennt die Rechte, Freiheiten und Grundsätze an, die in der Charta der Grundrechte als dem Teil II der Verfassung enthalten sind.

(2) Die Union strebt den Beitritt zur Europäischen Konvention zum Schutze der Menschenrechte und Grundfreiheiten an. Der Beitritt zu dieser Konvention ändert nicht die in der Verfassung festgelegten Zuständigkeiten der Union.

(3) Die Grundrechte, wie sie in der Europäischen Konvention zum Schutze der Menschenrechte und Grundfreiheiten gewährleistet sind und wie sie sich aus den gemeinsamen Verfassungsüberlieferungen der Mitgliedstaaten ergeben, gehören zu den allgemeinen Grundsätzen des Unionsrechts.

Artikel 8 DIE UNIONSBÜRGERSCHAFT

(1) Unionsbürgerin oder Unionsbürger ist, wer die Staatsangehörigkeit eines Mitgliedstaats besitzt. Die Unionsbürgerschaft tritt zur nationalen Staatsbürgerschaft hinzu, ohne diese zu ersetzen.

(2) Die Unionsbürgerinnen und Unionsbürger haben die in der Verfassung vorgesehenen Rechte und Pflichten. Sie haben

- das Recht, sich im Hoheitsgebiet der Mitgliedstaaten frei zu bewegen und aufzuhalten;
- in dem Mitgliedstaat, in dem sie ihren Wohnsitz haben, das aktive und passive Wahlrecht bei den Wahlen zum Europäischen Parlament und bei den Kommunalwahlen, wobei für sie dieselben Bedingungen gelten wie für die Angehörigen des betreffenden Mitgliedstaats;
- im Hoheitsgebiet eines Drittlandes, in dem der Mitgliedstaat, dessen Staatsangehörigkeit sie besitzen, nicht vertreten ist, Recht auf Schutz der diplomatischen und konsularischen Stellen eines jeden Mitgliedstaats unter denselben Bedingungen wie Staatsangehörige dieses Staates;

– das Recht, Petitionen an das Europäische Parlament zu richten, sich an den Europäischen Bürgerbeauftragten zu wenden wie auch das Recht, sich in einer der Sprachen der Verfassung an die Organe und die beratenden Einrichtungen der Union zu wenden und eine Antwort in derselben Sprache zu erhalten.

(3) Diese Rechte werden unter den Bedingungen und innerhalb der Grenzen ausgeübt, die in der Verfassung und in den Bestimmungen zu ihrer Anwendung festgelegt sind.

Titel III # DIE ZUSTÄNDIGKEITEN DER UNION

Artikel 9 GRUNDPRINZIPIEN

(1) Für die Abgrenzung der Zuständigkeiten der Union gilt der Grundsatz der begrenzten Einzelermächtigung. Für die Ausübung der Zuständigkeiten der Union gelten die Grundsätze der Subsidiarität und der Verhältnismäßigkeit.

(2) Nach dem Grundsatz der begrenzten Einzelermächtigung wird die Union innerhalb der Grenzen der Zuständigkeiten tätig, die die Mitgliedstaaten ihr in der Verfassung zur Verwirklichung der darin niedergelegten Ziele zugewiesen haben. Alle der Union nicht in der Verfassung zugewiesenen Zuständigkeiten verbleiben bei den Mitgliedstaaten.

(3) Nach dem Subsidiaritätsprinzip wird die Union in den Bereichen, die nicht in ihre ausschließliche Zuständigkeit fallen, nur tätig, sofern und soweit die Ziele der in Betracht gezogenen Maßnahmen von den Mitgliedstaaten weder auf zentraler noch auf regionaler oder lokaler Ebene ausreichend erreicht werden können, sondern vielmehr wegen ihres Umfangs oder ihrer Wirkungen auf Unionsebene besser erreicht werden können.

Die Organe der Union wenden das Subsidiaritätsprinzip nach dem Protokoll über die Anwendung der Grundsätze der Subsidiarität und der Verhältnismäßigkeit im Anhang zur Verfassung an. Die nationalen Parlamente achten auf die Einhaltung des Subsidiaritätsprinzips nach dem in diesem Protokoll vorgesehenen Verfahren.

(4) Nach dem Grundsatz der Verhältnismäßigkeit gehen die Maßnahmen der Union inhaltlich wie formal nicht über das für die Erreichung der Ziele der Verfassung erforderliche Maß hinaus.

Die Organe wenden den Grundsatz der Verhältnismäßigkeit im Einklang mit dem in Absatz 3 genannten Protokoll an.

Artikel 10 DAS UNIONSRECHT

(1) Die Verfassung und das von den Organen der Union in Ausübung der ihnen zugewiesenen Zuständigkeiten gesetzte Recht haben Vorrang vor dem Recht der Mitgliedstaaten.

(2) Die Mitgliedstaaten ergreifen alle geeigneten Maßnahmen allgemeiner oder besonderer Art zur Erfüllung der Verpflichtungen, die sich aus der Verfassung oder aus Handlungen der Organe der Union ergeben.

Artikel 11 ARTEN VON ZUSTÄNDIGKEITEN

(1) Weist die Verfassung der Union für einen bestimmten Bereich ausschließliche Zuständigkeit zu, so kann nur sie gesetzgeberisch tätig werden und rechtlich bindende Rechtsakte erlassen; die Mitgliedstaaten dürfen in einem solchen Fall nur dann tätig werden, wenn sie von der Union hierzu ermächtigt worden sind, oder um von ihr erlassene Rechtsakte durchzuführen.

(2) Weist die Verfassung der Union für einen bestimmten Bereich eine mit den Mitgliedstaaten geteilte Zuständigkeit zu, so haben die Union und die Mitgliedstaaten die Befugnis, in diesem Bereich gesetzgeberisch tätig zu werden und rechtlich bindende Rechtsakte zu erlassen. Die Mitgliedstaaten nehmen ihre Zuständigkeit wahr, sofern und soweit die Union ihre Zuständigkeit nicht ausgeübt hat oder entschieden hat, diese nicht mehr auszuüben.

(3) Die Union ist zuständig im Hinblick auf die Förderung und Gewährleistung der Koordinierung der Wirtschafts- und Beschäftigungspolitik der Mitgliedstaaten.

(4) Die Union ist dafür zuständig, eine gemeinsame Außen- und Sicherheitspolitik einschließlich der schrittweisen Festlegung einer gemeinsamen Verteidigungspolitik zu erarbeiten und zu verwirklichen.

(5) In bestimmten Bereichen ist die Union unter den in der Verfassung genannten Bedingungen befugt, Maßnahmen zur Koordinierung, Ergänzung oder Unterstützung der Maßnahmen der Mitgliedstaaten durchzuführen, ohne dass dadurch die Zuständigkeit der Union für diese Bereiche an die Stelle der Zuständigkeit der Mitgliedstaaten tritt.

(6) Der Umfang der Zuständigkeiten der Union und die Einzelheiten ihrer Ausübung ergeben sich aus den jeweiligen Bestimmungen zu den einzelnen Bereichen in Teil III.

Artikel 12 AUSSCHLIESSLICHE ZUSTÄNDIGKEITEN

(1) Die Union hat ausschließliche Zuständigkeit für die Festlegung der für das Funktionieren des Binnenmarkts erforderlichen Wettbewerbsregeln sowie in folgenden Bereichen:

- die Währungspolitik für die Mitgliedstaaten, die den Euro eingeführt haben,
- die gemeinsame Handelspolitik,
- die Zollunion,
- die Erhaltung der biologischen Meeresschätze im Rahmen der gemeinsamen Fischereipolitik.

(2) Die Union hat ausschließliche Zuständigkeit für den Abschluss internationaler Übereinkommen, wenn der Abschluss eines solchen Übereinkommens in einem Rechtsakt der Union vorgesehen ist, wenn er notwendig ist, damit sie ihre interne Zuständigkeit ausüben kann, oder wenn er einen internen Rechtsakt der Union beeinträchtigt.

Artikel 13 BEREICHE MIT GETEILTER ZUSTÄNDIGKEIT

(1) Die Union teilt ihre Zuständigkeit mit den Mitgliedstaaten, wenn ihr die Verfassung außerhalb der in den Artikeln 12 und 16 genannten Bereiche eine Zuständigkeit zuweist.

(2) Die geteilte Zuständigkeit erstreckt sich auf die folgenden Hauptbereiche:

- Binnenmarkt,
- Raum der Freiheit, der Sicherheit und des Rechts,
- Landwirtschaft und Fischerei, ausgenommen die Erhaltung der biologischen Meeresschätze,
- Verkehr und transeuropäische Netze,
- Energie,
- Sozialpolitik hinsichtlich der in Teil III genannten Aspekte,
- wirtschaftlicher, sozialer und territorialer Zusammenhalt,
- Umwelt,
- Verbraucherschutz,
- gemeinsame Sicherheitsanliegen im Bereich des Gesundheitswesens.

(3) In den Bereichen Forschung, technologische Entwicklung und Raumfahrt erstreckt sich die Zuständigkeit der Union darauf, Maßnahmen zu treffen und insbesondere Programme zu erstellen und durchzuführen, ohne dass die Ausübung dieser Zuständigkeit der Union die Mitgliedstaaten hindert, ihre Zuständigkeiten auszuüben.

(4) In den Bereichen Entwicklungszusammenarbeit und humanitäre Hilfe erstreckt sich die Zuständigkeit der Union darauf, Maßnahmen zu treffen und eine gemeinsame Politik zu verfolgen, ohne dass die Ausübung dieser Zuständigkeit der Union die Mitgliedstaaten hindert, ihre Zuständigkeiten auszuüben.

Artikel 14 DIE KOORDINIERUNG DER WIRTSCHAFTS- UND BESCHÄFTIGUNGSPOLITIK

(1) Die Union trifft Maßnahmen zur Koordinierung der Wirtschaftspolitik der Mitgliedstaaten, insbesondere durch die Ausarbeitung der Grundzüge der Wirtschaftspolitik. Die Mitgliedstaaten koordinieren ihre Wirtschaftspolitik innerhalb der Union.

(2) Für die Mitgliedstaaten, die den Euro eingeführt haben, gelten besondere Regelungen.

(3) Die Union trifft Maßnahmen zur Koordinierung der Beschäftigungspolitik der Mitgliedstaten, insbesondere durch die Ausarbeitung von Leitlinien für die Beschäftigungspolitik.

(4) Die Union kann Initiativen zur Koordinierung der Sozialpolitik der Mitgliedstaaten ergreifen.

Artikel 15 DIE GEMEINSAME AUSSEN- UND SICHERHEITSPOLITIK

(1) Die Zuständigkeit der Union im Bereich der Gemeinsamen Außen- und Sicherheitspolitik erstreckt sich auf alle Bereiche der Außenpolitik sowie auf sämtliche Fragen im Zusammenhang mit der Sicherheit der Union, einschließlich der schrittweisen Festlegung einer gemeinsamen Verteidigungspolitik, die zu einer gemeinsamen Verteidigung führen kann.

(2) Die Mitgliedstaaten unterstützen die Gemeinsame Außen- und Sicherheitspolitik der Union aktiv und vorbehaltlos im Geiste der Loyalität und der gegenseitigen Solidarität und achten die Rechtsakte der Union in diesem Bereich. Sie enthalten sich jeder Handlung, die den Interessen der Union zuwiderläuft oder ihrer Wirksamkeit schaden könnte.

Artikel 16 UNTERSTÜTZUNGS-, KOORDINIERUNGS- UND ERGÄNZUNGSMASSNAHMEN

(1) Die Union kann Unterstützungs-, Koordinierungs- oder Ergänzungsmaßnahmen ergreifen.

(2) Unterstützungs-, Koordinierungs- oder Ergänzungsmaßnahmen können mit europäischer Zielsetzung in folgenden Bereichen ergriffen werden:

- Industrie,
- Schutz und Verbesserung der menschlichen Gesundheit,
- allgemeine und berufliche Bildung, Jugend und Sport,
- Kultur,
- Zivilschutz.

(3) Die rechtlich bindenden Rechtsakte, die von der Union aufgrund der jeweiligen Bestimmungen zu diesen Bereichen in Teil III erlassen werden, dürfen keine Harmonisierung der Rechts- und Verwaltungsvorschriften der Mitgliedstaaten beinhalten.

Artikel 17 FLEXIBILITÄTSKLAUSEL

(1) Erscheint ein Tätigwerden der Union im Rahmen der in Teil III festgelegten Politikbereiche erforderlich, um eines der Ziele der Verfassung zu verwirklichen, und sind in dieser Verfassung die hierfür erforderlichen Befugnisse nicht vorgesehen, so erlässt der Ministerrat einstimmig auf Vorschlag der Kommission und nach Zustimmung des Europäischen Parlaments die geeigneten Vorschriften.

(2) Die Kommission macht die nationalen Parlamente der Mitgliedstaaten im Rahmen des Verfahrens zur Kontrolle der Einhaltung des Subsidiaritätsprinzips nach Artikel 9 Absatz 3 auf die Vorschläge aufmerksam, die sich auf den vorliegenden Artikel stützen.

(3) Aufgrund des vorliegenden Artikels erlassene Vorschriften dürfen keine Harmonisierung der Rechts- und Verwaltungsvorschriften der Mitgliedstaaten in den Fällen beinhalten, in denen eine solche Harmonisierung nach der Verfassung ausgeschlossen ist.

Titel IV # DIE ORGANE DER UNION

Kapitel I ## INSTITUTIONELLER RAHMEN

Artikel 18 ### DIE ORGANE DER UNION

(1) Die Union verfügt über einen einheitlichen institutionellen Rahmen, mit dem angestrebt wird,

- die Ziele der Union zu verfolgen,
- ihren Werten Geltung zu verschaffen,
- den Interessen der Union, ihrer Bürgerinnen und Bürger und ihrer Mitgliedstaaten zu dienen

und die Kohärenz, Effizienz und Kontinuität der Politik der Union und der von ihr zur Erreichung ihrer Ziele getroffenen Maßnahmen sicherzustellen.

(2) Dieser institutionelle Rahmen umfasst

das Europäische Parlament,
den Europäischen Rat,
den Ministerrat,
die Europäische Kommission,
den Gerichtshof.

(3) Jedes Organ handelt nach Maßgabe der ihm in dieser Verfassung zugewiesenen Befugnisse nach den Verfahren und unter den Bedingungen, die in der Verfassung festgelegt sind. Die Organe arbeiten loyal zusammen.

Artikel 19 ### DAS EUROPÄISCHE PARLAMENT

(1) Das Europäische Parlament wird gemeinsam mit dem Ministerrat als Gesetzgeber tätig und übt gemeinsam mit ihm die Haushaltsbefugnisse aus; es erfüllt ferner Aufgaben der politischen Kontrolle und Beratungsfunktionen nach Maßgabe der Verfassung. Es wählt den Präsidenten der Europäischen Kommission.

(2) Das Europäische Parlament wird von den europäischen Bürgerinnen und Bürgern für eine Amtszeit von fünf Jahren in allgemeinen, freien und geheimen Wahlen direkt gewählt. Die Anzahl seiner Mitglieder darf 736 nicht überschreiten. Die europäischen Bürgerinnen und Bürger sind im Europäischen Parlament degressiv proportional, mindestens jedoch mit vier Mitgliedern je Mitgliedstaat vertreten.

Rechtzeitig vor den Wahlen zum Europäischen Parlament 2009 und danach im Bedarfsfall im Hinblick auf künftige Wahlen erlässt der Europäische Rat einstimmig auf Vorschlag des Europäischen Parlaments und mit dessen Zustimmung einen Beschluss über die Zusammensetzung des Europäischen Parlaments, in dem die oben genannten Grundsätze gewahrt sind.

(3) Das Europäische Parlament wählt aus seiner Mitte seinen Präsidenten und sein Präsidium.

Artikel 20 DER EUROPÄISCHE RAT

(1) Der Europäische Rat gibt der Union die für ihre Entwicklung erforderlichen Impulse und legt ihre allgemeinen politischen Zielvorstellungen und Prioritäten fest. Er wird nicht gesetzgeberisch tätig.

(2) Der Europäische Rat setzt sich zusammen aus den Staats- und Regierungschefs der Mitgliedstaaten sowie dem Präsidenten des Europäischen Rates und dem Präsidenten der Kommission. Der Außenminister der Union nimmt an den Beratungen teil.

(3) Der Europäische Rat tritt vierteljährlich zusammen; er wird von seinem Präsidenten einberufen. Wenn es die Tagesordnung erfordert, können die Mitglieder des Europäischen Rates beschließen, sich von einem Minister oder – im Fall des Präsidenten der Kommission – von einem Europäischen Kommissar unterstützen zu lassen. Wenn es die Lage erfordert, beruft der Präsident eine außerordentliche Tagung des Europäischen Rates ein.

(4) Soweit in der Verfassung nichts anderes festgelegt ist, entscheidet der Europäische Rat durch Konsens.

Artikel 21 DER PRÄSIDENT DES EUROPÄISCHEN RATES

(1) Der Präsident des Europäischen Rates wird vom Europäischen Rat mit qualifizierter Mehrheit für einen Zeitraum von zweieinhalb Jahren gewählt; er kann einmal wiedergewählt werden. Im Falle schwerwiegender Hinderungsgründe oder einer schweren Verfehlung kann der Europäische Rat ihn im Wege des gleichen Verfahrens von seinem Amt entbinden.

(2) Der Präsident des Europäischen Rates

- führt den Vorsitz und leitet die Beratungen des Europäischen Rates,
- sorgt in Zusammenarbeit mit dem Präsidenten der Kommission auf der Grundlage der Arbeiten des Rates (Allgemeine Angelegenheiten) für die angemessene Vorbereitung und Kontinuität dieser Beratungen,
- wirkt darauf hin, dass Zusammenhalt und Konsens im Europäischen Rat gefördert werden,
- legt dem Europäischen Parlament im Anschluss an jede Tagung des Europäischen Rates einen Bericht vor.

Der Präsident des Europäischen Rates nimmt in dieser Eigenschaft auf seiner Ebene unbeschadet der Zuständigkeiten des Außenministers der Union die Außenvertretung der Union in Angelegenheiten der Gemeinsamen Außen- und Sicherheitspolitik wahr.

(3) Der Präsident des Europäischen Rates darf kein einzelstaatliches Amt innehaben.

Artikel 22 DER MINISTERRAT

(1) Der Ministerrat wird gemeinsam mit dem Europäischen Parlament als Gesetzgeber tätig und übt gemeinsam mit ihm die Haushaltsbefugnisse aus; er erfüllt ferner Aufgaben der Politikfestlegung und der Koordinierung nach Maßgabe der Verfassung.

(2) Der Ministerrat besteht aus je einem von jedem Mitgliedstaat auf Ministerebene ernannten Vertreter für jede seiner Zusammensetzungen. Dieser Vertreter ist als Einziger befugt, für den Mitgliedstaat, den er vertritt, verbindlich zu handeln und das Stimmrecht auszuüben.

(3) Soweit in der Verfassung nichts anderes festgelegt ist, beschließt der Ministerrat mit qualifizierter Mehrheit.

Artikel 23 DIE ZUSAMMENSETZUNGEN DES MINISTERRATES

(1) Der Rat (Allgemeine Angelegenheiten und Gesetzgebung) gewährleistet die Kohärenz der Arbeiten des Ministerrates.

Als Rat (Allgemeine Angelegenheiten) trägt er in Verbindung mit der Kommission für die Vorbereitung der Tagungen des Europäischen Rates und das Vorgehen im Anschluss daran Sorge.

In seiner Eigenschaft als Gesetzgeber berät er und beschließt gemeinsam mit dem Europäischen Parlament nach Maßgabe der Verfassung über die Europäischen Gesetze und die Europäischen Rahmengesetze. Wird er in dieser Eigenschaft tätig, umfasst die Vertretung eines Mitgliedstaats außerdem je nach Tagesordnung einen oder zwei Fachvertreter auf Ministerebene.

(2) Der Rat (Auswärtige Angelegenheiten) formuliert die Außenpolitik der Union gemäß den strategischen Vorgaben des Europäischen Rates und gewährleistet die Kohärenz ihres Handelns. Den Vorsitz führt der Außenminister der Union.

(3) Der Europäische Rat erlässt einen Europäischen Beschluss, mit dem andere Zusammensetzungen des Ministerrates festgelegt werden.

(4) Der Vorsitz in den Formationen des Ministerrates mit Ausnahme der Zusammensetzung "Auswärtige Angelegenheiten" wird für die Dauer von mindestens einem Jahr nach dem Prinzip der gleichberechtigten Rotation von den Vertretern der Mitgliedstaaten im Ministerrat wahrgenommen. Der Europäische Rat erlässt einen Europäischen Beschluss, in dem die Regeln dieser Rotation unter Berücksichtigung des politischen und geografischen Gleichgewichts in Europa und der Verschiedenheit der Mitgliedstaaten festgelegt werden.

Artikel 24 DIE QUALIFIZIERTE MEHRHEIT

(1) Beschließt der Europäische Rat bzw. der Ministerrat mit qualifizierter Mehrheit, so muss diese der Mehrheit der Mitgliedstaaten entsprechen und mindestens drei Fünftel der Bevölkerung der Union repräsentieren.

(2) Wenn der Europäische Rat oder der Ministerrat gemäß der Verfassung nicht auf der Grundlage eines Vorschlags der Kommission beschließen muss oder wenn der Europäische Rat oder der Ministerrat nicht auf Initiative des Außenministers der Union beschließt, so entspricht die erforderliche qualifizierte Mehrheit zwei Dritteln der Mitgliedstaaten, die mindestens drei Fünftel der Bevölkerung der Union repräsentieren.

(3) Die Bestimmungen der Absätze 1 und 2 treten am 1. November 2009 nach den Wahlen zum Europäischen Parlament nach Artikel 19 in Kraft.

(4) In Fällen, in denen gemäß Teil III Europäische Gesetze und Rahmengesetze vom Ministerrat nach einem besonderen Rechtsetzungsverfahren angenommen werden müssen, kann der Europäische Rat nach einem Prüfungszeitraum von mindestens sechs Monaten von sich aus einstimmig einen Europäischen Beschluss erlassen, wonach diese Europäischen Gesetze oder Rahmengesetze nach dem ordentlichen Gesetzgebungsverfahren erlassen werden können. Der Europäische Rat beschließt nach Anhörung des Europäischen Parlaments und Unterrichtung der nationalen Parlamente.

In Fällen, in denen der Ministerrat gemäß Teil III in einem bestimmten Bereich einstimmig beschließen muss, kann der Europäische Rat von sich aus einstimmig einen Europäischen Beschluss erlassen, wonach der Ministerrat in diesem Bereich mit qualifizierter Mehrheit beschließen kann. Jede vom Europäischen Rat auf der Grundlage dieser Bestimmung ergriffene Initiative wird den nationalen Parlamenten mindestens vier Monate vor der Beschlussfassung übermittelt.

(5) Der Präsident des Europäischen Rates und der Präsident der Kommission nehmen an den Abstimmungen im Europäischen Rat nicht teil.

Artikel 25 DIE EUROPÄISCHE KOMMISSION

(1) Die Europäische Kommission fördert die allgemeinen europäischen Interessen und ergreift entsprechende Initiativen zu diesem Zweck. Sie trägt für die

Anwendung der Bestimmungen der Verfassung sowie der von den Organen kraft der Verfassung erlassenen Vorschriften Sorge. Sie überwacht die Anwendung des Unionsrechts unter der Kontrolle des Gerichtshofs. Sie führt den Haushaltsplan aus und verwaltet die Programme. Sie übt nach Maßgabe der Verfassung Koordinierungs-, Exekutiv- und Verwaltungsfunktionen aus. Mit Ausnahme der Gemeinsamen Außen- und Sicherheitspolitik und der übrigen in der Verfassung vorgesehenen Fälle übernimmt sie die Vertretung der Union nach außen. Sie initiiert die jährliche und die mehrjährige Programmplanung der Union mit dem Ziel, interinstitutionelle Vereinbarungen zu erreichen.

(2) Soweit in der Verfassung nichts anderes festgelegt ist, kann ein Gesetzgebungsakt der Union nur auf Vorschlag der Kommission erlassen werden. Andere Rechtsakte werden auf der Grundlage eines Kommissionsvorschlags erlassen, wenn dies in der Verfassung vorgesehen ist.

(3) Die Kommission besteht aus einem Kollegium, das sich aus ihrem Präsidenten, dem Außenminister der Union, der Vizepräsident ist, und aus dreizehn Europäischen Kommissaren, die nach einem System der gleichberechtigten Rotation zwischen den Mitgliedstaaten ausgewählt werden, zusammensetzt. Dieses System wird durch einen Europäischen Beschluss des Europäischen Rates geschaffen, der auf folgenden Grundsätzen beruht:

a) Die Mitgliedstaaten werden bei der Festlegung der Reihenfolge und der Dauer der Amtszeiten ihrer Staatsangehörigen im Kollegium vollkommen gleich behandelt; demzufolge kann die Gesamtzahl der Mandate, welche Staatsangehörige zweier beliebiger Mitgliedstaaten innehaben, niemals um mehr als eines voneinander abweichen.
b) Vorbehaltlich des Buchstabens a ist jedes der aufeinander folgenden Kollegien so zusammengesetzt, dass das demografische und geografische Spektrum der Gesamtheit der Mitgliedstaaten der Union auf zufrieden stellende Weise zum Ausdruck kommt.

Der Präsident der Kommission ernennt Kommissare ohne Stimmrecht, bei deren Auswahl dieselben Kriterien wie bei den Mitgliedern des Kollegiums zugrunde gelegt werden und die aus allen anderen Mitgliedstaaten kommen.

Diese Bestimmungen treten am 1. November 2009 in Kraft.

(4) Die Kommission übt ihre Tätigkeit in voller Unabhängigkeit aus. Die Europäischen Kommissare und die Kommissare dürfen bei der Erfüllung ihrer Pflichten Anweisungen von einer Regierung oder einer anderen Stelle weder anfordern noch entgegennehmen.

(5) Die Kommission ist als Kollegium dem Europäischen Parlament verantwortlich. Der Präsident der Kommission ist für die Tätigkeit der Kommissare dem Europäischen Parlament verantwortlich. Das Europäische Parlament kann gemäß Artikel III-243 einen Misstrauensantrag gegen die Kommission annehmen. Wird ein solcher Misstrauensantrag angenommen, so müssen die Europäischen Kommissare und die Kommissare geschlossen ihr Amt niederlegen. Die Kommission führt die laufenden Geschäfte bis zur Ernennung eines neuen Kollegiums weiter.

Artikel 26 DER PRÄSIDENT DER EUROPÄISCHEN KOMMISSION

(1) Unter Berücksichtigung der Wahlen zum Europäischen Parlament schlägt der Europäische Rat diesem im Anschluss an entsprechende Konsultationen mit qualifizierter Mehrheit einen Kandidaten für das Amt des Präsidenten der Kommission vor. Das Europäische Parlament wählt diesen Kandidaten mit der Mehrheit seiner Mitglieder. Erhält dieser Kandidat nicht die Mehrheit, so schlägt der Europäische Rat dem Europäischen Parlament innerhalb eines Monats einen neuen Kandidaten vor, wobei dasselbe Verfahren angewandt wird.

(2) Jeder durch das Rotationssystem bestimmte Mitgliedstaat erstellt eine beide Geschlechter berücksichtigende Liste von drei Personen, die er für geeignet erachtet, das Amt eines Europäischen Kommissars auszuüben. Der gewählte Präsident benennt die dreizehn Europäischen Kommissare aufgrund ihrer Kompetenz, ihres Engagements für Europa und ihrer Gewähr für Unabhängigkeit, indem er aus jeder Vorschlagsliste eine Person auswählt. Der Präsident und die als Mitglieder des Kollegiums benannten Persönlichkeiten einschließlich des künftigen Außenministers der Union sowie die als Kommissare ohne Stimmrecht benannten Persönlichkeiten stellen sich gemeinsam dem Zustimmungsvotum des Europäischen Parlaments. Die Amtszeit der Kommission beträgt fünf Jahre.

(3) Der Präsident der Kommission

- legt die Leitlinien fest, nach denen die Kommission ihre Aufgaben ausübt,
- beschließt über ihre interne Organisation, um die Kohärenz, die Effizienz und das Kollegialitätsprinzip im Rahmen ihrer Tätigkeit sicherzustellen,
- ernennt die Vizepräsidenten aus dem Kreis der Mitglieder des Kollegiums.

Ein Europäischer Kommissar oder ein Kommissar legt sein Amt nieder, wenn er vom Präsidenten dazu aufgefordert wird.

Artikel 27 DER AUSSENMINISTER DER UNION

(1) Der Europäische Rat ernennt mit qualifizierter Mehrheit mit Zustimmung des Präsidenten der Kommission den Außenminister der Union. Dieser leitet die Gemeinsame Außen- und Sicherheitspolitik der Union. Der Europäische Rat kann das Mandat des Außenministers nach dem gleichen Verfahren beenden.

(2) Der Außenminister der Union trägt durch seine Vorschläge zur Festlegung der gemeinsamen Außenpolitik bei und führt sie im Auftrag des Ministerrates durch. Er handelt ebenso im Bereich der Gemeinsamen Sicherheits- und Verteidigungspolitik.

(3) Der Außenminister der Union ist einer der Vizepräsidenten der Europäischen Kommission. Er ist dort mit den Außenbeziehungen und der Koordinierung der übrigen Aspekte des auswärtigen Handelns der Union betraut. Bei der Wahrnehmung dieser Zuständigkeiten in der Kommission und ausschließlich im Hinblick auf diese Zuständigkeiten unterliegt er den Verfahren, die für die Arbeitsweise der Kommission gelten.

Artikel 28 DER GERICHTSHOF

(1) Zum Gerichtshof gehören der Europäische Gerichtshof, das Gericht und Fachgerichte. Er gewährleistet die Achtung des Rechts bei der Auslegung und Anwendung der Verfassung.

Die Mitgliedstaaten schaffen die erforderlichen Rechtsbehelfe, damit ein wirksamer Rechtsschutz auf dem Gebiet des Unionsrechts gewährleistet ist.

(2) Der Europäische Gerichtshof besteht aus einem Richter je Mitgliedstaat und wird von Generalanwälten unterstützt.

Das Gericht besteht aus mindestens einem Richter je Mitgliedstaat; die Zahl der Richter wird in der Satzung des Gerichtshofs festgelegt.

Als Richter und Generalanwälte des Europäischen Gerichtshofs und als Richter des Gerichts sind Personen auszuwählen, die jede Gewähr für Unabhängigkeit bieten und die die Voraussetzungen gemäß den Artikeln III-260 und III-261 erfüllen; sie werden von den Regierungen der Mitgliedstaaten im gegenseitigen Einvernehmen für eine Amtszeit von sechs Jahren ernannt. Wiederernennung ist zulässig.

(3) Der Gerichtshof entscheidet

- über Klagen eines Mitgliedstaats, eines Organs oder juristischer oder natürlicher Personen gemäß den Bestimmungen von Teil III,
- im Wege der Vorabentscheidung auf Antrag der einzelstaatlichen Gerichte über die Auslegung des Unionsrechts oder über die Gültigkeit der Handlungen der Organe;
- über alle anderen in der Verfassung vorgesehenen Fälle.

Kapitel II SONSTIGE ORGANE UND EINRICHTUNGEN

Artikel 29 DIE EUROPÄISCHE ZENTRALBANK

(1) Die Europäische Zentralbank und die nationalen Zentralbanken bilden das Europäische System der Zentralbanken. Die Europäische Zentralbank und die nationalen Zentralbanken der Mitgliedstaaten, die die Währung der Union, den "Euro" eingeführt haben, betreiben die Währungspolitik der Union.

(2) Das Europäische System der Zentralbanken wird von den Beschlussorganen der Europäischen Zentralbank geleitet. Sein vorrangiges Ziel ist es, die Preisstabilität zu gewährleisten. Unbeschadet des Zieles der Preisstabilität unterstützt es die allgemeine Wirtschaftspolitik in der Union, um zur Verwirklichung der Ziele der Union beizutragen. Es führt alle weiteren Aufgaben einer Zentralbank nach Maßgabe des Teils III und der Satzungen des Europäischen Systems der Zentralbanken und der Europäischen Zentralbank aus.

(3) Die Europäische Zentralbank ist ein Organ, das Rechtspersönlichkeit besitzt. Sie allein ist befugt, die Ausgabe des Euro zu genehmigen. Sie ist in der Ausübung ihrer Befugnisse und ihren Finanzen unabhängig. Die Organe und Einrichtungen der Union sowie die Regierungen der Mitgliedstaaten verpflichten sich, diesen Grundsatz zu achten.

(4) Die Europäische Zentralbank erlässt die für die Erfüllung ihrer Aufgaben erforderlichen Maßnahmen gemäß den Artikeln III-77 bis III-83 und III-90 und nach Maßgabe der Satzungen des Europäischen Systems der Zentralbanken und der Europäischen Zentralbank. Gemäß diesen Bestimmungen behalten die Mitgliedstaaten, die den Euro nicht eingeführt haben, sowie deren Zentralbanken ihre Zuständigkeiten im Währungsbereich.

(5) Die Europäische Zentralbank wird in ihrem Zuständigkeitsbereich zu allen Vorschlägen für Rechtsakte der Union sowie zu allen Entwürfen für Rechtsvorschriften auf einzelstaatlicher Ebene gehört und kann Stellungnahmen abgeben.

(6) Die Beschlussorgane der Europäischen Zentralbank, ihre Zusammensetzung und die Modalitäten ihrer Arbeitsweise sind in den Artikeln III-84 bis

III-87 sowie in den Satzungen des Europäischen Systems der Zentralbanken und der Europäischen Zentralbank festgelegt.

Artikel 30 DER RECHNUNGSHOF

(1) Der Rechnungshof ist das Organ, das die Rechnungsprüfung wahrnimmt.

(2) Er prüft die Rechnung über alle Einnahmen und Ausgaben der Union und überzeugt sich von der Wirtschaftlichkeit der Haushaltsführung.

(3) Der Rechnungshof besteht aus einem Staatsangehörigen je Mitgliedstaat. Seine Mitglieder üben ihre Aufgaben in voller Unabhängigkeit aus.

Artikel 31 DIE BERATENDEN EINRICHTUNGEN DER UNION

(1) Das Europäische Parlament, der Ministerrat und die Kommission werden von einem Ausschuss der Regionen sowie einem Wirtschafts- und Sozialausschuss unterstützt, die beratende Aufgaben wahrnehmen.

(2) Der Ausschuss der Regionen setzt sich aus Vertretern der regionalen und lokalen Gebietskörperschaften zusammen, die entweder ein Wahlamt in einer regionalen oder lokalen Gebietskörperschaft innehaben oder gegenüber einer gewählten Versammlung politisch verantwortlich sind.

(3) Der Wirtschafts- und Sozialausschuss setzt sich zusammen aus Vertretern der Organisationen der Arbeitgeber und der Arbeitnehmer sowie anderen Vertretern der Zivilgesellschaft, insbesondere aus dem sozio-ökonomischen, dem staatsbürgerlichen, dem beruflichen und dem kulturellen Bereich.

(4) Die Mitglieder des Ausschusses der Regionen und des Wirtschafts- und Sozialausschusses sind an keine Weisungen gebunden. Sie üben ihre Tätigkeit in voller Unabhängigkeit zum allgemeinen Wohl der Union aus.

(5) Die Zusammensetzung dieser Ausschüsse, die Ernennung ihrer Mitglieder, ihre Befugnisse und ihre Arbeitsweise werden durch die Artikel III-292 bis III-298 geregelt. Die Bestimmungen über ihre Zusammensetzung werden in regelmäßigen Abständen vom Ministerrat auf Vorschlag der Kommission überprüft, um der wirtschaftlichen, sozialen und demografischen Entwicklung in der Union Rechnung zu tragen.

Titel V AUSÜBUNG DER ZUSTÄNDIGKEITEN DER UNION

Kapitel I GEMEINSAME BESTIMMUNGEN

Artikel 32 DIE RECHTSAKTE DER UNION

(1) Die Union übt die ihr in der Verfassung übertragenen Zuständigkeiten gemäß den Bestimmungen in Teil III mittels folgender Rechtsakte aus: Europäisches Gesetz, Europäisches Rahmengesetz, Europäische Verordnung, Europäischer Beschluss, Empfehlung und Stellungnahme.

Das Europäische Gesetz ist ein Gesetzgebungsakt mit allgemeiner Geltung. Es ist in allen seinen Teilen verbindlich und gilt unmittelbar in jedem Mitgliedstaat.

Das Europäische Rahmengesetz ist ein Gesetzgebungsakt, der für jeden Mitgliedstaat, an den es gerichtet ist, hinsichtlich des zu erreichenden Ziels verbindlich ist, jedoch den innerstaatlichen Stellen die Wahl der Form und der Mittel überlässt.

Die Europäische Verordnung ist ein Rechtsakt mit allgemeiner Geltung ohne Gesetzescharakter; sie dient der Durchführung der Gesetzgebungsakte und bestimmter Einzelvorschriften der Verfassung. Sie kann entweder in allen ihren Teilen verbindlich sein und unmittelbar in jedem Mitgliedstaat gelten oder für jeden Mitgliedstaat, an den sie gerichtet ist, hinsichtlich des zu erreichenden Ziels verbindlich sein, jedoch den innerstaatlichen Stellen die Wahl der Form und der Mittel überlassen.

Der Europäische Beschluss ist ein Rechtsakt ohne Gesetzescharakter, der in allen seinen Teilen verbindlich ist. Ist er an bestimmte Adressaten gerichtet, so ist er nur für diese verbindlich.

Empfehlungen und Stellungnahmen der Organe sind rechtlich nicht bindend.

(2) Werden das Europäische Parlament und der Ministerrat mit einem Vorschlag für einen Gesetzgebungsakt befasst, so erlassen sie in dem betreffenden Bereich keine in diesem Artikel nicht vorgesehenen Rechtsakte.

Artikel 33 GESETZGEBUNGSAKTE

(1) Europäische Gesetze und Rahmengesetze werden nach den in Artikel III-302 festgelegten Einzelheiten des ordentlichen Gesetzgebungsverfahrens auf Vorschlag der Kommission vom Europäischen Parlament und vom Ministerrat gemeinsam erlassen. Gelangen die beiden Organe nicht zu einer Einigung, so kommt der betreffende Gesetzgebungsakt nicht zustande.

In den in Artikel III-165 ausdrücklich genannten Fällen können Europäische Gesetze und Rahmengesetze gemäß Artikel III-302 auf Initiative einer Gruppe von Mitgliedstaaten erlassen werden.

(2) In bestimmten Fällen, die in der Verfassung aufgeführt sind, werden Europäische Gesetze und Rahmengesetze nach besonderen Gesetzgebungsverfahren vom Europäischen Parlament mit Beteiligung des Ministerrates oder vom Ministerrat mit Beteiligung des Europäischen Parlaments erlassen.

Artikel 34 RECHTSAKTE OHNE GESETZESCHARAKTER

(1) Der Ministerrat und die Kommission erlassen Europäische Verordnungen oder Europäische Beschlüsse in den Fällen nach den Artikeln 35 und 36 sowie in den in der Verfassung ausdrücklich vorgesehenen Fällen. Der Europäische Rat erlässt Europäische Beschlüsse in den in der Verfassung ausdrücklich vorgesehenen Fällen. Die Europäische Zentralbank erlässt Europäische Verordnungen und Europäische Beschlüsse, sofern sie durch die Verfassung dazu ermächtigt ist.

(2) Der Ministerrat und die Kommission sowie die Europäische Zentralbank, sofern sie durch die Verfassung dazu ermächtigt ist, geben Empfehlungen ab.

Artikel 35 DELEGIERTE VERORDNUNGEN

(1) In Europäischen Gesetzen und Rahmengesetzen kann der Kommission die Befugnis übertragen werden, delegierte Verordnungen zur Ergänzung oder Änderung bestimmter nicht wesentlicher Vorschriften des betreffenden Gesetzes oder Rahmengesetzes zu erlassen.

In den betreffenden Europäischen Gesetzen und Rahmengesetzen werden Ziele, Inhalt, Geltungsbereich und Dauer der Übertragung ausdrücklich festgelegt. Für die wesentlichen Vorschriften in einem Bereich ist eine Übertragung ausgeschlossen. Diese sind dem Europäischen Gesetz oder dem Europäischen Rahmengesetz vorbehalten.

(2) In diesen Europäischen Gesetzen oder Rahmengesetzen wird ausdrücklich festgelegt, unter welchen Bedingungen eine Übertragung vorgenommen werden kann. Dabei bestehen folgende Möglichkeiten:

- Das Europäische Parlament oder der Ministerrat können beschließen, die Übertragung zu widerrufen.
- Die delegierte Verordnung kann nur in Kraft treten, wenn das Europäische Parlament oder der Ministerrat innerhalb der im Europäischen Gesetz oder Rahmengesetz festgelegten Frist keine Einwände erhebt.

Für die Zwecke von Unterabsatz 1 beschließt das Europäische Parlament mit der Mehrheit der Stimmen seiner Mitglieder und der Ministerrat mit qualifizierter Mehrheit.

Artikel 36 DURCHFÜHRUNGSRECHTSAKTE

(1) Die Mitgliedstaaten ergreifen alle zur Durchführung der rechtlich bindenden Rechtsakte der Union erforderlichen innerstaatlichen Maßnahmen.

(2) Bedarf es einheitlicher Bedingungen für die Durchführung der rechtlich bindenden Rechtsakte der Union, so können mit diesen Rechtsakten der Kommission oder - in entsprechend begründeten Sonderfällen und in den Fällen nach Artikel 39 - dem Ministerrat Durchführungsbefugnisse übertragen werden.

(3) Ein Europäisches Gesetz legt im Voraus allgemeine Regeln und Grundsätze für die Kontrolle der Durchführungsrechtsakte der Union durch die Mitgliedstaaten fest.

(4) Die Durchführungsrechtsakte der Union ergehen in der Form von Europäischen Durchführungsverordnungen oder Europäischen Durchführungsbeschlüssen.

Artikel 37 GEMEINSAME GRUNDSÄTZE FÜR DIE RECHTSAKTE DER UNION

(1) Wird die Art des Rechtsakts von der Verfassung nicht ausdrücklich vorgegeben, so beschließen die Organe unter Einhaltung der geltenden Verfahren nach dem Grundsatz der Verhältnismäßigkeit gemäß Artikel 9 jeweils, welche Art von Rechtsakt zu erlassen ist.

(2) Europäische Gesetze, Europäische Rahmengesetze, Europäische Verordnungen und Europäische Beschlüsse sind mit einer Begründung zu versehen und nehmen auf die in der Verfassung vorgesehenen Vorschläge oder Stellungnahmen Bezug.

Artikel 38 VERÖFFENTLICHUNG UND INKRAFTTRETEN

(1) Europäische Gesetze und Rahmengesetze werden vom Präsidenten des Europäischen Parlaments und vom Präsidenten des Ministerrates unterzeichnet, soweit sie nach dem ordentlichen Gesetzgebungsverfahren erlassen wurden. In den übrigen Fällen werden sie entweder vom Präsidenten des Parlaments oder vom Präsidenten des Ministerrates unterzeichnet. Die Europäischen Gesetze und Rahmengesetze werden im Amtsblatt der Europäischen Union veröffentlicht und treten zu dem durch sie festgelegten Zeitpunkt oder anderenfalls am zwanzigsten Tag nach ihrer Veröffentlichung in Kraft.

(2) Europäische Verordnungen und Beschlüsse, die an keinen bestimmten Adressaten oder an alle Mitgliedstaaten gerichtet sind, werden von dem Präsidenten des sie erlassenden Organs unterzeichnet; sie werden im Amtsblatt der Europäischen Union veröffentlicht und treten zu dem durch sie festgelegten Zeitpunkt oder anderenfalls am zwanzigsten Tag nach ihrer Veröffentlichung in Kraft.

(3) Andere Beschlüsse werden denjenigen, an die sie gerichtet sind, bekannt gegeben und durch diese Bekanntgabe wirksam.

Kapitel II BESONDERE BESTIMMUNGEN

Artikel 39 BESONDERE BESTIMMUNGEN FÜR DIE DURCHFÜHRUNG DER GEMEINSAMEN AUSSEN- UND SICHERHEITSPOLITIK

(1) Die Europäische Union verfolgt eine gemeinsame Außen- und Sicherheitspolitik, die auf einer Entwicklung der gegenseitigen politischen Solidarität der Mitgliedstaaten, der Ermittlung der Fragen von allgemeiner Bedeutung und der Erreichung einer immer stärkeren Konvergenz des Handelns der Mitgliedstaaten beruht.

(2) Der Europäische Rat bestimmt die strategischen Interessen der Union und legt die Ziele ihrer Gemeinsamen Außen- und Sicherheitspolitik fest. Der Ministerrat gestaltet diese Politik im Rahmen der vom Europäischen Rat festgelegten strategischen Leitlinien nach Maßgabe von Teil III.

(3) Der Europäische Rat und der Ministerrat erlassen die erforderlichen Europäischen Beschlüsse.

(4) Diese Gemeinsame Außen- und Sicherheitspolitik wird vom Außenminister der Union und von den Mitgliedstaaten mit den einzelstaatlichen Mitteln und denen der Union durchgeführt.

(5) Die Mitgliedstaaten stimmen einander im Europäischen Rat und im Ministerrat zu jeder außen- und sicherheitspolitischen Frage von allgemeiner Bedeutung ab, um ein gemeinsames Vorgehen festzulegen. Bevor ein Mitgliedstaat in einer Weise, die die Interessen der Union berühren könnte, auf internationaler Ebene tätig wird oder eine Verpflichtung eingeht, konsultiert er die anderen Mitgliedstaaten im Europäischen Rat oder im Ministerrat. Die Mitgliedstaaten gewährleisten durch konvergentes Handeln, dass die Union ihre Interessen und Werte auf internationaler Ebene geltend machen kann. Die Mitgliedstaaten sind untereinander solidarisch.

(6) Das Europäische Parlament wird zu den wichtigsten Aspekten und den grundlegenden Weichenstellungen der Gemeinsamen Außen- und Sicherheitspolitik regelmäßig gehört und über ihre Entwicklung auf dem Laufenden gehalten.

(7) Im Bereich der Gemeinsamen Außen- und Sicherheitspolitik erlassen der Europäische Rat und der Ministerrat außer in den in Teil III vorgesehenen Fällen

Europäische Beschlüsse einstimmig. Sie beschließen auf Vorschlag eines Mitgliedstaates, des Außenministers der Union oder des Außenministers mit Unterstützung der Kommission. Europäische Gesetze und Rahmengesetze sind ausgeschlossen.

(8) Der Europäische Rat kann einstimmig beschließen, dass der Ministerrat in anderen als den in Teil III genannten Fällen mit qualifizierter Mehrheit beschließt.

Artikel 40 BESONDERE BESTIMMUNGEN FÜR DIE DURCHFÜHRUNG DER GEMEINSAMEN SICHERHEITS- UND VERTEIDIGUNGSPOLITIK

(1) Die Gemeinsame Sicherheits- und Verteidigungspolitik ist integraler Bestandteil der Gemeinsamen Außen- und Sicherheitspolitik. Sie sichert der Union die auf zivile und militärische Mittel gestützte Fähigkeit zu Operationen. Auf diese kann die Union bei Missionen außerhalb der Union zur Friedenssicherung, Konfliktverhütung und Stärkung der internationalen Sicherheit gemäß den Grundsätzen der Charta der Vereinten Nationen zurückgreifen. Sie erfüllt diese Aufgaben mit Hilfe der Fähigkeiten, die von den Mitgliedstaaten bereit gestellt werden.

(2) Die Gemeinsame Sicherheits- und Verteidigungspolitik umfasst die schrittweise Festlegung einer gemeinsamen Verteidigungspolitik der Union. Diese führt zu einer gemeinsamen Verteidigung, sobald der Europäische Rat einstimmig darüber beschlossen hat. Er empfiehlt in diesem Fall den Mitgliedstaaten, gemäß ihren verfassungsrechtlichen Vorschriften einen Beschluss zu diesem Zweck zu erlassen.

Die Politik der Union nach diesem Artikel berührt nicht den besonderen Charakter der Sicherheits- und Verteidigungspolitik bestimmter Mitgliedstaaten; sie achtet die Verpflichtungen bestimmter Mitgliedstaaten, die ihre gemeinsame Verteidigung in der Nordatlantikvertrags-Organisation verwirklicht sehen, aufgrund des Nordatlantikvertrages und ist vereinbar mit der in jenem Rahmen festgelegten gemeinsamen Sicherheits- und Verteidigungspolitik.

(3) Die Mitgliedstaaten stellen der Union für die Umsetzung der Gemeinsamen Sicherheits- und Verteidigungspolitik zivile und militärische Fähigkeiten als Beitrag zur Verwirklichung der vom Ministerrat festgelegten Ziele zur Verfügung. Die Mitgliedstaaten, die untereinander multinationale Streitkräfte bilden, können diese auch für die Gemeinsame Sicherheits- und Verteidigungspolitik zur Verfügung stellen.

Die Mitgliedstaaten verpflichten sich, ihre militärischen Fähigkeiten schrittweise zu verbessern. Es wird ein Europäisches Amt für Rüstung, Forschung und militärische Fähigkeiten eingerichtet, dessen Aufgabe es ist, den operativen Bedarf zu ermitteln und Maßnahmen zur Bedarfsdeckung zu fördern, zur Ermittlung von Maßnahmen zur Stärkung der industriellen und technologischen Grundlage des Verteidigungssektors beizutragen und diese Maßnahmen gegebenenfalls durchzuführen, sich an der Festlegung einer europäischen Politik im Bereich Fähigkeiten und Rüstung zu beteiligen sowie den Ministerrat bei der Beurteilung der Verbesserung der militärischen Fähigkeiten zu unterstützen.

(4) Europäische Beschlüsse zur Durchführung der Gemeinsamen Sicherheits- und Verteidigungspolitik, einschließlich der Beschlüsse über die Einleitung einer Mission nach diesem Artikel, werden vom Ministerrat einstimmig auf Vorschlag des Außenministers der Union oder eines Mitgliedstaates erlassen. Der Außenminister der Union kann gegebenenfalls gemeinsam mit der Kommission den Rückgriff auf einzelstaatliche Mittel sowie auf Instrumente der Union vorschlagen.

(5) Der Ministerrat kann zur Wahrung der Werte der Union und im Dienste ihrer Interessen eine Gruppe von Mitgliedstaaten mit der Durchführung einer Mission im Rahmen der Union beauftragen. Diese Mission wird nach Maßgabe von Artikel III-211 durchgeführt.

(6) Die Mitgliedstaaten, die anspruchsvollere Kriterien in Bezug auf die militärischen Fähigkeiten erfüllen und die im Hinblick auf Missionen mit höchsten Anforderungen untereinander festere Verpflichtungen eingegangen sind, begründen eine strukturierte Zusammenarbeit im Rahmen der Union. Diese Zusammenarbeit erfolgt nach Maßgabe von Artikel III-213.

(7) Solange der Europäische Rat keinen Beschluss im Sinne des Absatzes 2 gefasst hat, wird im Rahmen der Union eine engere Zusammenarbeit im Bereich der gegenseitigen Verteidigung eingerichtet. Im Rahmen dieser Zusammenarbeit leisten im Falle eines bewaffneten Angriffs auf das Hoheitsgebiet eines an dieser Zusammenarbeit beteiligten Staates die anderen beteiligten Staaten gemäß Artikel 51 der Charta der Vereinten Nationen alle in ihrer Macht stehende militärische und sonstige Hilfe und Unterstützung. Bei der Umsetzung der engeren Zusammenarbeit im Bereich der gegenseitigen Verteidigung arbeiten die beteiligten Staaten eng mit der Nordatlantikvertrags-Organisation zusammen. Die Teilnahmemodalitäten und die praktischen Modalitäten sowie die dieser Zusammenarbeit eigenen Beschlussfassungsverfahren sind in Artikel III-214 enthalten.

(8) Das Europäische Parlament wird zu den wichtigsten Aspekten und den grundlegenden Weichenstellungen der Gemeinsamen Sicherheits- und Verteidigungspolitik regelmäßig gehört und über ihre Entwicklung auf dem Laufenden gehalten.

Artikel 41 BESONDERE BESTIMMUNGEN ZUR VERWIRKLICHUNG DES RAUMS DER FREIHEIT, DER SICHERHEIT UND DES RECHTS

(1) Die Union bildet einen Raum der Freiheit, der Sicherheit und des Rechts

- durch den Erlass von Europäischen Gesetzen und Rahmengesetzen, mit denen, soweit erforderlich, die einzelstaatlichen Rechtsvorschriften in den in Teil III aufgeführten Bereichen einander angeglichen werden sollen;
- durch Förderung des gegenseitigen Vertrauens zwischen den zuständigen Behörden der Mitgliedstaaten, insbesondere auf der Grundlage der gegenseitigen Anerkennung der gerichtlichen und außergerichtlichen Entscheidungen;
- durch operative Zusammenarbeit der zuständigen Behörden der Mitgliedstaaten einschließlich der Polizei, des Zolls und anderer auf die Prävention und die Aufdeckung von Straftaten spezialisierter Behörden.

(2) In diesem Raum der Freiheit, der Sicherheit und des Rechts können sich die nationalen Parlamente an den Bewertungsmechanismen nach Artikel III-161 beteiligen und werden in die politische Kontrolle von Europol und die Bewertung der Tätigkeit von Eurojust gemäß den Artikeln III-177 und III-174 einbezogen.

(3) Im Bereich der polizeilichen und justiziellen Zusammenarbeit in Strafsachen verfügen die Mitgliedstaaten gemäß Artikel III-165 über ein Initiativrecht.

Artikel 42 SOLIDARITÄTSKLAUSEL

(1) Die Union und ihre Mitgliedstaaten handeln gemeinsam im Geiste der Solidarität, wenn ein Mitgliedstaat von einem Terroranschlag oder einer Katastrophe natürlichen oder menschlichen Ursprungs betroffen ist. Die Union mobilisiert alle ihr zur

Verfügung stehenden Mittel, einschließlich der ihr von den Mitgliedstaaten bereitgestellten militärischen Mittel, um

a) – terroristische Bedrohungen im Hoheitsgebiet von Mitgliedstaaten abzuwenden;
   – die demokratischen Institutionen und die Zivilbevölkerung vor etwaigen Terroranschlägen zu schützen;
   – im Falle eines Terroranschlags einen Mitgliedstaat auf Ersuchen seiner politischen Organe innerhalb seines Hoheitsgebiets zu unterstützen;

b) – im Falle einer Katastrophe einen Mitgliedstaat auf Ersuchen seiner politischen Organe innerhalb seines Hoheitsgebiets zu unterstützen.

(2) Die Modalitäten der Durchführung dieser Bestimmung sind in Artikel III-231 enthalten.

Kapitel III DIE VERSTÄRKTE ZUSAMMENARBEIT

Artikel 43 DIE VERSTÄRKTE ZUSAMMENARBEIT

(1) Die Mitgliedstaaten, die untereinander eine verstärkte Zusammenarbeit im Rahmen der nicht ausschließlichen Zuständigkeiten der Union begründen wollen, können in den Grenzen und nach den in diesem Artikel und den Artikeln III-322 bis III-329 vorgesehenen Modalitäten die Organe der Union in Anspruch nehmen und diese Zuständigkeiten unter Anwendung der einschlägigen Verfassungsbestimmungen ausüben.

Eine verstärkte Zusammenarbeit ist darauf ausgerichtet, die Verwirklichung der Ziele der Union zu fördern, ihre Interessen zu schützen und ihren Integrationsprozess zu stärken. Sie steht bei ihrer Begründung und anschließend gemäß Artikel III-324 jederzeit allen Mitgliedstaaten offen.

(2) Die Ermächtigung zur Einleitung einer verstärkten Zusammenarbeit wird vom Ministerrat als letztes Mittel gewährt, wenn im Ministerrat festgestellt worden ist, dass die mit dieser Zusammenarbeit angestrebten Ziele von der Union insgesamt nicht innerhalb eines vertretbaren Zeitraums verwirklicht werden können, und sofern an der Zusammenarbeit mindestens ein Drittel der Mitgliedstaaten beteiligt ist. Der Ministerrat beschließt nach dem in Artikel III-325 vorgesehenen Verfahren.

(3) Nur die Mitglieder des Ministerrates, welche die an der verstärkten Zusammenarbeit beteiligten Staaten vertreten, nehmen an der Annahme der Rechtsakte im Ministerrat teil. An den Beratungen des Ministerrates dürfen jedoch alle Mitgliedstaaten teilnehmen.

Die Einstimmigkeit bezieht sich allein auf die Stimmen der Vertreter der an der verstärkten Zusammenarbeit beteiligten Staaten. Als qualifizierte Mehrheit gilt die Mehrheit der Stimmen der Vertreter der beteiligten Staaten, sofern diese mindestens drei Fünftel der Bevölkerung dieser Staaten repräsentiert. Wenn der Ministerrat gemäß der Verfassung nicht auf der Grundlage eines Vorschlags der Kommission beschließen muss oder wenn er nicht auf Initiative des Außenministers beschließt, so entspricht die erforderliche qualifizierte Mehrheit zwei Dritteln der beteiligten Staaten, sofern diese mindestens drei Fünftel der Bevölkerung dieser Staaten repräsentieren.

(4) An die im Rahmen einer verstärkten Zusammenarbeit erlassenen Rechtsakte sind nur die an dieser Zusammenarbeit beteiligten Staaten gebunden. Sie gelten nicht als Besitzstand, der von beitrittswilligen Ländern angenommen werden muss.

(4) An die im Rahmen einer verstärkten Zusammenarbeit erlassenen

Titel VI DAS DEMOKRATISCHE LEBEN DER UNION

Artikel 44 GRUNDSATZ DER DEMOKRATISCHEN GLEICHHEIT

Die Union achtet in ihrem gesamten Handeln den Grundsatz der Gleichheit ihrer Bürgerinnen und Bürger. Die Bürgerinnen und Bürger genießen ein gleiches Maß an Aufmerksamkeit seitens der Organe der Union.

Artikel 45 GRUNDSATZ DER REPRÄSENTATIVEN DEMOKRATIE

(1) Die Arbeitsweise der Union beruht auf dem Grundsatz der repräsentativen Demokratie.

(2) Die Bürgerinnen und Bürger sind auf Unionsebene unmittelbar im Europäischen Parlament vertreten. Die Mitgliedstaaten werden im Europäischen Rat und im Ministerrat von ihren jeweiligen Regierungen vertreten, die ihrerseits den von den Bürgerinnen und Bürgern gewählten nationalen Parlamenten Rechenschaft ablegen müssen.

(3) Alle Bürgerinnen und Bürger haben das Recht, am demokratischen Leben der Union teilzunehmen. Die Entscheidungen werden so offen und so bürgernah wie möglich getroffen.

(4) Politische Parteien auf europäischer Ebene tragen zur Herausbildung eines europäischen politischen Bewusstseins und zum Ausdruck des Willens der Bürgerinnen und Bürger der Union bei.

Artikel 46 GRUNDSATZ DER PARTIZIPATIVEN DEMOKRATIE

(1) Die Organe der Union geben den Bürgerinnen und Bürgern und den repräsentativen Verbänden in geeigneter Weise die Möglichkeit, ihre Ansichten in allen Bereichen des Handelns der Union öffentlich bekannt zu geben und auszutauschen.

(2) Die Organe der Union pflegen einen offenen, transparenten und regelmäßigen Dialog mit den repräsentativen Verbänden und der Zivilgesellschaft.

(3) Um die Kohärenz und die Transparenz des Handelns der Union zu gewährleisten, führt die Kommission umfangreiche Anhörungen der Betroffenen durch.

(4) Mindestens eine Million Bürgerinnen und Bürger aus einer erheblichen Zahl von Mitgliedstaaten können die Kommission auffordern, geeignete Vorschläge zu Themen zu unterbreiten, zu denen es nach Ansicht der Bürgerinnen und Bürger eines Rechtsakts der Union bedarf, um die Verfassung umzusetzen. Die Bestimmungen über die besonderen Verfahren und Bedingungen, die für eine solche Bürgerinitiative gelten, werden durch ein Europäisches Gesetz festgelegt.

Artikel 47 DIE SOZIALPARTNER UND DER AUTONOME SOZIALE DIALOG

Die Europäische Union anerkennt und fördert die Rolle der Sozialpartner auf Ebene der Union unter Berücksichtigung der Unterschiedlichkeit der nationalen Systeme; sie fördert den sozialen Dialog und achtet dabei die Autonomie der Sozialpartner.

Artikel 48 DER EUROPÄISCHE BÜRGERBEAUFTRAGTE

Das Europäische Parlament ernennt einen Europäischen Bürgerbeauftragten, der Beschwerden über Missstände bei der Tätigkeit der Organe, Einrichtungen, Ämter oder Agenturen der Union entgegennimmt, ihnen nachgeht und darüber Bericht erstattet. Der Europäische Bürgerbeauftragte übt sein Amt in völliger Unabhängigkeit aus.

Artikel 49 TRANSPARENZ DER ARBEIT DER ORGANE DER UNION

(1) Um eine verantwortungsvolle Verwaltung zu fördern und die Beteiligung der Zivilgesellschaft sicherzustellen, handeln die Organe, Einrichtungen, Ämter und Agenturen der Union unter weitest gehender Beachtung des Grundsatzes der Offenheit.

(2) Das Europäische Parlament tagt öffentlich; dies gilt auch für den Ministerrat, wenn er über Gesetzgebungsvorschläge berät oder beschließt.

(3) Jede Unionsbürgerin und jeder Unionsbürger sowie jede natürliche oder juristische Person mit Wohnsitz oder mit Sitz in einem Mitgliedstaat hat unter den in

Teil III festgelegten Bedingungen das Recht auf Zugang zu Dokumenten der Organe, Einrichtungen, Ämter und Agenturen der Union, und zwar unabhängig davon, in welcher Form diese Dokumente erstellt werden.

(4) In Europäischen Gesetzen werden die allgemeinen Grundsätze und die aufgrund öffentlicher oder privater Interessen geltenden Einschränkungen für die Ausübung des Rechts auf Zugang zu solchen Dokumenten festgelegt.

(5) Im Einklang mit den in Absatz 4 genannten Europäischen Gesetzen legen die in Absatz 3 genannten Organe, Einrichtungen, Ämter oder Agenturen in ihren jeweiligen Geschäftsordnungen besondere Bestimmungen für den Zugang zu ihren Dokumenten fest.

Artikel 50 SCHUTZ PERSONENBEZOGENER DATEN

(1) Jeder Mensch hat das Recht auf Schutz der ihn betreffenden personenbezogenen Daten.

(2) Europäische Gesetze legen Regeln über den Schutz natürlicher Personen bei der Verarbeitung personenbezogener Daten durch die Organe, Einrichtungen, Ämter und Agenturen der Union sowie durch die Mitgliedstaaten im Rahmen der Ausübung von Tätigkeiten, die in den Anwendungsbereich des Unionsrechts fallen, und über den freien Datenverkehr fest. Die Einhaltung dieser Vorschriften wird von einer unabhängigen Behörde überwacht.

Artikel 51 STATUS DER KIRCHEN UND WELTANSCHAULICHEN GEMEINSCHAFTEN

(1) Die Union achtet den Status, den Kirchen und religiöse Vereinigungen oder Gemeinschaften in den Mitgliedstaaten nach deren Rechtsvorschriften genießen, und beeinträchtigt ihn nicht.

(2) Die Union achtet den Status von weltanschaulichen Gemeinschaften in gleicher Weise.

(3) Die Union pflegt in Anerkennung der Identität und des besonderen Beitrags dieser Kirchen und Gemeinschaften einen offenen, transparenten und regelmäßigen Dialog mit ihnen.

Titel VII DIE FINANZEN DER UNION

Artikel 52 DIE HAUSHALTS- UND FINANZGRUNDSÄTZE

(1) Alle Einnahmen und Ausgaben der Union werden gemäß den Bestimmungen von Teil III für jedes Haushaltsjahr veranschlagt und in den Haushaltsplan eingesetzt.

(2) Der Haushaltsplan ist in Einnahmen und Ausgaben auszugleichen.

(3) Die in den Haushaltsplan eingesetzten Ausgaben werden für ein Haushaltsjahr gemäß dem Europäischen Gesetz nach Artikel III-318 bewilligt.

(4) Die Ausführung der in den Haushaltsplan eingesetzten Ausgaben setzt den Erlass eines verbindlichen Rechtsakts voraus, mit dem die Maßnahme der Union und die Ausführung der entsprechenden Ausgabe gemäß dem Europäischen Gesetz nach Artikel III-318 eine Rechtsgrundlage erhalten. Dieser Rechtsakt muss in Form eines Europäischen Gesetzes, eines Europäischen Rahmengesetzes, einer Europäischen Verordnung oder eines Europäischen Beschlusses ergehen.

(5) Damit die Haushaltsdisziplin gewährleistet wird, erlässt die Union keine Rechtsakte, die erhebliche Auswirkungen auf den Haushaltsplan haben könnten, ohne die Gewähr zu bieten, dass der betreffende Vorschlag bzw. die betreffende Maßnahme im Rahmen der Eigenmittel der Union und des mehrjährigen Finanzrahmens nach Artikel 54 finanziert werden kann.

(6) Der Haushaltsplan der Union wird entsprechend dem Grundsatz der Wirtschaftlichkeit der Haushaltsführung ausgeführt. Die Mitgliedstaaten arbeiten mit der Union zusammen, um sicherzustellen, dass die in den Haushaltsplan eingesetzten Mittel nach dem Grundsatz der Wirtschaftlichkeit der Haushaltsführung verwendet werden.

(7) Die Union und die Mitgliedstaaten bekämpfen Betrug und sonstige gegen die finanziellen Interessen der Union gerichtete rechtswidrige Handlungen gemäß Artikel III-321.

Artikel 53 DIE FINANZMITTEL DER UNION

(1) Die Union stattet sich mit den erforderlichen Mitteln aus, um ihre Ziele erreichen und ihre Politik durchführen zu können.

(2) Der Haushalt der Union wird unbeschadet der sonstigen Einnahmen vollständig aus Eigenmitteln finanziert.

(3) Die Obergrenze für die Finanzmittel der Union wird in einem Europäischen Gesetz des Ministerrates festgelegt, durch das auch neue Mittelkategorien eingeführt und bestehende Kategorien abgeschafft werden können. Dieses Gesetz tritt erst nach Zustimmung der Mitgliedstaaten im Einklang mit ihren jeweiligen Verfassungsbestimmungen in Kraft. Der Ministerrat beschließt einstimmig nach Anhörung des Europäischen Parlaments.

(4) Die Modalitäten der Finanzmittel der Union werden in einem Europäischen Gesetz des Ministerrates geregelt. Der Ministerrat beschließt nach Zustimmung des Europäischen Parlaments.

Artikel 54 DER MEHRJÄHRIGE FINANZRAHMEN

(1) Mit dem mehrjährigen Finanzrahmen soll sichergestellt werden, dass die Ausgaben der Union innerhalb der Grenzen der Eigenmittel eine geordnete Entwicklung nehmen. Im mehrjährigen Finanzrahmen werden die jährlichen Obergrenzen für die Mittel für Verpflichtungen je Ausgabenkategorie gemäß Artikel III-308 festgesetzt.

(2) Der mehrjährige Finanzrahmen wird in einem Europäischen Gesetz des Ministerrates festgelegt. Der Ministerrat beschließt nach Zustimmung des Europäischen Parlaments, das mit der Mehrheit seiner Mitglieder Stellung nimmt.

(3) Bei der Aufstellung des jährlichen Haushaltsplans der Union ist der mehrjährige Finanzrahmen einzuhalten.

(4) Bei der Festlegung des ersten mehrjährigen Finanzrahmens nach Inkrafttreten der Verfassung beschließt der Ministerrat einstimmig.

Artikel 55 DER HAUSHALTSPLAN DER UNION

Das Europäische Parlament und der Ministerrat erlassen auf Vorschlag der Kommission gemäß den Modalitäten des Artikels III-310 das Europäische Gesetz zur Feststellung des jährlichen Haushaltsplans der Union.

Titel VIII DIE UNION UND IHRE NACHBARN

Artikel 56 DIE UNION UND IHRE NACHBARN

(1) Die Union entwickelt besondere Beziehungen zu den Staaten in ihrer Nachbarschaft, um einen Raum des Wohlstands und der guten Nachbarschaft zu schaffen, der auf den Werten der Union aufbaut und sich durch enge, friedliche Beziehungen auf der Grundlage der Zusammenarbeit auszeichnet.

(2) Zu diesem Zweck kann die Union nach Artikel III-227 spezielle Abkommen mit den betreffenden Ländern schließen und durchführen. Diese Abkommen können gegenseitige Rechte und Pflichten umfassen und die Möglichkeit zu gemeinsamem Vorgehen eröffnen. Zur Durchführung der Abkommen finden regelmäßig Konzertierungen statt.

Titel IX **ZUGEHÖRIGKEIT ZUR UNION**

Artikel 57 KRITERIEN UND VERFAHREN FÜR DEN BEITRITT ZUR UNION

(1) Die Union steht allen europäischen Staaten offen, die die in Artikel 2 genannten Werte achten und sich verpflichten, ihnen gemeinsam Geltung zu verschaffen.

(2) Europäische Staaten, die Mitglied der Union werden möchten, richten ihren Antrag an den Ministerrat. Das Europäische Parlament und die nationalen Parlamente der Mitgliedstaaten werden von diesem Antrag unterrichtet. Der Ministerrat beschließt einstimmig nach Anhörung der Kommission und nach Zustimmung des Europäischen Parlaments. Die Bedingungen und Modalitäten der Aufnahme werden durch ein Abkommen zwischen den Mitgliedstaaten und dem antragstellenden Staat geregelt. Dieses Abkommen bedarf der Ratifikation durch alle Vertragsstaaten gemäß ihren verfassungsrechtlichen Vorschriften.

Artikel 58 AUSSETZUNG DER MIT DER ZUGEHÖRIGKEIT ZUR UNION VERBUNDENEN RECHTE

(1) Auf begründeten Vorschlag eines Drittels der Mitgliedstaaten, des Europäischen Parlaments oder der Kommission kann der Ministerrat mit der Mehrheit von vier Fünfteln seiner Mitglieder nach Zustimmung des Europäischen Parlaments einen Europäischen Beschluss erlassen, mit dem festgestellt wird, dass die eindeutige Gefahr einer schwerwiegenden Verletzung der in Artikel 2 genannten Werte durch einen Mitgliedstaat besteht. Der Ministerrat hört, bevor er eine solche Feststellung trifft, den betroffenen Mitgliedstaat und kann nach demselben Verfahren Empfehlungen an ihn richten.

Der Ministerrat überprüft regelmäßig, ob die Gründe, die zu dieser Feststellung geführt haben, noch zutreffen.

(2) Auf Vorschlag eines Drittels der Mitgliedstaaten oder der Kommission und nach Zustimmung des Europäischen Parlaments kann der Europäische Rat einstimmig einen Europäischen Beschluss erlassen, mit dem festgestellt wird, dass eine schwerwiegende und anhaltende Verletzung der in Artikel 2 genannten Werte durch einen

Mitgliedstaat vorliegt, nachdem er diesen Mitgliedstaat zu einer Stellungnahme aufgefordert hat.

(3) Wurde die Feststellung nach Absatz 2 getroffen, so kann der Ministerrat mit qualifizierter Mehrheit einen Europäischen Beschluss erlassen, mit dem bestimmte Rechte, die sich aus der Anwendung der Verfassung auf den betroffenen Mitgliedstaat herleiten, einschließlich der Stimmrechte des Mitgliedstaats im Ministerrat ausgesetzt werden. Dabei berücksichtigt er die möglichen Auswirkungen einer solchen Aussetzung auf die Rechte und Pflichten natürlicher und juristischer Personen.

Die sich aus der Verfassung ergebenden Verpflichtungen des betroffenen Mitgliedstaats sind für diesen auf jeden Fall weiterhin verbindlich.

(4) Der Ministerrat kann zu einem späteren Zeitpunkt mit qualifizierter Mehrheit einen Europäischen Beschluss erlassen, mit dem die nach Absatz 3 getroffenen Maßnahmen abgeändert oder aufgehoben werden, wenn in der Lage, die zur Verhängung dieser Maßnahmen geführt hat, Änderungen eingetreten sind.

(5) Für die Zwecke dieses Artikels beschließt der Ministerrat ohne Berücksichtigung der Stimme des betroffenen Mitgliedstaats. Die Stimmenthaltung von anwesenden oder vertretenen Mitgliedern steht dem Zustandekommen von Beschlüssen nach Absatz 2 nicht entgegen.

Dieser Absatz gilt auch, wenn Stimmrechte nach Absatz 3 ausgesetzt werden.

(6) Für die Zwecke der Absätze 1 und 2 beschließt das Europäische Parlament mit der Mehrheit von zwei Dritteln der abgegebenen Stimmen und mit der Mehrheit seiner Mitglieder.

Artikel 59 FREIWILLIGER AUSTRITT AUS DER UNION

(1) Jeder Mitgliedstaat kann gemäß seinen internen Verfassungsvorschriften beschließen, aus der Europäischen Union auszutreten.

(2) Ein Mitgliedstaat, der auszutreten beschließt, teilt dem Europäischen Rat seine Absicht mit; dieser befasst sich mit der Mitteilung. Auf der Grundlage der Leitlinien des Europäischen Rates handelt die Union mit diesem Staat ein Abkommen über die

Modalitäten des Austritts aus und schließt es, wobei der Rahmen für die künftigen Beziehungen dieses Staates zur Union berücksichtigt wird. Das Abkommen wird nach Zustimmung des Europäischen Parlaments vom Ministerrat mit qualifizierter Mehrheit im Namen der Union geschlossen.

Der Vertreter des austretenden Mitgliedstaats nimmt weder an den diesen Mitgliedstaat betreffenden Beratungen noch an der diesbezüglichen Beschlussfassung des Europäischen Rates oder des Ministerrates teil.

(3) Die Verfassung findet auf den betroffenen Staat ab dem Tag des Inkrafttretens des Austrittsabkommens oder andernfalls zwei Jahre nach der in Absatz 2 genannten Mitteilung keine Anwendung mehr, es sei denn, dass der Europäische Rat im Einvernehmen mit dem betroffenen Mitgliedstaat beschließt, diese Frist zu verlängern.

(4) Ein Staat, der aus der Union ausgetreten ist und erneut Mitglied werden möchte, muss dies gemäß dem Verfahren des Artikels 57 beantragen.

TEIL II

DIE CHARTA DER GRUNDRECHTE DER UNION

PRÄAMBEL

Die Völker Europas sind entschlossen, auf der Grundlage gemeinsamer Werte eine friedliche Zukunft zu teilen, indem sie sich zu einer immer engeren Union verbinden.

In dem Bewusstsein ihres geistig-religiösen und sittlichen Erbes gründet sich die Union auf die unteilbaren und universellen Werte der Würde des Menschen, der Freiheit, der Gleichheit und der Solidarität. Sie beruht auf den Grundsätzen der Demokratie und der Rechtsstaatlichkeit. Sie stellt den Mensch in den Mittelpunkt ihres Handelns, indem sie die Unionsbürgerschaft und einen Raum der Freiheit, der Sicherheit und des Rechts begründet.

Die Union trägt zur Erhaltung und zur Entwicklung dieser gemeinsamen Werte unter Achtung der Vielfalt der Kulturen und Traditionen der Völker Europas sowie der nationalen Identität der Mitgliedstaaten und der Organisation ihrer staatlichen Gewalt auf nationaler, regionaler und lokaler Ebene bei. Sie ist bestrebt, eine ausgewogene und nachhaltige Entwicklung zu fördern und stellt den freien Personen-, Waren-, Dienstleistungs- und Kapitalverkehr sowie die Niederlassungsfreiheit sicher.

Zu diesem Zweck ist es notwendig, angesichts der Weiterentwicklung der Gesellschaft, des sozialen Fortschritts und der wissenschaftlichen und technologischen Entwicklungen den Schutz der Grundrechte zu stärken, indem sie in einer Charta sichtbarer gemacht werden.

Diese Charta bekräftigt unter Achtung der Zuständigkeiten und Aufgaben der Union und des Subsidiaritätsprinzips die Rechte, die sich vor allem aus den gemeinsamen Verfassungstraditionen und den gemeinsamen internationalen Verpflichtungen der Mitgliedstaaten, aus der Europäischen Konvention zum Schutze der Menschenrechte und Grundfreiheiten, aus den von der Union und dem Europarat beschlossenen Sozialchartas sowie aus der Rechtsprechung des Gerichtshofs der Europäischen Union und des Europäischen Gerichtshofs für Menschenrechte ergeben. In diesem Zusammenhang wird die Charta von den Gerichten der Union und der Mitgliedstaaten unter gebührender Berücksichtigung der Erläuterungen, die auf Veranlassung und in eigener Verantwortung des Präsidiums des Konvents zur Ausarbeitung der Charta formuliert wurden, ausgelegt werden.

Die Ausübung dieser Rechte ist mit Verantwortlichkeiten und Pflichten sowohl gegenüber den Mitmenschen als auch gegenüber der menschlichen Gemeinschaft und den künftigen Generationen verbunden.

Daher erkennt die Union die nachstehend aufgeführten Rechte, Freiheiten und Grundsätze an.

Titel I WÜRDE DES MENSCHEN

Artikel II-1 WÜRDE DES MENSCHEN

Die Würde des Menschen ist unantastbar. Sie ist zu achten und zu schützen.

Artikel II-2 RECHT AUF LEBEN

(1) Jeder Mensch hat das Recht auf Leben.

(2) Niemand darf zur Todesstrafe verurteilt oder hingerichtet werden.

Artikel II-3 RECHT AUF UNVERSEHRTHEIT

(1) Jeder Mensch hat das Recht auf körperliche und geistige Unversehrtheit.

(2) Im Rahmen der Medizin und der Biologie muss insbesondere Folgendes beachtet werden:

a) die freie Einwilligung des Betroffenen nach vorheriger Aufklärung entsprechend den gesetzlich festgelegten Modalitäten,
b) das Verbot eugenischer Praktiken, insbesondere derjenigen, welche die Selektion von Menschen zum Ziel haben,
c) das Verbot, den menschlichen Körper und Teile davon als solche zur Erzielung von Gewinnen zu nutzen,
d) das Verbot des reproduktiven Klonens von Menschen.

Artikel II-4 VERBOT DER FOLTER UND UNMENSCHLICHER ODER ERNIEDRIGENDER STRAFE ODER BEHANDLUNG

Niemand darf der Folter oder unmenschlicher oder erniedrigender Strafe oder Behandlung unterworfen werden.

Artikel II-5 VERBOT DER SKLAVEREI UND DER ZWANGSARBEIT

(1) Niemand darf in Sklaverei oder Leibeigenschaft gehalten werden.

(2) Niemand darf gezwungen werden, Zwangs- oder Pflichtarbeit zu verrichten.

(3) Menschenhandel ist verboten.

Titel II FREIHEITEN

Artikel II-6 RECHT AUF FREIHEIT UND SICHERHEIT

Jeder Mensch hat das Recht auf Freiheit und Sicherheit.

Artikel II-7 ACHTUNG DES PRIVAT- UND FAMILIENLEBENS

Jeder Mensch hat das Recht auf Achtung seines Privat- und Familienlebens, seiner Wohnung sowie seiner Kommunikation.

Artikel II-8 SCHUTZ PERSONENBEZOGENER DATEN

(1) Jeder Mensch hat das Recht auf Schutz der ihn betreffenden personenbezogenen Daten.

(2) Diese Daten dürfen nur nach Treu und Glauben für festgelegte Zwecke und mit Einwilligung der betroffenen Person oder auf einer sonstigen gesetzlich geregelten legitimen Grundlage verarbeitet werden. Jeder Mensch hat das Recht, Auskunft über die ihn betreffenden erhobenen Daten zu erhalten und die Berichtigung der Daten zu erwirken.

(3) Die Einhaltung dieser Vorschriften wird von einer unabhängigen Stelle überwacht.

Artikel II-9 RECHT, EINE EHE EINZUGEHEN UND EINE FAMILIE ZU GRÜNDEN

Das Recht, eine Ehe einzugehen, und das Recht, eine Familie zu gründen, werden nach den einzelstaatlichen Gesetzen gewährleistet, welche die Ausübung dieser Rechte regeln.

Artikel II-10 GEDANKEN-, GEWISSENS- UND RELIGIONSFREIHEIT

(1) Jeder Mensch hat das Recht auf Gedanken-, Gewissens- und Religionsfreiheit. Dieses Recht umfasst die Freiheit, seine Religion oder Weltanschauung zu wechseln, und die Freiheit, seine Religion oder Weltanschauung einzeln oder gemeinsam mit anderen öffentlich oder privat durch Gottesdienst, Unterricht, Bräuche und Riten zu bekennen.

(2) Das Recht auf Wehrdienstverweigerung aus Gewissensgründen wird nach den einzelstaatlichen Gesetzen anerkannt, welche die Ausübung dieses Rechts regeln.

Artikel II-11 FREIHEIT DER MEINUNGSÄUSSERUNG UND INFORMATIONSFREIHEIT

(1) Jeder Mensch hat das Recht auf freie Meinungsäußerung. Dieses Recht schließt die Meinungsfreiheit und die Freiheit ein, Informationen und Ideen ohne behördliche Eingriffe und ohne Rücksicht auf Staatsgrenzen zu empfangen und weiterzugeben.

(2) Die Freiheit der Medien und ihre Pluralität werden geachtet.

Artikel II-12 VERSAMMLUNGS- UND VEREINIGUNGSFREIHEIT

(1) Jeder Mensch hat das Recht, sich insbesondere im politischen, gewerkschaftlichen und zivilgesellschaftlichen Bereich auf allen Ebenen frei und friedlich mit anderen zu versammeln und frei mit anderen zusammenzuschließen, was das Recht jedes Menschen umfasst, zum Schutz seiner Interessen Gewerkschaften zu gründen und Gewerkschaften beizutreten.

(2) Politische Parteien auf der Ebene der Union tragen dazu bei, den politischen Willen der Unionsbürgerinnen und Unionsbürger zum Ausdruck zu bringen.

Artikel II-13 FREIHEIT VON KUNST UND WISSENSCHAFT

Kunst und Forschung sind frei. Die akademische Freiheit wird geachtet.

Artikel II-14 RECHT AUF BILDUNG

(1) Jeder Mensch hat das Recht auf Bildung sowie auf Zugang zur beruflichen Ausbildung und Weiterbildung.

(2) Dieses Recht umfasst die Möglichkeit, unentgeltlich am Pflichtschulunterricht teilzunehmen.

(3) Die Freiheit zur Gründung von Lehranstalten unter Achtung der demokratischen Grundsätze sowie das Recht der Eltern, die Erziehung und den Unterricht ihrer Kinder entsprechend ihren eigenen religiösen, weltanschaulichen und erzieherischen Überzeugungen sicherzustellen, werden nach den einzelstaatlichen Gesetzen geachtet, welche ihre Ausübung regeln.

Artikel II-15 BERUFSFREIHEIT UND RECHT ZU ARBEITEN

(1) Jeder Mensch hat das Recht, zu arbeiten und einen frei gewählten oder angenommenen Beruf auszuüben.

(2) Alle Unionsbürgerinnen und Unionsbürger haben die Freiheit, in jedem Mitgliedstaat Arbeit zu suchen, zu arbeiten, sich niederzulassen oder Dienstleistungen zu erbringen.

(3) Die Staatsangehörigen dritter Länder, die im Hoheitsgebiet der Mitgliedstaaten arbeiten dürfen, haben Anspruch auf Arbeitsbedingungen, die denen der Unionsbürgerinnen und Unionsbürger entsprechen.

Artikel II-16 UNTERNEHMERISCHE FREIHEIT

Die unternehmerische Freiheit wird nach dem Unionsrecht und den einzelstaatlichen Rechtsvorschriften und Gepflogenheiten anerkannt.

Artikel II-17 EIGENTUMSRECHT

(1) Jeder Mensch hat das Recht, sein rechtmäßig erworbenes Eigentum zu besitzen, zu nutzen, darüber zu verfügen und es zu vererben. Niemandem darf sein

Eigentum entzogen werden, es sei denn aus Gründen des öffentlichen Interesses in den Fällen und unter den Bedingungen, die in einem Gesetz vorgesehen sind, sowie gegen eine rechtzeitige angemessene Entschädigung für den Verlust des Eigentums. Die Nutzung des Eigentums kann gesetzlich geregelt werden, soweit dies für das Wohl der Allgemeinheit erforderlich ist.

(2) Geistiges Eigentum wird geschützt.

Artikel II-18 ASYLRECHT

Das Recht auf Asyl wird nach Maßgabe des Genfer Abkommens vom 28. Juli 1951 und des Protokolls vom 31. Januar 1967 über die Rechtsstellung der Flüchtlinge sowie gemäß der Verfassung gewährleistet.

Artikel II-19 SCHUTZ BEI ABSCHIEBUNG, AUSWEISUNG UND AUSLIEFERUNG

(1) Kollektivausweisungen sind nicht zulässig.

(2) Niemand darf in einen Staat abgeschoben oder ausgewiesen oder an einen Staat ausgeliefert werden, in dem für sie oder ihn das ernsthafte Risiko der Todesstrafe, der Folter oder einer anderen unmenschlichen oder erniedrigenden Strafe oder Behandlung besteht.

Titel III GLEICHHEIT

Artikel II-20 GLEICHHEIT VOR DEM GESETZ

Alle Menschen sind vor dem Gesetz gleich.

Artikel II-21 NICHTDISKRIMINIERUNG

(1) Diskriminierungen insbesondere wegen des Geschlechts, der Rasse, der Hautfarbe, der ethnischen oder sozialen Herkunft, der genetischen Merkmale, der Sprache, der Religion oder der Weltanschauung, der politischen oder sonstigen Anschauung, der Zugehörigkeit zu einer nationalen Minderheit, des Vermögens, der Geburt, einer Behinderung, des Alters oder der sexuellen Ausrichtung sind verboten.

(2) Im Anwendungsbereich der Verfassung ist unbeschadet ihrer einzelnen Bestimmungen jede Diskriminierung aus Gründen der Staatsangehörigkeit verboten.

Artikel II-22 VIELFALT DER KULTUREN, RELIGIONEN UND SPRACHEN

Die Union achtet die Vielfalt der Kulturen, Religionen und Sprachen.

Artikel II-23 GLEICHHEIT VON MÄNNERN UND FRAUEN

Die Gleichheit von Männern und Frauen ist in allen Bereichen, einschließlich der Beschäftigung, der Arbeit und des Arbeitsentgelts, sicherzustellen.

Der Grundsatz der Gleichheit steht der Beibehaltung oder der Einführung spezifischer Vergünstigungen für das unterrepräsentierte Geschlecht nicht entgegen.

Artikel II-24 RECHTE DES KINDES

(1) Kinder haben Anspruch auf den Schutz und die Fürsorge, die für ihr Wohlergehen notwendig sind. Sie können ihre Meinung frei äußern. Ihre Meinung wird

in den Angelegenheiten, die sie betreffen, in einer ihrem Alter und ihrem Reifegrad entsprechenden Weise berücksichtigt.

(2) Bei allen Kinder betreffenden Maßnahmen öffentlicher oder privater Einrichtungen muss das Wohl des Kindes eine vorrangige Erwägung sein.

(3) Jedes Kind hat Anspruch auf regelmäßige persönliche Beziehungen und direkte Kontakte zu beiden Elternteilen, es sei denn, dies steht seinem Wohl entgegen.

Artikel II-25 RECHTE ÄLTERER MENSCHEN

Die Union anerkennt und achtet das Recht älterer Menschen auf ein würdiges und unabhängiges Leben und auf Teilnahme am sozialen und kulturellen Leben.

Artikel II-26 INTEGRATION VON MENSCHEN MIT BEHINDERUNG

Die Union anerkennt und achtet den Anspruch von Menschen mit Behinderung auf Maßnahmen zur Gewährleistung ihrer Eigenständigkeit, ihrer sozialen und beruflichen Eingliederung und ihrer Teilnahme am Leben der Gemeinschaft.

Titel IV SOLIDARITÄT

Artikel II-27 RECHT AUF UNTERRICHTUNG UND ANHÖRUNG DER ARBEITNEHMERINNEN UND ARBEITNEHMER IM UNTERNEHMEN

Für die Arbeitnehmerinnen und Arbeitnehmer oder ihre Vertreter muss auf den geeigneten Ebenen eine rechtzeitige Unterrichtung und Anhörung in den Fällen und unter den Voraussetzungen gewährleistet sein, die nach dem Unionsrecht und den einzelstaatlichen Rechtsvorschriften und Gepflogenheiten vorgesehen sind.

Artikel II-28 RECHT AUF KOLLEKTIVVERHANDLUNGEN UND KOLLEKTIVMASSNAHMEN

Die Arbeitnehmerinnen und Arbeitnehmer sowie die Arbeitgeberinnen und Arbeitgeber oder ihre jeweiligen Organisationen haben nach dem Unionsrecht und den einzelstaatlichen Rechtsvorschriften und Gepflogenheiten das Recht, Tarifverträge auf den geeigneten Ebenen auszuhandeln und zu schließen sowie bei Interessenkonflikten kollektive Maßnahmen zur Verteidigung ihrer Interessen, einschließlich Streiks, zu ergreifen.

Artikel II-29 RECHT AUF ZUGANG ZU EINEM ARBEITSVERMITTLUNGSDIENST

Jeder Mensch hat das Recht auf Zugang zu einem unentgeltlichen Arbeitsvermittlungsdienst.

Artikel II-30 SCHUTZ BEI UNGERECHTFERTIGTER ENTLASSUNG

Jede Arbeitnehmerin und jeder Arbeitnehmer hat nach dem Unionsrecht und den einzelstaatlichen Rechtsvorschriften und Gepflogenheiten Anspruch auf Schutz vor ungerechtfertigter Entlassung.

Artikel II-31 GERECHTE UND ANGEMESSENE ARBEITSBEDINGUNGEN

(1) Jede Arbeitnehmerin und jeder Arbeitnehmer hat das Recht auf gesunde, sichere und würdige Arbeitsbedingungen.

(2) Jede Arbeitnehmerin und jeder Arbeitnehmer hat das Recht auf eine Begrenzung der Höchstarbeitszeit, auf tägliche und wöchentliche Ruhezeiten sowie auf bezahlten Jahresurlaub.

Artikel II-32 VERBOT DER KINDERARBEIT UND SCHUTZ DER JUGENDLICHEN AM ARBEITSPLATZ

Kinderarbeit ist verboten. Unbeschadet günstigerer Vorschriften für Jugendliche und abgesehen von begrenzten Ausnahmen darf das Mindestalter für den Eintritt in das Arbeitsleben das Alter, in dem die Schulpflicht endet, nicht unterschreiten.

Zur Arbeit zugelassene Jugendliche müssen ihrem Alter angepasste Arbeitsbedingungen erhalten und vor wirtschaftlicher Ausbeutung und vor jeder Arbeit geschützt werden, die ihre Sicherheit, ihre Gesundheit, ihre körperliche, geistige, sittliche oder soziale Entwicklung beeinträchtigen oder ihre Erziehung gefährden könnte.

Artikel II-33 FAMILIEN- UND BERUFSLEBEN

(1) Der rechtliche, wirtschaftliche und soziale Schutz der Familie wird gewährleistet.

(2) Um Familien- und Berufsleben miteinander in Einklang bringen zu können, hat jeder Mensch das Recht auf Schutz vor Entlassung aus einem mit der Mutterschaft zusammenhängenden Grund sowie den Anspruch auf einen bezahlten Mutterschaftsurlaub und auf einen Elternurlaub nach der Geburt oder Adoption eines Kindes.

Artikel II-34 SOZIALE SICHERHEIT UND SOZIALE UNTERSTÜTZUNG

(1) Die Union anerkennt und achtet das Recht auf Zugang zu den Leistungen der sozialen Sicherheit und zu den sozialen Diensten, die in Fällen wie Mutterschaft,

Krankheit, Arbeitsunfall, Pflegebedürftigkeit oder im Alter sowie bei Verlust des Arbeitsplatzes Schutz gewährleisten, nach Maßgabe des Unionsrechts und der einzelstaatlichen Rechtsvorschriften und Gepflogenheiten.

(2) Jeder Mensch, der in der Union seinen rechtmäßigen Wohnsitz hat und seinen Aufenthalt rechtmäßig wechselt, hat Anspruch auf die Leistungen der sozialen Sicherheit und die sozialen Vergünstigungen nach dem Unionsrecht und den einzelstaatlichen Rechtsvorschriften und Gepflogenheiten.

(3) Um die soziale Ausgrenzung und die Armut zu bekämpfen, anerkennt und achtet die Union das Recht auf eine soziale Unterstützung und eine Unterstützung für die Wohnung, die allen, die nicht über ausreichende Mittel verfügen, ein menschenwürdiges Dasein sicherstellen sollen, nach Maßgabe des Unionsrechts und der einzelstaatlichen Rechtsvorschriften und Gepflogenheiten.

Artikel II-35 GESUNDHEITSSCHUTZ

Jeder Mensch hat das Recht auf Zugang zur Gesundheitsvorsorge und auf ärztliche Versorgung nach Maßgabe der einzelstaatlichen Rechtsvorschriften und Gepflogenheiten. Bei der Festlegung und Durchführung der Politik und Aktionen der Union in allen Bereichen wird ein hohes Gesundheitsschutzniveau sichergestellt.

Artikel II-36 ZUGANG ZU DIENSTLEISTUNGEN VON ALLGEMEINEM WIRTSCHAFTLICHEM INTERESSE

Die Union anerkennt und achtet den Zugang zu Dienstleistungen von allgemeinem wirtschaftlichem Interesse, wie er durch die einzelstaatlichen Rechtsvorschriften und Gepflogenheiten im Einklang mit der Verfassung geregelt ist, um den sozialen und territorialen Zusammenhalt der Union zu fördern.

Artikel II-37 UMWELTSCHUTZ

Ein hohes Umweltschutzniveau und die Verbesserung der Umweltqualität müssen in die Politik der Union einbezogen und nach dem Grundsatz der nachhaltigen Entwicklung sichergestellt werden.

Artikel II-38 VERBRAUCHERSCHUTZ

Die Politik der Union stellt ein hohes Verbraucherschutzniveau sicher.

Titel V # BÜRGERRECHTE

Artikel II-39 AKTIVES UND PASSIVES WAHLRECHT BEI DEN WAHLEN ZUM EUROPÄISCHEN PARLAMENT

(1) Die Unionsbürgerinnen und Unionsbürger besitzen in dem Mitgliedstaat, in dem sie ihren Wohnsitz haben, das aktive und passive Wahlrecht bei den Wahlen zum Europäischen Parlament, wobei für sie dieselben Bedingungen gelten wie für die Angehörigen des betreffenden Mitgliedstaats.

(2) Die Mitglieder des Europäischen Parlaments werden in allgemeiner, unmittelbarer, freier und geheimer Wahl gewählt.

Artikel II-40 AKTIVES UND PASSIVES WAHLRECHT BEI DEN KOMMUNALWAHLEN

Die Unionsbürgerinnen und Unionsbürger besitzen in dem Mitgliedstaat, in dem sie ihren Wohnsitz haben, das aktive und passive Wahlrecht bei Kommunalwahlen, wobei für sie dieselben Bedingungen gelten wie für die Angehörigen des betreffenden Mitgliedstaats.

Artikel II-41 RECHT AUF EINE GUTE VERWALTUNG

(1) Jeder Mensch hat ein Recht darauf, dass seine Angelegenheiten von den Organen, Einrichtungen, Ämtern und Agenturen der Union unparteiisch, gerecht und innerhalb einer angemessenen Frist behandelt werden.

(2) Dieses Recht umfasst insbesondere

a) das Recht eines jeden Menschen, gehört zu werden, bevor ihm gegenüber eine für ihn nachteilige individuelle Maßnahme getroffen wird,
b) das Recht eines jeden Menschen auf Zugang zu den ihn betreffenden Akten unter Wahrung des legitimen Interesses der Vertraulichkeit sowie des Berufs- und Geschäftsgeheimnisses,
c) die Verpflichtung der Verwaltung, ihre Entscheidungen zu begründen.

(3) Jeder Mensch hat Anspruch darauf, dass die Union den durch ihre Organe oder Bediensteten in Ausübung ihrer Amtstätigkeit verursachten Schaden nach den allgemeinen Rechtsgrundsätzen ersetzt, die den Rechtsordnungen der Mitgliedstaaten gemeinsam sind.

(4) Jeder Mensch kann sich in einer der Sprachen der Verfassung an die Organe der Union wenden und muss eine Antwort in derselben Sprache erhalten.

Artikel II-42 RECHT AUF ZUGANG ZU DOKUMENTEN

Die Unionsbürgerinnen und Unionsbürger sowie jede natürliche oder juristische Person mit Wohnsitz oder Sitz in einem Mitgliedstaat haben das Recht auf Zugang zu den Dokumenten der Organe, Einrichtungen, Ämter und Agenturen der Union, unabhängig davon, in welcher Form diese Dokumente erstellt werden.

Artikel II-43 DER EUROPÄISCHE BÜRGERBEAUFTRAGTE

Die Unionsbürgerinnen und Unionsbürger sowie jede natürliche oder juristische Person mit Wohnsitz oder satzungsmäßigem Sitz in einem Mitgliedstaat haben das Recht, den Europäischen Bürgerbeauftragten im Falle von Missständen bei der Tätigkeit der Organe, Einrichtungen, Ämter und Agenturen der Union, mit Ausnahme des Europäischen Gerichtshofs und des Gerichts in Ausübung ihrer Rechtsprechungsbefugnisse, zu befassen.

Artikel II-44 PETITIONSRECHT

Die Unionsbürgerinnen und Unionsbürger sowie jede natürliche oder juristische Person mit Wohnsitz oder Sitz in einem Mitgliedstaat haben das Recht, eine Petition an das Europäische Parlament zu richten.

Artikel II-45 FREIZÜGIGKEIT UND AUFENTHALTSFREIHEIT

(1) Die Unionsbürgerinnen und Unionsbürger haben das Recht, sich im Hoheitsgebiet der Mitgliedstaaten frei zu bewegen und aufzuhalten.

(2) Staatsangehörigen dritter Länder, die sich rechtmäßig im Hoheitsgebiet eines Mitgliedstaats aufhalten, kann gemäß der Verfassung Freizügigkeit und Aufenthaltsfreiheit gewährt werden.

Artikel II-46 DIPLOMATISCHER UND KONSULARISCHER SCHUTZ

Die Unionsbürgerinnen und Unionsbürger genießen im Hoheitsgebiet eines Drittlandes, in dem der Mitgliedstaat, dessen Staatsangehörigkeit sie besitzen, nicht vertreten ist, den Schutz der diplomatischen und konsularischen Stellen eines jeden Mitgliedstaats unter denselben Bedingungen wie Staatsangehörige dieses Staates.

Titel VI # JUSTIZIELLE RECHTE

Artikel II-47 RECHT AUF EINEN WIRKSAMEN RECHTSBEHELF UND EIN UNPARTEIISCHES GERICHT

Jeder Mensch, dessen durch das Recht der Union garantierte Rechte oder Freiheiten verletzt worden sind, hat das Recht, nach Maßgabe der in diesem Artikel vorgesehenen Bedingungen bei einem Gericht einen wirksamen Rechtsbehelf einzulegen.

Jeder Mensch hat ein Recht darauf, dass seine Sache von einem unabhängigen, unparteiischen und zuvor durch Gesetz errichteten Gericht in einem fairen Verfahren, öffentlich und innerhalb angemessener Frist verhandelt wird. Jeder Mensch kann sich beraten, verteidigen und vertreten lassen.

Personen, die nicht über ausreichende Mittel verfügen, wird Prozesskostenhilfe bewilligt, soweit diese Hilfe erforderlich ist, um den Zugang zu den Gerichten wirksam zu gewährleisten.

Artikel II-48 UNSCHULDSVERMUTUNG UND VERTEIDIGUNGSRECHTE

(1) Jeder Angeklagte gilt bis zum rechtsförmlich erbrachten Beweis seiner Schuld als unschuldig.

(2) Jedem Angeklagten wird die Achtung der Verteidigungsrechte gewährleistet.

Artikel II-49 GRUNDSÄTZE DER GESETZMÄSSIGKEIT UND DER VERHÄLTNISMÄSSIGKEIT IM ZUSAMMENHANG MIT STRAFTATEN UND STRAFEN

(1) Niemand darf wegen einer Handlung oder Unterlassung verurteilt werden, die zur Zeit ihrer Begehung nach innerstaatlichem oder internationalem Recht nicht strafbar war. Es darf auch keine schwerere Strafe als die zur Zeit der Begehung angedrohte Strafe verhängt werden. Wird nach Begehung einer Straftat durch Gesetz eine mildere Strafe eingeführt, so ist diese zu verhängen.

(2) Dieser Artikel schließt nicht aus, dass eine Person wegen einer Handlung oder Unterlassung verurteilt oder bestraft wird, die zur Zeit ihrer Begehung nach den allgemeinen, von der Gesamtheit der Nationen anerkannten Grundsätzen strafbar war.

(3) Das Strafmaß darf gegenüber der Straftat nicht unverhältnismäßig sein.

Artikel II-50 RECHT, WEGEN DERSELBEN STRAFTAT NICHT ZWEIMAL STRAFRECHTLICH VERFOLGT ODER BESTRAFT ZU WERDEN

Niemand darf wegen einer Straftat, derentwegen er bereits in der Union nach dem Gesetz rechtskräftig verurteilt oder freigesprochen worden ist, in einem Strafverfahren erneut verfolgt oder bestraft werden.

Titel VII ALLGEMEINE BESTIMMUNGEN ÜBER DIE AUSLEGUNG UND ANWENDUNG DER CHARTA

Artikel II-51 ANWENDUNGSBEREICH

(1) Diese Charta gilt für die Organe, Einrichtungen, Ämter und Agenturen der Union unter Einhaltung des Subsidiaritätsprinzips und für die Mitgliedstaaten ausschließlich bei der Durchführung des Rechts der Union. Dementsprechend achten sie die Rechte, halten sie sich an die Grundsätze und fördern sie deren Anwendung gemäß ihren jeweiligen Zuständigkeiten und unter Achtung der Grenzen der Zuständigkeiten, die der Union in anderen Teilen der Verfassung übertragen werden.

(2) Diese Charta dehnt den Geltungsbereich des Unionsrechts nicht über die Zuständigkeiten der Union hinaus aus und begründet weder neue Zuständigkeiten noch neue Aufgaben für die Union, noch ändert sie die in den anderen Teilen der Verfassung festgelegten Zuständigkeiten und Aufgaben.

Artikel II-52 TRAGWEITE UND AUSLEGUNG DER RECHTE UND GRUNDSÄTZE

(1) Jede Einschränkung der Ausübung der in dieser Charta anerkannten Rechte und Freiheiten muss gesetzlich vorgesehen sein und den Wesensgehalt dieser Rechte und Freiheiten achten. Unter Wahrung des Grundsatzes der Verhältnismäßigkeit dürfen Einschränkungen nur vorgenommen werden, wenn sie notwendig sind und den von der Union anerkannten dem Gemeinwohl dienenden Zielsetzungen oder den Erfordernissen des Schutzes der Rechte und Freiheiten anderer tatsächlich entsprechen.

(2) Die Ausübung der durch diese Charta anerkannten Rechte, die in anderen Teilen der Verfassung geregelt sind, erfolgt im Rahmen der in diesen einschlägigen Teilen festgelegten Bedingungen und Grenzen.

(3) So weit diese Charta Rechte enthält, die den durch die Europäische Konvention zum Schutze der Menschenrechte und Grundfreiheiten garantierten Rechten entsprechen, haben sie die gleiche Bedeutung und Tragweite, wie sie ihnen in der genannten Konvention verliehen wird. Diese Bestimmung steht dem nicht entgegen, dass das Recht der Union einen weiter gehenden Schutz gewährt .

(4) Soweit in dieser Charta Grundrechte anerkannt werden, wie sie sich aus den gemeinsamen Verfassungsüberlieferungen der Mitgliedstaaten ergeben, werden sie im Einklang mit diesen Überlieferungen ausgelegt.

(5) Die Bestimmungen dieser Charta, in denen Grundsätze festgelegt sind, können durch Akte der Gesetzgebung und der Ausführung der Organe und Einrichtungen der Union sowie durch Akte der Mitgliedstaaten zur Durchführung des Rechts der Union in Ausübung ihrer jeweiligen Zuständigkeiten umgesetzt werden. Sie können vor Gericht nur bei der Auslegung dieser Akte und bei Entscheidungen über deren Rechtmäßigkeit herangezogen werden.

(6) Den einzelstaatlichen Rechtsvorschriften und Gepflogenheiten ist, wie es in dieser Charta bestimmt ist, in vollem Umfang Rechnung zu tragen.

Artikel II-53 SCHUTZNIVEAU

Keine Bestimmung dieser Charta ist als eine Einschränkung oder Verletzung der Menschenrechte und Grundfreiheiten auszulegen, die in dem jeweiligen Anwendungsbereich durch das Recht der Union und das Völkerrecht sowie durch die internationalen Übereinkommen, bei denen die Union oder alle Mitgliedstaaten Vertragsparteien sind, darunter insbesondere die Europäische Konvention zum Schutze der Menschenrechte und Grundfreiheiten, sowie durch die Verfassungen der Mitgliedstaaten anerkannt werden.

Artikel II-54 VERBOT DES MISSBRAUCHS DER RECHTE

Keine Bestimmung dieser Charta ist so auszulegen, als begründe sie das Recht, eine Tätigkeit auszuüben oder eine Handlung vorzunehmen, die darauf abzielt, die in der Charta anerkannten Rechte und Freiheiten abzuschaffen oder sie stärker einzuschränken, als dies in der Charta vorgesehen ist.

TEIL III

DIE POLITIKBEREICHE UND DIE ARBEITSWEISE DER UNION

Titel I ALLGEMEIN ANWENDBARE BESTIMMUNGEN

Artikel III-1

Die Union achtet auf die Kohärenz zwischen der Politik und den Maßnahmen in den verschiedenen in diesem Teil genannten Bereichen und trägt dabei unter Einhaltung des Grundsatzes der begrenzten Einzelermächtigung den Zielen der Union in ihrer Gesamtheit Rechnung.

Artikel III-2

Bei allen in diesem Teil genannten Maßnahmen wirkt die Union darauf hin, dass Ungleichheiten zwischen Männern und Frauen beseitigt werden und die Gleichstellung von Männern und Frauen gefördert wird.

Artikel III-3

Bei der Festlegung und Durchführung der Politik und der Maßnahmen in den in diesem Teil genannten Bereichen zielt die Union darauf ab, Diskriminierungen aus Gründen des Geschlechts, der Rasse, der ethnischen Herkunft, der Religion oder der Weltanschauung, einer Behinderung, des Alters oder der sexuellen Ausrichtung zu bekämpfen.

Artikel III-4

Die Erfordernisse des Umweltschutzes müssen bei der Festlegung und Durchführung der Politik und der Maßnahmen der Union in den in diesem Teil genannten Bereichen insbesondere zur Förderung einer nachhaltigen Entwicklung einbezogen werden.

Artikel III-5

Den Erfordernissen des Verbraucherschutzes wird bei der Festlegung und Durchführung der Politik und der Maßnahmen der Union in den anderen Bereichen Rechnung getragen.

Artikel III-6

Unbeschadet der Artikel III-55, III-56 und III-136 und in Anbetracht des von allen in der Union anerkannten Stellenwerts der Dienste von allgemeinem wirtschaftlichem Interesse sowie ihrer Bedeutung bei der Förderung des sozialen und territorialen Zusammenhalts tragen die Union und ihre Mitgliedstaaten im Rahmen ihrer jeweiligen Befugnisse im Anwendungsbereich der Verfassung dafür Sorge, dass die Grundsätze und Bedingungen, insbesondere jene wirtschaftlicher und finanzieller Art, für das Funktionieren dieser Dienste so gestaltet sind, dass diese ihren Aufgaben nachkommen können. Diese Grundsätze und Bedingungen werden durch Europäische Gesetze festgelegt.

Titel II NICHTDISKRIMINIERUNG UND UNIONSBÜRGERSCHAFT

Artikel III-7

Das in Artikel I-4 verankerte Verbot von Diskriminierungen aufgrund der Staatsangehörigkeit kann durch Europäische Gesetze oder Rahmengesetze geregelt werden.

Artikel III-8

(1) Unbeschadet der sonstigen Bestimmungen der Verfassung und im Rahmen der durch die Verfassung auf die Union übertragenen Zuständigkeiten können die für die Bekämpfung von Diskriminierungen aus Gründen des Geschlechts, der Rasse, der ethnischen Herkunft, der Religion oder der Weltanschauung, einer Behinderung, des Alters oder der sexuellen Ausrichtung erforderlichen Maßnahmen durch ein Europäisches Gesetz oder Rahmengesetz des Ministerrates festgelegt werden. Der Ministerrat beschließt einstimmig nach Zustimmung des Europäischen Parlaments.

(2) Die Grundprinzipien für die Fördermaßnahmen der Union und solche Maßnahmen selbst, mit denen die Maßnahmen der Mitgliedstaaten unterstützt werden sollen, können unter Ausschluss jeglicher Harmonisierung der Rechts- und Verwaltungsvorschriften der Mitgliedstaaten durch Europäische Gesetze oder Rahmengesetze festgelegt werden.

Artikel III-9

(1) Erscheint zur Erleichterung der Ausübung des in Artikel I-8 genannten Rechts jedes Unionsbürgers bzw. jeder Unionsbürgerin, sich frei zu bewegen und seinen bzw. ihren Aufenthalt frei zu nehmen, ein Tätigwerden der Union erforderlich, so können entsprechende Maßnahmen durch Europäische Gesetze oder Rahmengesetze festgelegt werden, sofern die Verfassung hierfür anderweitig keine Befugnisse vorsieht.

(2) Zum selben Zweck können, sofern die Verfassung hierfür anderweitig keine Befugnisse vorsieht, Maßnahmen betreffend Pässe, Personalausweise, Aufenthaltstitel

oder diesen gleichgestellte Dokumente sowie Maßnahmen betreffend die soziale Sicherheit oder den sozialen Schutz vom Ministerrat durch ein Europäisches Gesetz oder Rahmengesetz festgelegt werden. Der Ministerrat beschließt einstimmig nach Anhörung des Europäischen Parlaments.

Artikel III-10

Die Einzelheiten der Ausübung des in Artikel I-8 genannten aktiven und passiven Wahlrechts jedes Unionsbürgers bei den Kommunalwahlen und bei den Wahlen zum Europäischen Parlament in dem Mitgliedstaat, in dem dieser seinen Wohnsitz hat, ohne dessen Staatsangehörigkeit zu besitzen, werden durch ein Europäisches Gesetz oder Rahmengesetz des Ministerrates festgelegt. Der Ministerrat beschließt einstimmig nach Anhörung des Europäischen Parlaments. In diesen Einzelheiten können Ausnahmeregelungen vorgesehen werden, wenn dies aufgrund besonderer Probleme eines Mitgliedstaats gerechtfertigt ist.

Das aktive und passive Wahlrecht bei den Wahlen zum Europäischen Parlament wird unbeschadet des Artikels III-232 Absatz 2 und der Maßnahmen zu dessen Durchführung ausgeübt.

Artikel III-11

Die Mitgliedstaaten erlassen die notwendigen Bestimmungen, um den diplomatischen und konsularischen Schutz der Unionsbürger in Drittländern nach Artikel I-8 zu gewährleisten.

Zur Erleichterung dieses Schutzes notwendige Maßnahmen können durch ein Europäisches Gesetz des Ministerrates festgelegt werden. Der Ministerrat beschließt nach Anhörung des Europäischen Parlaments.

Artikel III-12

Die Sprachen, in denen jeder Unionsbürger sich gemäß Artikel I-8 an die Organe oder beratenden Einrichtungen wenden und eine Antwort erhalten kann, sind in Artikel IV-10 aufgeführt. Die Organe und beratenden Einrichtungen im Sinne dieses Artikels sind jene, die in Artikel I-18 Absatz 2, Artikel I-30 und Artikel I-31 genannt werden, sowie der europäische Bürgerbeauftragte.

Artikel III-13

Die Kommission erstattet dem Europäischen Parlament, dem Ministerrat und dem Wirtschafts- und Sozialausschuss alle drei Jahre über die Anwendung des Artikels I-8 und dieses Titels Bericht. In dem Bericht wird der Fortentwicklung der Union Rechnung getragen.

Auf dieser Grundlage und unbeschadet der anderen Bestimmungen der Verfassung können die in Artikel I-8 vorgesehenen Rechte durch ein Europäisches Gesetz oder Rahmengesetz des Ministerrates ergänzt werden. Der Ministerrat beschließt einstimmig nach Zustimmung des Europäischen Parlaments. Dieses Gesetz oder Rahmengesetz tritt erst nach Zustimmung der Mitgliedstaaten im Einklang mit ihren jeweiligen Verfassungsbestimmungen in Kraft.

Titel III # INTERNE POLITIKBEREICHE UND MASSNAHMEN

Kapitel I ## BINNENMARKT

Abschnitt 1 ### VERWIRKLICHUNG DES BINNENMARKTS

Artikel III-14

(1) Die Union erlässt die erforderlichen Maßnahmen, um gemäß diesem Artikel, den Artikeln III-15, III-26 Absatz 1, III-29, III-39, III-62, III-65 und III-143 unbeschadet der sonstigen Bestimmungen der Verfassung den Binnenmarkt zu verwirklichen.

(2) Der Binnenmarkt umfasst einen Raum ohne Binnengrenzen, in dem der freie Verkehr von Waren, Personen, Dienstleistungen und Kapital gemäß den Bestimmungen der Verfassung gewährleistet ist.

(3) Der Ministerrat erlässt auf Vorschlag der Kommission die Europäischen Verordnungen oder Beschlüsse, mit denen die Leitlinien und Bedingungen festgelegt werden, die erforderlich sind, um in allen betroffenen Sektoren einen ausgewogenen Fortschritt zu gewährleisten.

Artikel III-15

Bei der Formulierung ihrer Vorschläge zur Verwirklichung der Ziele des Artikels III-14 berücksichtigt die Kommission den Umfang der Anstrengungen, die einigen Volkswirtschaften mit unterschiedlichem Entwicklungsstand für die Verwirklichung des Binnenmarktes abverlangt werden, und kann geeignete Maßnahmen vorschlagen.

Erhalten diese Maßnahmen die Form von Ausnahmeregelungen, so müssen sie vorübergehender Art sein und dürfen das Funktionieren des Binnenmarkts so wenig wie möglich stören.

Artikel III-16

Die Mitgliedstaaten setzen sich miteinander ins Benehmen, um durch gemeinsames Vorgehen zu verhindern, dass das Funktionieren des Binnenmarkts durch Bestimmungen beeinträchtigt wird, die ein Mitgliedstaat bei einer schwerwiegenden innerstaatlichen Störung der öffentlichen Ordnung, im Kriegsfall, bei einer ernsten, eine Kriegsgefahr darstellenden internationalen Spannung oder in Erfüllung der Verpflichtungen erlässt, die er im Hinblick auf die Aufrechterhaltung des Friedens und der internationalen Sicherheit übernommen hat.

Artikel III-17

Werden im Binnenmarkt die Wettbewerbsbedingungen durch Bestimmungen aufgrund der Artikel III-6 und III-34 verfälscht, so prüft die Kommission gemeinsam mit dem beteiligten Staat, wie diese Bestimmungen den Vorschriften der Verfassung angepasst werden können.

In Abweichung von dem in den Artikeln III-265 und III-266 vorgesehenen Verfahren kann die Kommission oder ein Mitgliedstaat den Gerichtshof unmittelbar anrufen, wenn die Kommission oder der Staat der Auffassung ist, dass ein anderer Mitgliedstaat die in den Artikeln III-6 und III-34 vorgesehenen Befugnisse missbraucht. Der Gerichtshof entscheidet unter Ausschluss der Öffentlichkeit.

Abschnitt 2 FREIZÜGIGKEIT UND FREIER DIENSTLEISTUNGSVERKEHR

Unterabschnitt 1 ARBEITNEHMER

Artikel III-18

(1) Die Arbeitnehmer haben das Recht, sich innerhalb der Union frei zu bewegen.

(2) Jede auf der Staatsangehörigkeit beruhende unterschiedliche Behandlung der Arbeitnehmer der Mitgliedstaaten in Bezug auf Beschäftigung, Entlohnung und sonstige Arbeitsbedingungen ist verboten.

(3) Die Arbeitnehmer haben - vorbehaltlich der aus Gründen der öffentlichen Ordnung, Sicherheit und Gesundheit gerechtfertigten Beschränkungen - das Recht,

a) sich um tatsächlich angebotene Stellen zu bewerben;
b) sich zu diesem Zweck im Hoheitsgebiet der Mitgliedstaaten frei zu bewegen;
c) sich in einem Mitgliedstaat aufzuhalten, um dort nach den für die Arbeitnehmer dieses Staates geltenden Rechts- und Verwaltungsvorschriften eine Beschäftigung auszuüben;
d) nach Beendigung einer Beschäftigung im Hoheitsgebiet eines Mitgliedstaats unter Bedingungen zu verbleiben, welche in Europäischen Verordnungen festgelegt sind, die die Kommission erlässt.

(4) Dieser Artikel findet keine Anwendung auf die Beschäftigung in der öffentlichen Verwaltung.

Artikel III-19

Die zur Herstellung der Freizügigkeit der Arbeitnehmer im Sinne des Artikels III-18 erforderlichen Maßnahmen werden durch Europäische Gesetze oder Rahmengesetze festgelegt. Diese werden nach Anhörung des Wirtschafts- und Sozialausschusses erlassen.

Die Europäischen Gesetze oder Rahmengesetze haben insbesondere Folgendes zum Ziel:

a) die Sicherstellung einer engen Zusammenarbeit zwischen den einzelstaatlichen Arbeitsverwaltungen;
b) die Beseitigung der Verwaltungsverfahren und -praktiken sowie der für den Zugang zu verfügbaren Arbeitsplätzen vorgeschriebenen Fristen, die sich aus innerstaatlichen Rechtsvorschriften oder vorher zwischen den Mitgliedstaaten geschlossenen Übereinkünften ergeben und deren Beibehaltung die Herstellung der Freizügigkeit der Arbeitnehmer hindert;
c) die Beseitigung aller Fristen und sonstigen Beschränkungen, die in innerstaatlichen Rechtsvorschriften oder vorher zwischen den

Mitgliedstaaten geschlossenen Übereinkünften vorgesehen sind und die den Arbeitnehmern der anderen Mitgliedstaaten für die freie Wahl des Arbeitsplatzes andere Bedingungen als den inländischen Arbeitnehmern auferlegen;

d) die Schaffung geeigneter Verfahren für die Zusammenführung und den Ausgleich von Angebot und Nachfrage auf dem Arbeitsmarkt zu Bedingungen, die eine ernstliche Gefährdung des Lebensstandards und des Beschäftigungsstands in einzelnen Gebieten und Industrien ausschließen.

Artikel III-20

Die Mitgliedstaaten fördern den Austausch junger Arbeitnehmer im Rahmen eines gemeinsamen Programms.

Artikel III-21

Die auf dem Gebiet der sozialen Sicherheit für die Herstellung der Freizügigkeit der Arbeitnehmer notwendigen Maßnahmen werden durch Europäische Gesetze oder Rahmengesetze festgelegt; zu diesem Zweck wird darin insbesondere ein System eingeführt, welches zu- und abwandernden Arbeitnehmern und Selbstständigen sowie deren anspruchsberechtigten Angehörigen Folgendes sichert:

a) die Zusammenrechnung aller nach den verschiedenen innerstaatlichen Rechtsvorschriften berücksichtigten Zeiten für den Erwerb und die Aufrechterhaltung des Leistungsanspruchs sowie für die Berechnung der Leistungen;
b) die Zahlung der Leistungen an Personen, die in den Hoheitsgebieten der Mitgliedstaaten wohnen.

Unterabschnitt 2 NIEDERLASSUNGSFREIHEIT

Artikel III-22

Die Beschränkungen der Niederlassungsfreiheit von Staatsangehörigen eines Mitgliedstaats im Hoheitsgebiet eines anderen Mitgliedstaats sind nach Maßgabe dieses Unterabschnitts verboten. Das Gleiche gilt für Beschränkungen der Gründung von Agenturen, Zweigniederlassungen oder Tochtergesellschaften durch Angehörige eines Mitgliedstaats, die im Hoheitsgebiet eines Mitgliedstaats ansässig sind.

Vorbehaltlich des Abschnitts über den Kapitalverkehr haben die Angehörigen eines Mitgliedstaats das Recht, im Hoheitsgebiet eines anderen Mitgliedstaats selbstständige Erwerbstätigkeiten aufzunehmen und auszuüben sowie Unternehmen, insbesondere Gesellschaften im Sinne des Artikels III-27 Absatz 2, nach den Bestimmungen des Aufnahmemitgliedstaats für seine eigenen Angehörigen zu gründen und zu leiten.

Artikel III-23

(1) Die Maßnahmen zur Verwirklichung der Niederlassungsfreiheit für eine bestimmte Tätigkeit werden durch Europäische Rahmengesetze festgelegt. Diese werden nach Anhörung des Wirtschafts- und Sozialausschusses erlassen.

(2) Das Europäische Parlament, der Ministerrat und die Kommission erfüllen die Aufgaben, die ihnen aufgrund von Absatz 1 übertragen sind, indem sie insbesondere

a) im Allgemeinen diejenigen Tätigkeiten mit Vorrang behandeln, bei denen die Niederlassungsfreiheit die Entwicklung der Produktion und des Handels in besonderer Weise fördert;
b) eine enge Zusammenarbeit zwischen den zuständigen Verwaltungen der Mitgliedstaaten sicherstellen, um sich über die besondere Lage auf den verschiedenen Tätigkeitsgebieten innerhalb der Union zu unterrichten;
c) die aus innerstaatlichen Rechtsvorschriften oder vorher zwischen den Mitgliedstaaten geschlossenen Übereinkünften abgeleiteten Verwaltungsverfahren und -praktiken ausschalten, deren Beibehaltung der Niederlassungsfreiheit entgegensteht;
d) dafür Sorge tragen, dass Arbeitnehmer eines Mitgliedstaats, die im Hoheitsgebiet eines anderen Mitgliedstaats beschäftigt sind, dort ver-

bleiben und eine selbstständige Tätigkeit unter denselben Voraussetzungen ausüben können, die sie erfüllen müssten, wenn sie in diesen Staat erst zu dem Zeitpunkt einreisen würden, zu dem sie diese Tätigkeit aufzunehmen beabsichtigen;

e) den Erwerb und die Nutzung von Grundbesitz im Hoheitsgebiet eines Mitgliedstaats durch Angehörige eines anderen Mitgliedstaats ermöglichen, soweit hierdurch die Grundsätze des Artikels III-123 Absatz 2 nicht beeinträchtigt werden;

f) veranlassen, dass bei jedem in Betracht kommenden Wirtschaftszweig die Beschränkungen der Niederlassungsfreiheit in Bezug auf die Voraussetzungen für die Errichtung von Agenturen, Zweigniederlassungen und Tochtergesellschaften im Hoheitsgebiet eines Mitgliedstaats sowie für den Eintritt des Personals der Hauptniederlassung in ihre Leitungs- oder Überwachungsorgane schrittweise aufgehoben werden;

g) soweit erforderlich die Schutzbestimmungen koordinieren, die in den Mitgliedstaaten den Gesellschaften im Sinne des Artikels III-27 Absatz 2 im Interesse der Gesellschafter sowie Dritter vorgeschrieben sind, um diese Bestimmungen gleichwertig zu gestalten;

h) sicherstellen, dass die Bedingungen für die Niederlassung nicht durch Beihilfen der Mitgliedstaaten verfälscht werden.

Artikel III-24

Auf Tätigkeiten, die in einem Mitgliedstaat dauernd oder zeitweise mit der Ausübung öffentlicher Gewalt verbunden sind, findet dieser Unterabschnitt in dem betreffenden Mitgliedstaat keine Anwendung.

In Europäischen Gesetzen oder Rahmengesetzen kann vorgesehen werden, dass bestimmte Tätigkeiten von der Anwendung dieses Unterabschnitts ausgenommen werden.

Artikel III-25

(1) Dieser Unterabschnitt und die aufgrund desselben erlassenen Maßnahmen beeinträchtigen nicht die Anwendbarkeit der Rechts- und Verwaltungsvorschriften der Mitgliedstaaten, die eine Sonderregelung für Ausländer vorsehen und aus Gründen der öffentlichen Ordnung, Sicherheit oder Gesundheit gerechtfertigt sind.

(2) Die in Absatz 1 genannten nationalen Vorschriften werden durch Europäische Rahmengesetze koordiniert.

Artikel III-26

(1) Die Aufnahme und die Ausübung selbstständiger Tätigkeiten werden durch Europäische Rahmengesetze erleichtert, die Folgendes zum Ziel haben:

a) die gegenseitige Anerkennung der Diplome, Prüfungszeugnisse und sonstigen Befähigungsnachweise;
b) die Koordinierung der Rechts- und Verwaltungsvorschriften der Mitgliedstaaten über die Aufnahme und Ausübung selbstständiger Tätigkeiten.

(2) Die schrittweise Aufhebung der Beschränkungen für die ärztlichen, arztähnlichen und pharmazeutischen Berufe setzt die Koordinierung der Bedingungen für die Ausübung dieser Berufe in den einzelnen Mitgliedstaaten voraus.

Artikel III-27

Für die Anwendung dieses Unterabschnitts stehen die nach den Rechtsvorschriften eines Mitgliedstaats gegründeten Gesellschaften, die ihren Sitz, ihre Hauptverwaltung oder ihre Hauptniederlassung innerhalb der Union haben, den natürlichen Personen gleich, die Angehörige der Mitgliedstaaten sind.

Als Gesellschaften gelten die Gesellschaften des bürgerlichen Rechts und des Handelsrechts einschließlich der Genossenschaften und die sonstigen juristischen Personen des öffentlichen und privaten Rechts mit Ausnahme derjenigen, die keinen Erwerbszweck verfolgen.

Artikel III-28

Unbeschadet der sonstigen Bestimmungen der Verfassung stellen die Mitgliedstaaten die Staatsangehörigen der anderen Mitgliedstaaten hinsichtlich ihrer Beteiligung am Kapital von Gesellschaften im Sinne des Artikels III-27 den eigenen Staatsangehörigen gleich.

Unterabschnitt 3 FREIER DIENSTLEISTUNGSVERKEHR

Artikel III-29

Die Beschränkungen des freien Dienstleistungsverkehrs innerhalb der Union für Angehörige der Mitgliedstaaten, die in einem anderen Mitgliedstaat der Union als demjenigen des Leistungsempfängers ansässig sind, sind nach Maßgabe dieses Unterabschnitts verboten.

Durch Europäische Gesetze oder Rahmengesetze kann die Anwendung dieses Unterabschnitts auf Erbringer von Dienstleistungen ausgedehnt werden, welche die Staatsangehörigkeit eines dritten Landes besitzen und innerhalb der Union ansässig sind.

Artikel III-30

Dienstleistungen im Sinne der Verfassung sind Leistungen, die in der Regel gegen Entgelt erbracht werden, soweit sie nicht den Vorschriften über den freien Waren- und Kapitalverkehr und über die Freizügigkeit der Personen unterliegen.

Als Dienstleistungen gelten insbesondere:

a) gewerbliche Tätigkeiten,
b) kaufmännische Tätigkeiten,
c) handwerkliche Tätigkeiten,
d) freiberufliche Tätigkeiten.

Unbeschadet des Unterabschnitts über die Niederlassungsfreiheit kann der Leistende zwecks Erbringung seiner Leistungen seine Tätigkeit vorübergehend in dem Mitgliedstaat ausüben, in dem die Leistung erbracht wird, und zwar unter den Voraussetzungen, welche dieser Staat für seine eigenen Angehörigen vorschreibt.

Artikel III-31

(1) Für den freien Dienstleistungsverkehr auf dem Gebiet des Verkehrs gilt der Abschnitt über den Verkehr.

(2) Die Liberalisierung der mit dem Kapitalverkehr verbundenen Dienstleistungen der Banken und Versicherungen wird im Einklang mit der Liberalisierung des Kapitalverkehrs durchgeführt.

Artikel III-32

(1) Die Maßnahmen zur Liberalisierung einer bestimmten Dienstleistung werden durch Europäische Rahmengesetze festgelegt. Diese werden nach Anhörung des Wirtschafts- und Sozialausschusses erlassen.

(2) Bei den in Absatz 1 genannten Europäischen Rahmengesetzen sind im Allgemeinen mit Vorrang diejenigen Dienstleistungen zu berücksichtigen, welche die Produktionskosten unmittelbar beeinflussen oder deren Liberalisierung zur Förderung des Warenverkehrs beiträgt.

Artikel III-33

Die Mitgliedstaaten sind bereit, über das Ausmaß der Liberalisierung der Dienstleistungen, zu dem sie aufgrund der gemäß Artikel III-29 Absatz 1 erlassenen Europäischen Rahmengesetze verpflichtet sind, hinauszugehen, falls ihre wirtschaftliche Gesamtlage und die Lage des betreffenden Wirtschaftszweigs dies zulassen.

Die Kommission richtet entsprechende Empfehlungen an die betreffenden Staaten.

Artikel III-34

Solange die Beschränkungen des freien Dienstleistungsverkehrs nicht aufgehoben sind, wendet sie jeder Mitgliedstaat ohne Unterscheidung nach Staatsangehörigkeit oder Aufenthaltsort auf alle Erbringer von Dienstleistungen gemäß Artikel III-29 Absatz 1 an.

Artikel III-35

Die Artikel III-24 bis III-27 finden auf das in diesem Unterabschnitt geregelte Sachgebiet Anwendung.

Abschnitt 3 FREIER WARENVERKEHR

Unterabschnitt 1 DIE ZOLLUNION

Artikel III-36

(1) Die Union umfasst eine Zollunion, die sich auf den gesamten Warenaustausch erstreckt und das Verbot umfasst, zwischen den Mitgliedstaaten Ein- und Ausfuhrzölle und Abgaben gleicher Wirkung zu erheben, sowie die Einführung eines Gemeinsamen Zolltarifs gegenüber dritten Ländern.

(2) Artikel III-38 und Unterabschnitt 3 dieses Abschnitts gelten für die aus den Mitgliedstaaten stammenden Waren sowie für diejenigen Waren aus dritten Ländern, die sich in den Mitgliedstaaten im freien Verkehr befinden.

Artikel III-37

Als im freien Verkehr eines Mitgliedstaats befindlich gelten diejenigen Waren aus dritten Ländern, für die in dem betreffenden Mitgliedstaat die Einfuhr-Förmlichkeiten erfüllt sowie die vorgeschriebenen Zölle und Abgaben gleicher Wirkung erhoben und nicht ganz oder teilweise rückvergütet worden sind.

Artikel III-38

Ein- und Ausfuhrzölle oder Abgaben gleicher Wirkung sind zwischen den Mitgliedstaaten verboten. Dieses Verbot gilt auch für Finanzzölle.

Artikel III-39

Der Ministerrat erlässt auf Vorschlag der Kommission die Verordnungen oder Beschlüsse zur Festsetzung der Sätze des Gemeinsamen Zolltarifs.

Artikel III-40

Bei der Ausübung der ihr aufgrund dieses Unterabschnitts übertragenen Aufgaben geht die Kommission von folgenden Gesichtspunkten aus:

a) der Notwendigkeit, den Handelsverkehr zwischen den Mitgliedstaaten und dritten Ländern zu fördern;
b) der Entwicklung der Wettbewerbsbedingungen innerhalb der Union, soweit diese Entwicklung zu einer Zunahme der Wettbewerbsfähigkeit der Unternehmen führt;
c) dem Versorgungsbedarf der Union an Rohstoffen und Halbfertigwaren; hierbei achtet die Kommission darauf, zwischen den Mitgliedstaaten die Wettbewerbsbedingungen für Fertigwaren nicht zu verfälschen;
d) der Notwendigkeit, ernsthafte Störungen im Wirtschaftsleben der Mitgliedstaaten zu vermeiden und eine rationelle Entwicklung der Erzeugung sowie eine Ausweitung des Verbrauchs innerhalb der Union zu gewährleisten.

Unterabschnitt 2 ZUSAMMENARBEIT IM ZOLLWESEN

Artikel III-41

Im Rahmen des Geltungsbereichs der Verfassung werden durch Europäische Gesetze oder Rahmengesetze Maßnahmen zum Ausbau der Zusammenarbeit im Zollwesen zwischen den Mitgliedstaaten sowie zwischen den Mitgliedstaaten und der Kommission festgelegt.

Unterabschnitt 3 VERBOT VON MENGENMÄSSIGEN BESCHRÄNKUNGEN

Artikel III-42

Mengenmäßige Einfuhr- und Ausfuhrbeschränkungen sowie alle Maßnahmen gleicher Wirkung sind zwischen den Mitgliedstaaten verboten.

Artikel III-43

Artikel III-42 steht Einfuhr-, Ausfuhr- und Durchfuhrverboten oder -beschränkungen nicht entgegen, die aus Gründen der öffentlichen Sittlichkeit, Ordnung und Sicherheit, zum Schutze der Gesundheit und des Lebens von Menschen, Tieren oder Pflanzen, des nationalen Kulturguts von künstlerischem, geschichtlichem oder archäologischem Wert oder des gewerblichen und kommerziellen Eigentums gerechtfertigt sind. Diese Verbote oder Beschränkungen dürfen jedoch weder ein Mittel zur willkürlichen Diskriminierung noch eine verschleierte Beschränkung des Handels zwischen den Mitgliedstaaten darstellen.

Artikel III-44

(1) Die Mitgliedstaaten formen ihre staatlichen Handelsmonopole derart um, dass jede Diskriminierung in den Versorgungs- und Absatzbedingungen zwischen den Angehörigen der Mitgliedstaaten ausgeschlossen ist.

Dieser Artikel gilt für alle Einrichtungen, durch die ein Mitgliedstaat unmittelbar oder mittelbar die Einfuhr oder die Ausfuhr zwischen den Mitgliedstaaten rechtlich oder tatsächlich kontrolliert, lenkt oder merklich beeinflusst. Er gilt auch für die von einem Staat auf andere Rechtsträger übertragenen Monopole.

(2) Die Mitgliedstaaten unterlassen jede neue Maßnahme, die den in Absatz 1 genannten Grundsätzen widerspricht oder die Tragweite der Artikel über das Verbot von Zöllen und mengenmäßigen Beschränkungen zwischen den Mitgliedstaaten einengt.

(3) Ist mit einem staatlichen Handelsmonopol eine Regelung zur Erleichterung des Absatzes oder der Verwertung landwirtschaftlicher Erzeugnisse verbunden, so sollen bei der Anwendung dieses Artikels gleichwertige Sicherheiten für die Beschäftigung und den Lebensstandard der betreffenden Erzeuger gewährleistet werden.

Abschnitt 4 DER KAPITAL- UND ZAHLUNGSVERKEHR

Artikel III-45

Im Rahmen dieses Abschnitts sind Beschränkungen des Kapital- und des Zahlungsverkehrs zwischen den Mitgliedstaaten sowie zwischen den Mitgliedstaaten und dritten Ländern verboten.

Artikel III-46

(1) Artikel III-45 berührt nicht die Anwendung derjenigen Beschränkungen auf dritte Länder, die am 31. Dezember 1993 aufgrund einzelstaatlicher Rechtsvorschriften oder von Rechtsvorschriften der Union für den Kapitalverkehr mit dritten Ländern im Zusammenhang mit Direktinvestitionen einschließlich Anlagen in Immobilien, mit der Niederlassung, der Erbringung von Finanzdienstleistungen oder der Zulassung von Wertpapieren zu den Kapitalmärkten bestehen.

(2) Die Maßnahmen im Zusammenhang mit dem Kapitalverkehr mit dritten Ländern im Zusammenhang mit Direktinvestitionen einschließlich Anlagen in Immobilien, mit der Niederlassung, der Erbringung von Finanzdienstleistungen oder der Zulassung von Wertpapieren zu den Kapitalmärkten werden durch Europäische Gesetze oder Rahmengesetze festgelegt.

Unbeschadet sonstiger Bestimmungen der Verfassung bemühen sich das Europäische Parlament und der Ministerrat um eine möglichst weit gehende Verwirklichung des Zieles eines freien Kapitalverkehrs zwischen den Mitgliedstaaten und dritten Ländern.

(3) In Abweichung von Absatz 2 können Maßnahmen, die im Rahmen des Unionsrechts für die Liberalisierung des Kapitalverkehrs mit dritten Ländern einen Rückschritt darstellen, nur durch ein Europäisches Gesetz oder Rahmengesetz des Ministerrates festgelegt werden. Der Ministerrat beschließt einstimmig nach Anhörung des Europäischen Parlaments.

Artikel III-47

(1) Artikel III-45 berührt nicht das Recht der Mitgliedstaaten,

a) die einschlägigen Bestimmungen ihres Steuerrechts anzuwenden, die Steuerpflichtige mit unterschiedlichem Wohnort oder Kapitalanlageort unterschiedlich behandeln,
b) die unerlässlichen Bestimmungen zu erlassen, um Zuwiderhandlungen gegen innerstaatliche Rechts- und Verwaltungsvorschriften, insbesondere auf dem Gebiet des Steuerrechts und der Aufsicht über Finanzinstitute, zu verhindern, sowie Meldeverfahren für den Kapitalverkehr zwecks administrativer oder statistischer Information vorzusehen oder Maßnahmen zu erlassen, die aus Gründen der öffentlichen Ordnung oder Sicherheit gerechtfertigt sind.

(2) Dieser Abschnitt berührt nicht die Anwendbarkeit von Beschränkungen des Niederlassungsrechts, die mit der Verfassung vereinbar sind.

(3) Die in den Absätzen 1 und 2 genannten Maßnahmen und Verfahren dürfen weder ein Mittel zur willkürlichen Diskriminierung noch eine verschleierte Beschränkung des freien Kapital- und Zahlungsverkehrs im Sinne des Artikels III-45 darstellen.

Artikel III-48

Falls Kapitalbewegungen nach oder aus dritten Ländern unter außergewöhnlichen Umständen das Funktionieren der Wirtschafts- und Währungsunion schwerwiegend stören oder zu stören drohen, kann der Ministerrat auf Vorschlag der Kommission Verordnungen oder Beschlüsse zur Einführung von Schutzmaßnahmen gegenüber dritten Ländern mit einer Geltungsdauer von höchstens sechs Monaten erlassen, wenn diese unbedingt erforderlich sind. Er beschließt nach Anhörung der Europäischen Zentralbank.

Artikel III-49

Sofern dies notwendig ist, um die Ziele des Artikels III-158, insbesondere in Bezug auf die Verhütung und Bekämpfung von organisierter Kriminalität, Terrorismus und

Menschenhandel zu verwirklichen, kann durch Europäische Gesetze ein Rahmen für Maßnahmen in Bezug auf Kapitalbewegungen und Zahlungen geschaffen werden, wozu das Einfrieren von Geldern, finanziellen Vermögenswerten oder wirtschaftlichen Erträgen gehören kann, deren Besitzer oder Eigentümer natürliche oder juristische Personen, Gruppen oder nichtstaatliche Einheiten sind.

Zur Durchführung der in Absatz 1 genannten Gesetze erlässt der Ministerrat auf Vorschlag der Kommission Europäische Verordnungen oder Beschlüsse.

Abschnitt 5 WETTBEWERBSREGELN

Unterabschnitt 1 VORSCHRIFTEN FÜR UNTERNEHMEN

Artikel III-50

(1) Mit dem Binnenmarkt unvereinbar und verboten sind alle Vereinbarungen zwischen Unternehmen, Beschlüsse von Unternehmensvereinigungen und aufeinander abgestimmte Verhaltensweisen, welche den Handel zwischen Mitgliedstaaten zu beeinträchtigen geeignet sind und eine Verhinderung, Einschränkung oder Verfälschung des Wettbewerbs innerhalb des Binnenmarktes bezwecken oder bewirken, insbesondere

a) die unmittelbare oder mittelbare Festsetzung der An- oder Verkaufspreise oder sonstiger Geschäftsbedingungen;
b) die Einschränkung oder Kontrolle der Erzeugung, des Absatzes, der technischen Entwicklung oder der Investitionen;
c) die Aufteilung der Märkte oder Versorgungsquellen;
d) die Anwendung unterschiedlicher Bedingungen bei gleichwertigen Leistungen gegenüber Handelspartnern, wodurch diese im Wettbewerb benachteiligt werden;
e) die an den Abschluss von Verträgen geknüpfte Bedingung, dass die Vertragspartner zusätzliche Leistungen annehmen, die weder sachlich noch nach Handelsbrauch in Beziehung zum Vertragsgegenstand stehen.

(2) Die nach diesem Artikel verbotenen Vereinbarungen oder Beschlüsse sind nichtig.

(3) Absatz 1 kann jedoch für nicht anwendbar erklärt werden auf

- Vereinbarungen oder Gruppen von Vereinbarungen zwischen Unternehmen,
- Beschlüsse oder Gruppen von Beschlüssen von Unternehmensvereinigungen,
- aufeinander abgestimmte Verhaltensweisen oder Gruppen von solchen,

die unter angemessener Beteiligung der Verbraucher an dem entstehenden Gewinn zur Verbesserung der Warenerzeugung oder -verteilung oder zur Förderung des technischen oder wirtschaftlichen Fortschritts beitragen, ohne dass den beteiligten Unternehmen

a) Beschränkungen auferlegt werden, die für die Verwirklichung dieser Ziele nicht unerlässlich sind, oder
b) Möglichkeiten eröffnet werden, für einen wesentlichen Teil der betreffenden Waren den Wettbewerb auszuschalten.

Artikel III-51

Mit dem Binnenmarkt unvereinbar und verboten ist die missbräuchliche Ausnutzung einer beherrschenden Stellung auf dem Binnenmarkt oder auf einem wesentlichen Teil desselben durch ein oder mehrere Unternehmen, soweit dies dazu führen kann, den Handel zwischen Mitgliedstaaten zu beeinträchtigen.

Dieser Missbrauch kann insbesondere in Folgendem bestehen:

a) der unmittelbaren oder mittelbaren Erzwingung von unangemessenen Einkaufs- oder Verkaufspreisen oder sonstigen Geschäftsbedingungen;
b) der Einschränkung der Erzeugung, des Absatzes oder der technischen Entwicklung zum Schaden der Verbraucher;
c) der Anwendung unterschiedlicher Bedingungen bei gleichwertigen Leistungen gegenüber Handelspartnern, wodurch diese im Wettbewerb benachteiligt werden;
d) der an den Abschluss von Verträgen geknüpften Bedingung, dass die Vertragspartner zusätzliche Leistungen annehmen, die weder sachlich noch nach Handelsbrauch in Beziehung zum Vertragsgegenstand stehen.

Artikel III-52

(1) Der Ministerrat erlässt auf Vorschlag der Kommission die Europäischen Verordnungen zur Verwirklichung der in den Artikeln III-50 und III-51 niedergelegten Grundsätze. Er beschließt nach Anhörung des Europäischen Parlaments.

(2) Die in Absatz 1 vorgesehenen Europäischen Verordnungen bezwecken insbesondere:

a) die Beachtung der in Artikel III-50 Absatz 1 und Artikel III-51 genannten Verbote durch die Einführung von Geldbußen und Zwangsgeldern zu gewährleisten;
b) die Einzelheiten der Anwendung des Artikels III-50 Absatz 3 festzulegen; dabei ist dem Erfordernis einer wirksamen Überwachung bei möglichst einfacher Verwaltungskontrolle Rechnung zu tragen;
c) gegebenenfalls den Anwendungsbereich der Artikel III-50 und III-51 für die einzelnen Wirtschaftszweige näher zu bestimmen;
d) die Aufgaben der Kommission und des Gerichtshofs bei der Anwendung der in diesem Absatz vorgesehenen Vorschriften gegeneinander abzugrenzen;
e) das Verhältnis zwischen den innerstaatlichen Rechtsvorschriften einerseits und diesem Abschnitt sowie den aufgrund dieses Artikels erlassenen Europäischen Verordnungen andererseits festzulegen.

Artikel III-53

Bis zum Inkrafttreten der gemäß Artikel III-52 erlassenen Europäischen Verordnungen entscheiden die Behörden der Mitgliedstaaten im Einklang mit ihrem innerstaatlichen Recht und den Artikeln III-50, insbesondere Absatz 3, und III-51 über die Zulässigkeit von Vereinbarungen, Beschlüssen und aufeinander abgestimmten Verhaltensweisen sowie über die missbräuchliche Ausnutzung einer beherrschenden Stellung auf dem Binnenmarkt.

Artikel III-54

(1) Unbeschadet des Artikels III-53 achtet die Kommission auf die Verwirklichung der in den Artikeln III-50 und III-51 niedergelegten Grundsätze. Sie

untersucht auf Antrag eines Mitgliedstaats oder von Amts wegen in Verbindung mit den zuständigen Behörden der Mitgliedstaaten, die ihr Amtshilfe zu leisten haben, die Fälle, in denen Zuwiderhandlungen gegen diese Grundsätze vermutet werden. Stellt sie eine Zuwiderhandlung fest, so schlägt sie geeignete Mittel vor, um diese abzustellen.

(2) Wird die Zuwiderhandlung nicht abgestellt, so erlässt die Kommission einen mit Gründen versehenen Europäischen Beschluss, in dem festgestellt wird, dass eine Zuwiderhandlung gegen die Grundsätze vorliegt. Sie kann ihren Beschluss veröffentlichen und die Mitgliedstaaten ermächtigen, die erforderlichen Bestimmungen zur Ergreifung von Abhilfemaßnahmen zu erlassen, deren Bedingungen und Einzelheiten sie festlegt.

(3) Die Kommission kann Europäische Verordnungen zu den Gruppen von Vereinbarungen erlassen, bei denen der Ministerrat gemäß Artikel III-52 Absatz 2 Buchstabe b gehandelt hat.

Artikel III-55

(1) Die Mitgliedstaaten werden in Bezug auf öffentliche Unternehmen und auf Unternehmen, denen sie besondere oder ausschließliche Rechte gewähren, keine den Bestimmungen der Verfassung und insbesondere deren Artikel I-4 Absatz 2 und den Artikeln III-55 bis III-58 widersprechende Maßnahmen treffen oder beibehalten.

(2) Für Unternehmen, die mit Dienstleistungen von allgemeinem wirtschaftlichem Interesse betraut sind oder den Charakter eines Finanzmonopols haben, gelten die Bestimmungen der Verfassung, insbesondere die Wettbewerbsregeln, soweit die Anwendung dieser Bestimmungen nicht die Erfüllung der ihnen übertragenen besonderen Aufgabe rechtlich oder tatsächlich verhindert. Die Entwicklung des Handelsverkehrs darf nicht in einem Ausmaß beeinträchtigt werden, das dem Interesse der Union zuwiderläuft.

(3) Die Kommission achtet auf die Anwendung dieses Artikels und erlässt erforderlichenfalls geeignete Europäische Verordnungen oder Beschlüsse.

Unterabschnitt 2 BEIHILFEN DER MITGLIEDSTAATEN

Artikel III-56

(1) Soweit in der Verfassung nicht etwas anderes bestimmt ist, sind Beihilfen der Mitgliedstaaten oder aus staatlichen Mitteln gewährte Beihilfen gleich welcher Art, die durch die Begünstigung bestimmter Unternehmen oder Produktionszweige den Wettbewerb verfälschen oder zu verfälschen drohen, mit dem Binnenmarkt unvereinbar, soweit sie den Handel zwischen Mitgliedstaaten beeinträchtigen.

(2) Mit dem Binnenmarkt vereinbar sind:

a) Beihilfen sozialer Art an einzelne Verbraucher, wenn sie ohne Diskriminierung nach der Herkunft der Waren gewährt werden;
b) Beihilfen zur Beseitigung von Schäden, die durch Naturkatastrophen oder sonstige außergewöhnliche Ereignisse entstanden sind;
c) Beihilfen für die Wirtschaft bestimmter, durch die Teilung Deutschlands betroffener Gebiete der Bundesrepublik Deutschland, soweit sie zum Ausgleich der durch die Teilung verursachten wirtschaftlichen Nachteile erforderlich sind.

(3) Als mit dem Binnenmarkt vereinbar können angesehen werden:

a) Beihilfen zur Förderung der wirtschaftlichen Entwicklung von Gebieten, in denen der Lebensstandard außergewöhnlich niedrig ist oder eine erhebliche Unterbeschäftigung herrscht;
b) Beihilfen zur Förderung wichtiger Vorhaben von gemeinsamem europäischem Interesse oder zur Behebung einer beträchtlichen Störung im Wirtschaftsleben eines Mitgliedstaats;
c) Beihilfen zur Förderung der Entwicklung gewisser Wirtschaftszweige oder Wirtschaftsgebiete, soweit sie die Handelsbedingungen nicht in einer Weise verändern, die dem gemeinsamen Interesse zuwiderläuft;
d) Beihilfen zur Förderung der Kultur und der Erhaltung des kulturellen Erbes, soweit sie die Handels- und Wettbewerbsbedingungen in der Union nicht in einem Maß beeinträchtigen, das dem gemeinsamen Interesse zuwiderläuft;
e) sonstige Arten von Beihilfen, die durch vom Ministerrat auf Vorschlag der Kommission erlassene Europäische Verordnungen oder Beschlüsse bestimmt werden.

Artikel III-57

(1) Die Kommission überprüft fortlaufend in Zusammenarbeit mit den Mitgliedstaaten die in diesen bestehenden Beihilferegelungen. Sie schlägt ihnen die zweckdienlichen Maßnahmen vor, welche die fortschreitende Entwicklung und das Funktionieren des Binnenmarkts erfordern.

(2) Stellt die Kommission fest, nachdem sie den Beteiligten eine Frist zur Äußerung gesetzt hat, dass eine von einem Mitgliedstaat oder aus staatlichen Mitteln gewährte Beihilfe mit dem Binnenmarkt nach Artikel III-56 unvereinbar ist oder dass sie missbräuchlich angewandt wird, so erlässt sie einen Europäischen Beschluss, der darauf abzielt, dass der betreffende Staat sie binnen einer von ihr bestimmten Frist aufhebt oder umgestaltet.

Kommt der betreffende Staat diesem Europäischen Beschluss innerhalb der festgesetzten Frist nicht nach, so kann die Kommission oder jeder betroffene Mitgliedstaat in Abweichung von den Artikeln III-265 und III-266 den Gerichtshof unmittelbar anrufen.

Der Ministerrat kann einstimmig auf Antrag eines Mitgliedstaats einen Europäischen Beschluss erlassen, dem zufolge eine von diesem Staat gewährte oder geplante Beihilfe in Abweichung von Artikel III-56 oder von den in Artikel III-58 vorgesehenen Europäischen Verordnungen als mit dem Binnenmarkt vereinbar gilt, wenn außergewöhnliche Umstände einen solchen Beschluss rechtfertigen. Hat die Kommission bezüglich dieser Beihilfe das in Unterabsatz 1 dieses Absatzes vorgesehene Verfahren bereits eingeleitet, so bewirkt der Antrag des betreffenden Staates an den Ministerrat die Aussetzung dieses Verfahrens, bis der Ministerrat sich geäußert hat.

Äußert sich der Ministerrat nicht binnen drei Monaten nach Antragstellung, so entscheidet die Kommission.

(3) Die Kommission wird von den Mitgliedstaaten über jede beabsichtigte Einführung oder Umgestaltung von Beihilfen so rechtzeitig unterrichtet, dass sie sich dazu äußern kann. Ist sie der Auffassung, dass ein derartiges Vorhaben nach Artikel III-56 mit dem Binnenmarkt unvereinbar ist, so leitet sie unverzüglich das in Absatz 2 vorgesehene Verfahren ein. Der betreffende Mitgliedstaat darf die beabsichtigten Maßnahmen nicht durchführen, bevor dieses Verfahren zu einem abschließenden Beschluss geführt hat.

(4) Die Kommission kann Europäische Verordnungen zu den Arten von staatlichen Beihilfen erlassen, die - wie vom Ministerrat gemäß Artikel III-55 festgelegt - von dem Verfahren nach Absatz 3 ausgenommen werden können.

Artikel III-58

Der Ministerrat kann auf Vorschlag der Kommission Europäische Verordnungen zur Durchführung der Artikel III-56 und III-57 und insbesondere zur Festlegung der Bedingungen für die Anwendung des Artikels III-57 Absatz 3 sowie zur Festlegung derjenigen Arten von Beihilfen erlassen, die von diesem Verfahren ausgenommen sind. Er beschließt nach Anhörung des Europäischen Parlaments.

Abschnitt 6 STEUERLICHE VORSCHRIFTEN

Artikel III-59

Die Mitgliedstaaten erheben auf Waren aus anderen Mitgliedstaaten weder unmittelbar noch mittelbar höhere inländische Abgaben gleich welcher Art, als gleichartige inländische Waren unmittelbar oder mittelbar zu tragen haben.

Die Mitgliedstaaten erheben auf Waren aus anderen Mitgliedstaaten keine inländischen Abgaben, die geeignet sind, andere Produktionen mittelbar zu schützen.

Artikel III-60

Werden Waren aus einem Mitgliedstaat in das Hoheitsgebiet eines anderen Mitgliedstaats ausgeführt, so darf die Rückvergütung für inländische Abgaben nicht höher sein als die auf die ausgeführten Waren mittelbar oder unmittelbar erhobenen inländischen Abgaben.

Artikel III-61

Für Abgaben außer Umsatzsteuern, Verbrauchsabgaben und sonstigen indirekten Steuern sind Entlastungen und Rückvergütungen bei der Ausfuhr nach anderen

Mitgliedstaaten sowie Ausgleichsabgaben bei der Einfuhr aus den Mitgliedstaaten nur zulässig, soweit der Ministerrat die betreffenden Bestimmungen vorher durch einen auf Vorschlag der Kommission erlassenen Europäischen Beschluss für eine begrenzte Frist genehmigt hat.

Artikel III-62

(1) Durch ein Europäisches Gesetz oder Rahmengesetz des Ministerrates werden Maßnahmen zur Harmonisierung der Rechtsvorschriften über die Umsatzsteuern, die Verbrauchsabgaben und sonstige indirekte Steuern festgelegt, soweit diese Harmonisierung für das Funktionieren des Binnenmarkts und die Vermeidung von Wettbewerbsverzerrungen notwendig ist. Der Ministerrat beschließt einstimmig nach Anhörung des Europäischen Parlaments und des Wirtschafts- und Sozialausschusses.

(2) Stellt der Ministerrat auf Vorschlag der Kommission einstimmig fest, dass Maßnahmen nach Absatz 1 die Zusammenarbeit zwischen den Behörden oder die Bekämpfung der Steuerhinterziehung und der illegalen Steuerverkürzung betreffen, beschließt er abweichend von Absatz 1 mit qualifizierter Mehrheit, wenn er das betreffende Europäische Gesetz oder Rahmengesetz über diese Maßnahmen erlässt.

Artikel III-63

Stellt der Ministerrat auf Vorschlag der Kommission einstimmig fest, dass Maßnahmen zur Körperschaftssteuer die Zusammenarbeit zwischen den Behörden oder die Bekämpfung von Steuerbetrug und illegaler Steuerflucht betreffen, erlässt er mit qualifizierter Mehrheit ein Europäisches Gesetz oder Rahmengesetz zur Festlegung dieser Maßnahmen, soweit sie für das Funktionieren des Binnenmarkts und die Vermeidung von Wettbewerbsverzerrungen notwendig sind.

Das betreffende Gesetz oder Rahmengesetz wird nach Anhörung des Europäischen Parlaments und des Wirtschafts- und Sozialausschusses erlassen.

Abschnitt 7 ANGLEICHUNG DER RECHTSVORSCHRIFTEN

Artikel III-64

Unbeschadet des Artikels III-62 werden die Maßnahmen zur Angleichung derjenigen Rechts- und Verwaltungsvorschriften der Mitgliedstaaten, die sich unmittelbar auf die Errichtung oder das Funktionieren des Binnenmarkts auswirken, durch ein Europäisches Rahmengesetz des Ministerrates festgelegt. Der Ministerrat beschließt einstimmig nach Anhörung des Europäischen Parlaments und des Wirtschafts- und Sozialausschusses.

Artikel III-65

(1) Soweit in der Verfassung nichts anderes bestimmt ist, gilt dieser Artikel für die Verwirklichung der Ziele des Artikels III-14. Die Maßnahmen zur Angleichung der Rechts- und Verwaltungsvorschriften der Mitgliedstaaten, welche die Errichtung und das Funktionieren des Binnenmarkts zum Gegenstand haben, werden durch Europäische Gesetze oder Rahmengesetze festgelegt. Diese werden nach Anhörung des Wirtschafts- und Sozialausschusses erlassen.

(2) Absatz 1 gilt nicht für die Bestimmungen über die Steuern, die Bestimmungen über die Freizügigkeit und die Bestimmungen über die Rechte und Interessen der Arbeitnehmer.

(3) Die Kommission geht in ihren gemäß Absatz 1 in den Bereichen Gesundheit, Sicherheit, Umweltschutz und Verbraucherschutz vorgelegten Vorschlägen von einem hohen Schutzniveau aus und berücksichtigt dabei insbesondere alle auf wissenschaftliche Ergebnisse gestützten neuen Entwicklungen. Im Rahmen ihrer jeweiligen Befugnisse streben das Europäische Parlament und der Ministerrat dieses Ziel ebenfalls an.

(4) Hält es ein Mitgliedstaat nach Erlass einer Harmonisierungsmaßnahme durch ein Europäisches Gesetz oder Rahmengesetz oder durch eine Europäische Verordnung der Kommission für erforderlich, einzelstaatliche Bestimmungen beizubehalten, die durch wichtige Erfordernisse im Sinne des Artikels III-43 oder in Bezug auf den Schutz der Arbeitsumwelt oder den Umweltschutz gerechtfertigt sind, so teilt er diese Bestimmungen sowie die Gründe für ihre Beibehaltung der Kommission mit.

(5) Unbeschadet des Absatzes 4 teilt ein Mitgliedstaat, der es nach Erlass einer Harmonisierungsmaßnahme durch ein Europäisches Gesetz oder Rahmengesetz oder durch eine Europäische Verordnung der Kommission für erforderlich hält, auf neue wissenschaftliche Erkenntnisse gestützte einzelstaatliche Bestimmungen zum Schutz der Umwelt oder der Arbeitsumwelt aufgrund eines spezifischen Problems für diesen Mitgliedstaat, das sich nach dem Erlass der Harmonisierungsmaßnahme ergibt, einzuführen, der Kommission die in Aussicht genommenen Bestimmungen sowie die entsprechende Begründung mit.

(6) Die Kommission erlässt binnen sechs Monaten nach den Mitteilungen gemäß den Absätzen 4 und 5 einen Europäischen Beschluss, in dem die betreffenden einzelstaatlichen Bestimmungen gebilligt oder abgelehnt werden, nachdem sie geprüft hat, ob sie ein Mittel zur willkürlichen Diskriminierung und eine verschleierte Beschränkung des Handels zwischen den Mitgliedstaaten darstellen und ob sie das Funktionieren des Binnenmarkts behindern.

Erlässt die Kommission innerhalb dieses Zeitraums keinen Beschluss, so gelten die in den Absätzen 4 und 5 genannten einzelstaatlichen Bestimmungen als gebilligt.

Sofern dies aufgrund eines schwierigen Sachverhalts gerechtfertigt ist und keine Gefahr für die menschliche Gesundheit besteht, kann die Kommission dem betreffenden Mitgliedstaat mitteilen, dass der in diesem Absatz genannte Zeitraum gegebenenfalls um einen weiteren Zeitraum von bis zu sechs Monaten verlängert wird.

(7) Wird es einem Mitgliedstaat nach Absatz 6 gestattet, von der Harmonisierungsmaßnahme abweichende einzelstaatliche Bestimmungen beizubehalten oder einzuführen, so prüft die Kommission unverzüglich, ob sie eine Anpassung dieser Maßnahme vorschlägt.

(8) Stellt sich einem Mitgliedstaat in einem Bereich, der zuvor bereits Gegenstand von Harmonisierungsmaßnahmen war, ein spezielles Gesundheitsproblem, so teilt er dies der Kommission mit, die umgehend prüft, ob sie entsprechende Maßnahmen vorschlägt.

(9) Abweichend von dem Verfahren der Artikel III-265 und III-266 kann die Kommission oder ein Mitgliedstaat den Gerichtshof unmittelbar anrufen, wenn die Kommission oder der Staat der Auffassung ist, dass ein anderer Mitgliedstaat die in diesem Artikel vorgesehenen Befugnisse missbraucht.

(10) Die in diesem Artikel genannten Harmonisierungsmaßnahmen sind in geeigneten Fällen mit einer Schutzklausel verbunden, welche die Mitgliedstaaten ermächtigt, aus einem oder mehreren der in Artikel III-43 genannten nichtwirtschaftlichen Gründe vorläufige Bestimmungen zu erlassen, die einem Kontrollverfahren der Union unterliegen.

Artikel III-66

Stellt die Kommission fest, dass Unterschiede in den Rechts- und Verwaltungsvorschriften der Mitgliedstaaten die Wettbewerbsbedingungen im Binnenmarkt verfälschen und eine Verzerrung hervorrufen, die zu beseitigen ist, so berät sie sich mit den betreffenden Mitgliedstaaten.

Führen diese Beratungen nicht zu einem Einvernehmen, so wird die betreffende Verzerrung durch ein Europäisches Rahmengesetz beseitigt. Es können alle sonstigen in der Verfassung vorgesehenen zweckdienlichen Maßnahmen erlassen werden.

Artikel III-67

(1) Ist zu befürchten, dass der Erlass oder die Änderung einer einzelstaatlichen Rechts- oder Verwaltungsvorschrift eine Verzerrung im Sinne des Artikels III-66 verursacht, so setzt sich der Mitgliedstaat, der diese Maßnahme beabsichtigt, mit der Kommission ins Benehmen. Diese richtet nach Beratung mit den Mitgliedstaaten an die beteiligten Staaten eine Empfehlung betreffend die zur Vermeidung dieser Verzerrung geeigneten Maßnahmen.

(2) Kommt der Mitgliedstaat, der innerstaatliche Vorschriften erlassen oder ändern will, der an ihn gerichteten Empfehlung der Kommission nicht nach, so kann nicht gemäß Artikel III-66 verlangt werden, dass die anderen Mitgliedstaaten ihre innerstaatlichen Vorschriften ändern, um die Verzerrung zu beseitigen. Verursacht ein Mitgliedstaat, der die Empfehlung der Kommission außer Acht lässt, eine Verzerrung lediglich zu seinem eigenen Nachteil, so findet Artikel III-63 keine Anwendung.

Artikel III-68

Im Rahmen der Verwirklichung des Binnenmarkts werden durch Europäische Gesetze oder Rahmengesetze Maßnahmen zur Schaffung europäischer Rechtstitel über einen einheitlichen Schutz der Rechte des geistigen Eigentums in der Union, sowie zur Einführung von zentralisierten Zulassungs-, Koordinierungs- und Kontrollregelungen auf Unionsebene festgelegt.

Die Sprachenregelungen für die europäischen Rechtstitel werden durch ein Europäisches Gesetz des Ministerrates festgelegt. Dieser beschließt einstimmig nach Anhörung des Europäischen Parlaments.

Kapitel II WIRTSCHAFTS- UND WÄHRUNGSPOLITIK

Artikel III-69

(1) Die Tätigkeit der Mitgliedstaaten und der Union im Sinne des Artikels I-3 umfasst nach Maßgabe der Verfassung die Einführung einer Wirtschaftspolitik, die auf einer engen Koordinierung der Wirtschaftspolitik der Mitgliedstaaten, dem Binnenmarkt und der Festlegung gemeinsamer Ziele beruht und dem Grundsatz einer offenen Marktwirtschaft mit freiem Wettbewerb verpflichtet ist.

(2) Parallel dazu umfasst diese Tätigkeit nach Maßgabe der Verfassung und der darin vorgesehenen Verfahren eine einheitliche Währung, den Euro, sowie die Festlegung und Durchführung einer einheitlichen Geld- sowie Wechselkurspolitik, die beide vorrangig das Ziel der Preisstabilität verfolgen und unbeschadet dieses Zieles die allgemeine Wirtschaftspolitik in der Union unter Beachtung des Grundsatzes einer offenen Marktwirtschaft mit freiem Wettbewerb unterstützen sollen.

(3) Diese Tätigkeit der Mitgliedstaaten und der Union setzt die Einhaltung der folgenden richtungweisenden Grundsätze voraus: stabile Preise, gesunde öffentliche Finanzen und monetäre Rahmenbedingungen sowie eine dauerhaft finanzierbare Zahlungsbilanz.

Abschnitt 1 DIE WIRTSCHAFTSPOLITIK

Artikel III-70

Die Mitgliedstaaten richten ihre Wirtschaftspolitik so aus, dass sie im Rahmen der in Artikel III-71 Absatz 2 genannten Grundzüge zur Verwirklichung der Ziele der Union im Sinne des Artikels I-3 beitragen. Die Mitgliedstaaten und die Union handeln im Einklang mit dem Grundsatz einer offenen Marktwirtschaft mit freiem Wettbewerb, wodurch ein effizienter Einsatz der Ressourcen gefördert wird, und halten sich dabei an die in Artikel III-69 genannten Grundsätze.

Artikel III-71

(1) Die Mitgliedstaaten betrachten ihre Wirtschaftspolitik als eine Angelegenheit von gemeinsamem Interesse und koordinieren sie im Ministerrat nach Maßgabe des Artikels III-70.

(2) Der Ministerrat erstellt auf Empfehlung der Kommission einen Entwurf für die Grundzüge der Wirtschaftspolitik der Mitgliedstaaten und der Union und erstattet dem Europäischen Rat hierüber Bericht.

Der Europäische Rat erörtert auf der Grundlage dieses Berichts des Ministerrates eine Schlussfolgerung zu den Grundzügen der Wirtschaftspolitik der Mitgliedstaaten und der Union. Auf der Grundlage dieser Schlussfolgerung gibt der Ministerrat eine Empfehlung ab, in der diese Grundzüge dargelegt werden. Er unterrichtet das Europäische Parlament davon.

(3) Um eine engere Koordinierung der Wirtschaftspolitik und eine dauerhafte Konvergenz der Wirtschaftsleistungen der Mitgliedstaaten zu gewährleisten, überwacht der Ministerrat anhand von Berichten der Kommission die wirtschaftliche Entwicklung in jedem Mitgliedstaat und in der Union sowie die Vereinbarkeit der Wirtschaftspolitik mit den in Absatz 2 genannten Grundzügen und nimmt in regelmäßigen Abständen eine Gesamtbewertung vor.

Zum Zwecke dieser multilateralen Überwachung übermitteln die Mitgliedstaaten der Kommission Angaben zu wichtigen einzelstaatlichen Bestimmungen auf dem Gebiet ihrer Wirtschaftspolitik sowie weitere von ihnen für erforderlich erachtete Angaben.

(4) Wird im Rahmen des Verfahrens nach Absatz 3 festgestellt, dass die Wirtschaftspolitik eines Mitgliedstaats nicht mit den in Absatz 2 genannten Grundzügen vereinbar ist oder das ordnungsgemäße Funktionieren der Wirtschafts- und Währungsunion zu gefährden droht, so kann die Kommission an den betreffenden Mitgliedstaat eine Verwarnung richten. Der Ministerrat kann auf Empfehlung der Kommission die erforderlichen Empfehlungen an den betreffenden Mitgliedstaat richten. Der Ministerrat kann auf Vorschlag der Kommission beschließen, seine Empfehlungen zu veröffentlichen.

Der Ministerrat beschließt im Rahmen dieses Absatzes ohne Berücksichtigung des Stimmrechts des Vertreters des betreffenden Mitgliedstaats; als qualifizierte Mehrheit gilt die Mehrheit der Stimmen der übrigen Mitgliedstaaten, sofern diese mindestens drei Fünftel der Bevölkerung dieser Staaten repräsentiert.

(5) Der Präsident des Ministerrates und die Kommission erstatten dem Europäischen Parlament über die Ergebnisse der multilateralen Überwachung Bericht. Der Präsident des Ministerrates kann ersucht werden, vor dem zuständigen Ausschuss des Europäischen Parlaments zu erscheinen, wenn der Ministerrat seine Empfehlungen veröffentlicht hat.

(6) Die Einzelheiten des Verfahrens der multilateralen Überwachung im Sinne der Absätze 3 und 4 können durch Europäische Gesetze festgelegt werden.

Artikel III-72

(1) Unbeschadet der sonstigen in der Verfassung vorgesehenen Verfahren kann der Ministerrat auf Vorschlag der Kommission einen Europäischen Beschluss erlassen, in dem die der Wirtschaftslage angemessenen Maßnahmen festgelegt werden, insbesondere falls gravierende Schwierigkeiten in der Versorgung mit bestimmten Waren auftreten.

(2) Ist ein Mitgliedstaat aufgrund von Naturkatastrophen oder außergewöhnlichen Ereignissen, die sich seiner Kontrolle entziehen, von Schwierigkeiten betroffen oder von gravierenden Schwierigkeiten ernstlich bedroht, so kann der Ministerrat auf Vorschlag der Kommission einen Europäischen Beschluss erlassen, durch den dem betreffenden Mitgliedstaat unter bestimmten Bedingungen finanzieller Beistand durch die Union gewährt wird. Der Präsident des Ministerrates unterrichtet das Europäische Parlament davon.

Artikel III-73

(1) Überziehungs- oder andere Kreditfazilitäten bei der Europäischen Zentralbank oder den Zentralbanken der Mitgliedstaaten (im Folgenden als "nationale Zentralbanken" bezeichnet) für Organe, Einrichtungen, Ämter oder Agenturen der Union, Zentralregierungen, regionale oder lokale Gebietskörperschaften oder andere öffentlich-rechtliche Körperschaften, sonstige Einrichtungen des öffentlichen Rechts oder öffentliche Unternehmen der Mitgliedstaaten sind ebenso verboten wie der unmittelbare Erwerb von Schuldtiteln von diesen durch die Europäische Zentralbank oder die nationalen Zentralbanken.

(2) Absatz 1 gilt nicht für Kreditinstitute in öffentlichem Eigentum; diese werden von der jeweiligen nationalen Zentralbank und der Europäischen Zentralbank, was die Bereitstellung von Zentralbankgeld betrifft, wie private Kreditinstitute behandelt.

Artikel III-74

(1) Maßnahmen und Bestimmungen, die nicht aus aufsichtsrechtlichen Gründen erlassen werden und einen bevorrechtigten Zugang der Organe, Einrichtungen, Ämter oder Agenturen der Union, der Zentralregierungen, der regionalen oder lokalen Gebietskörperschaften oder anderen öffentlich-rechtlichen Körperschaften, sonstiger Einrichtungen des öffentlichen Rechts oder öffentlicher Unternehmen der Mitgliedstaaten zu den Finanzinstituten schaffen, sind verboten.

(2) Der Ministerrat kann auf Vorschlag der Kommission Europäische Verordnungen oder Beschlüsse zur Festlegung der Begriffsbestimmungen für die Anwendung des in Absatz 1 vorgesehenen Verbots erlassen. Er beschließt nach Anhörung des Europäischen Parlaments.

Artikel III-75

(1) Die Union haftet nicht für die Verbindlichkeiten der Zentralregierungen, der regionalen oder lokalen Gebietskörperschaften oder anderen öffentlich-rechtlichen Körperschaften, sonstiger Einrichtungen des öffentlichen Rechts oder öffentlicher Unternehmen von Mitgliedstaaten und tritt nicht für derartige Verbindlichkeiten ein; dies gilt unbeschadet der gegenseitigen finanziellen Garantien für die gemeinsame

Durchführung eines bestimmten Vorhabens. Ein Mitgliedstaat haftet nicht für die Verbindlichkeiten der Zentralregierungen, der regionalen oder lokalen Gebietskörperschaften oder anderen öffentlich-rechtlichen Körperschaften, sonstiger Einrichtungen des öffentlichen Rechts oder öffentlicher Unternehmen eines anderen Mitgliedstaats und tritt nicht für derartige Verbindlichkeiten ein; dies gilt unbeschadet der gegenseitigen finanziellen Garantien für die gemeinsame Durchführung eines bestimmten Vorhabens.

(2) Der Ministerrat kann auf Vorschlag der Kommission Europäische Verordnungen oder Beschlüsse zur Festlegung der Begriffsbestimmungen für die Anwendung der in Artikel III-73 und in diesem Artikel vorgesehenen Verbote erlassen. Er beschließt nach Anhörung des Europäischen Parlaments.

Artikel III-76

(1) Die Mitgliedstaaten vermeiden übermäßige öffentliche Defizite.

(2) Die Kommission überwacht die Entwicklung der Haushaltslage und der Höhe des öffentlichen Schuldenstands in den Mitgliedstaaten im Hinblick auf die Feststellung schwerwiegender Fehler. Insbesondere prüft sie die Einhaltung der Haushaltsdisziplin anhand von zwei Kriterien, nämlich daran,

a) ob das Verhältnis des geplanten oder tatsächlichen öffentlichen Defizits zum Bruttoinlandsprodukt einen bestimmten Referenzwert überschreitet, es sei denn, dass

i) entweder das Verhältnis erheblich und laufend zurückgegangen ist und einen Wert in der Nähe des Referenzwerts erreicht hat

ii) oder der Referenzwert nur ausnahmsweise und vorübergehend überschritten wird und das Verhältnis in der Nähe des Referenzwerts bleibt,

b) ob das Verhältnis des öffentlichen Schuldenstands zum Bruttoinlandsprodukt einen bestimmten Referenzwert überschreitet, es sei denn, dass das Verhältnis hinreichend rückläufig ist und sich rasch genug dem Referenzwert nähert.

Die Referenzwerte werden in einem Protokoll über das Verfahren bei einem übermäßigen Defizit im Einzelnen festgelegt.

(3) Erfüllt ein Mitgliedstaat keines oder nur eines dieser Kriterien, so erstellt die Kommission einen Bericht. In diesem Bericht wird berücksichtigt, ob das öffentliche Defizit die öffentlichen Ausgaben für Investitionen übertrifft; berücksichtigt werden ferner alle sonstigen einschlägigen Faktoren, einschließlich der mittelfristigen Wirtschafts- und Haushaltslage des Mitgliedstaats.

Die Kommission kann ferner einen Bericht erstellen, wenn sie ungeachtet der Erfüllung der Kriterien der Auffassung ist, dass in einem Mitgliedstaat die Gefahr eines übermäßigen Defizits besteht.

(4) Der Wirtschafts- und Finanzausschuss gibt eine Stellungnahme zu dem Bericht der Kommission ab.

(5) Ist die Kommission der Auffassung, dass in einem Mitgliedstaat ein übermäßiges Defizit besteht oder sich ergeben könnte, so legt sie dem betreffenden Mitgliedstaat eine Stellungnahme vor.

(6) Der Ministerrat entscheidet auf Vorschlag der Kommission unter Berücksichtigung der Bemerkungen, die der betreffende Mitgliedstaat gegebenenfalls abzugeben wünscht, sowie nach Prüfung der Gesamtlage darüber, ob ein übermäßiges Defizit besteht. In diesem Fall nimmt der Ministerrat nach denselben Verfahren Empfehlungen an, die er an den betreffenden Mitgliedstaat richtet mit dem Ziel, dieser Lage innerhalb einer bestimmten Frist abzuhelfen. Vorbehaltlich des Absatzes 8 werden diese Empfehlungen nicht veröffentlicht.

Der Ministerrat beschließt im Rahmen dieses Absatzes ohne Berücksichtigung des Stimmrechts des Vertreters des betreffenden Mitgliedstaats; als qualifizierte Mehrheit gilt die Mehrheit der übrigen Mitgliedstaaten, sofern diese mindestens drei Fünftel der Bevölkerung dieser Staaten repräsentiert.

(7) Der Ministerrat erlässt auf Empfehlung der Kommission die Europäischen Beschlüsse und Empfehlungen nach den Absätzen 8 bis 11. Er beschließt ohne Berücksichtigung des Stimmrechts des Vertreters des betreffenden Mitgliedstaats; als qualifizierte Mehrheit gilt die Mehrheit der übrigen Mitgliedstaaten, sofern diese mindestens drei Fünftel der Bevölkerung dieser Staaten repräsentiert.

(8) Stellt der Ministerrat fest, dass seine Empfehlungen innerhalb der gesetzten Frist keine wirksamen Maßnahmen ausgelöst haben, so kann er seine Empfehlungen veröffentlichen.

(9) Falls ein Mitgliedstaat den Empfehlungen des Ministerrates weiterhin nicht Folge leistet, kann der Ministerrat einen Europäischen Beschluss erlassen, durch den der Mitgliedstaat mit der Maßgabe in Verzug gesetzt wird, innerhalb einer bestimmten Frist Maßnahmen für den nach Auffassung des Ministerrates zur Sanierung erforderlichen Defizitabbau zu erlassen.

Der Ministerrat kann in diesem Fall den betreffenden Mitgliedstaat ersuchen, nach einem konkreten Zeitplan Berichte vorzulegen, um die Anpassungsbemühungen des Mitgliedstaats überprüfen zu können.

(10) Solange ein Mitgliedstaat einen nach Absatz 9 erlassenen Europäischen Beschluss nicht befolgt, kann der Ministerrat beschließen, eine oder mehrere der nachstehenden Maßnahmen anzuwenden oder gegebenenfalls zu verschärfen, nämlich

a) von dem betreffenden Mitgliedstaat verlangen, vor der Emission von Schuldverschreibungen und sonstigen Wertpapieren vom Ministerrat näher zu bezeichnende zusätzliche Angaben zu veröffentlichen,
b) die Europäische Investitionsbank ersuchen, ihre Darlehenspolitik gegenüber dem Mitgliedstaat zu überprüfen,
c) von dem Mitgliedstaat verlangen, eine unverzinsliche Einlage in angemessener Höhe bei der Union zu hinterlegen, bis der Ministerrat der Auffassung ist, dass das übermäßige Defizit korrigiert worden ist,
d) Geldbußen in angemessener Höhe verhängen.

Der Präsident des Ministerrates unterrichtet das Europäische Parlament von den erlassenen Maßnahmen.

(11) Der Ministerrat hebt einige oder sämtliche Maßnahmen nach den Absätzen 6 und 8 bis 10 auf, wenn er der Auffassung ist, dass das übermäßige Defizit in dem betreffenden Mitgliedstaat korrigiert worden ist. Hat der Ministerrat zuvor Empfehlungen veröffentlicht, so stellt er, sobald die Entscheidung nach Absatz 8 aufgehoben worden ist, in einer öffentlichen Erklärung fest, dass in dem betreffenden Mitgliedstaat kein übermäßiges Defizit mehr besteht.

(12) Das Recht auf Klageerhebung nach den Artikeln III-265 und III-266 kann im Rahmen der Absätze 1 bis 6 sowie 8 und 9 nicht ausgeübt werden.

(13) Weitere Bestimmungen über die Durchführung des in diesem Artikel beschriebenen Verfahrens sind in dem Protokoll über das Verfahren bei einem übermäßigen Defizit enthalten.

Durch ein Europäisches Gesetz des Ministerrates werden geeignete Maßnahmen festgelegt, mit denen das genannte Protokoll abgelöst wird. Der Ministerrat beschließt einstimmig nach Anhörung des Europäischen Parlaments und der Europäischen Zentralbank.

Der Ministerrat erlässt vorbehaltlich der sonstigen Bestimmungen dieses Absatzes auf Vorschlag der Kommission Europäische Verordnungen oder Beschlüsse, in denen nähere Einzelheiten und Begriffsbestimmungen für die Durchführung des genannten Protokolls festgelegt werden. Er beschließt nach Anhörung des Europäischen Parlaments.

Abschnitt 2 DIE WÄHRUNGSPOLITIK

Artikel III-77

(1) Das vorrangige Ziel des Europäischen Systems der Zentralbanken ist es, die Preisstabilität zu gewährleisten. Soweit dies ohne Beeinträchtigung dieses Ziels möglich ist, unterstützt das Europäische System der Zentralbanken die allgemeine Wirtschaftspolitik in der Union, um zur Verwirklichung der in Artikel 3 festgelegten Ziele der Union beizutragen. Das Europäische System der Zentralbanken handelt im Einklang mit dem Grundsatz einer offenen Marktwirtschaft mit freiem Wettbewerb, wodurch ein effizienter Einsatz der Ressourcen gefördert wird, und hält sich dabei an die in Artikel III-69 genannten Grundsätze.

(2) Die grundlegenden Aufgaben des Europäischen Systems der Zentralbanken bestehen darin,

a) die Geldpolitik der Union festzulegen und auszuführen,
b) Devisengeschäfte im Einklang mit Artikel III-228 durchzuführen,
c) die offiziellen Währungsreserven der Mitgliedstaaten zu halten und zu verwalten,
d) das reibungslose Funktionieren der Zahlungssysteme zu fördern.

(3) Absatz 2 Buchstabe c berührt nicht die Haltung und Verwaltung von Arbeitsguthaben in Fremdwährungen durch die Regierungen der Mitgliedstaaten.

(4) Die Europäische Zentralbank wird gehört

a) zu allen Vorschlägen für Rechtsakte der Union im Zuständigkeitsbereich der Europäischen Zentralbank,
b) von den nationalen Behörden zu allen Entwürfen für Rechtsvorschriften im Zuständigkeitsbereich der Europäischen Zentralbank, und zwar innerhalb der Grenzen und unter den Bedingungen, die der Ministerrat nach dem Verfahren des Artikels III-79 Absatz 6 festlegt.

Die Europäische Zentralbank kann gegenüber den zuständigen Organen, Einrichtungen, Ämter oder Agenturen der Union und gegenüber den nationalen Behörden Stellungnahmen zu in ihren Zuständigkeitsbereich fallenden Fragen abgeben.

(5) Das Europäische System der Zentralbanken trägt zur reibungslosen Durchführung der von den zuständigen Behörden auf dem Gebiet der Aufsicht über die Kreditinstitute und der Stabilität des Finanzsystems ergriffenen Maßnahmen bei.

(6) Durch Europäische Gesetze können der Europäischen Zentralbank besondere Aufgaben im Zusammenhang mit der Aufsicht über Kreditinstitute und sonstige Finanzinstitute mit Ausnahme von Versicherungsunternehmen übertragen werden. Die betreffenden Gesetze werden nach Anhörung der Europäischen Zentralbank erlassen.

Artikel III-78

(1) Die Europäische Zentralbank hat das ausschließliche Recht, die Ausgabe von Euro-Banknoten innerhalb der Union zu genehmigen. Die Europäische Zentralbank und die nationalen Zentralbanken sind zur Ausgabe von Euro-Banknoten berechtigt. Die von der Europäischen Zentralbank und den nationalen Zentralbanken ausgegebenen Banknoten sind die einzigen Banknoten, die in der Union als gesetzliches Zahlungsmittel gelten.

(2) Die Mitgliedstaaten haben das Recht zur Ausgabe von Euro-Münzen, wobei der Umfang dieser Ausgabe der Genehmigung durch die Europäische Zentralbank bedarf. Der Ministerrat kann auf Vorschlag der Kommission Europäische Verordnungen

zur Festlegung von Maßnahmen erlassen mit dem Ziel, die Stückelung und die technischen Merkmale aller für den Umlauf bestimmten Münzen so weit zu harmonisieren, wie dies für deren reibungslosen Umlauf innerhalb der Union erforderlich ist. Der Ministerrat beschließt nach Anhörung des Europäischen Parlaments und der Europäischen Zentralbank.

Artikel III-79

(1) Das Europäische System der Zentralbanken besteht aus der Europäischen Zentralbank und den nationalen Zentralbanken.

(2) Die Europäische Zentralbank besitzt Rechtspersönlichkeit.

(3) Das Europäische System der Zentralbanken wird von den Beschlussorganen der Europäischen Zentralbank, nämlich dem Rat und dem Direktorium der Europäischen Zentralbank, geleitet.

(4) Die Satzung des Europäischen Systems der Zentralbanken ist in dem Protokoll über die Satzung des Europäischen Systems der Zentralbanken und der Europäischen Zentralbank festgelegt.

(5) Die Artikel 5.1, 5.2, 5.3, 17, 18, 19.1, 22, 23, 24, 26, 32.2, 32.3, 32.4, 32.6, 33.1.a und 36 der Satzung des Europäischen Systems der Zentralbanken und der Europäischen Zentralbank können

a) entweder auf Vorschlag der Kommission und nach Anhörung der Europäischen Zentralbank
b) oder auf Empfehlung der Europäischen Zentralbank nach Anhörung der Kommission

durch Europäische Gesetze geändert werden.

(6) Der Ministerrat erlässt die Europäischen Verordnungen oder Beschlüsse zur Festlegung der in den Artikeln 4, 5.4, 19.2, 20, 28.1, 29.2, 30.4 und 34.3 der Satzung des Europäischen Systems der Zentralbanken und der Europäischen Zentralbank genannten Maßnahmen. Er beschließt nach Anhörung des Europäischen Parlaments

a) entweder auf Vorschlag der Kommission und nach Anhörung der Europäischen Zentralbank
b) oder auf Empfehlung der Europäischen Zentralbank und nach Anhörung der Kommission.

Artikel III-80

Bei der Wahrnehmung der ihnen durch die Verfassung und die Satzung des Europäischen Systems der Zentralbanken und der Europäischen Zentralbank übertragenen Befugnisse, Aufgaben und Pflichten darf weder die Europäische Zentralbank noch eine nationale Zentralbank noch ein Mitglied ihrer Beschlussorgane Weisungen von Organen, Einrichtungen, Ämtern oder Agenturen der Union, Regierungen der Mitgliedstaaten oder anderen Stellen einholen oder entgegennehmen. Die Organe, Einrichtungen, Ämter und Agenturen der Union sowie die Regierungen der Mitgliedstaaten verpflichten sich, diesen Grundsatz zu beachten und nicht zu versuchen, die Mitglieder der Beschlussorgane der Europäischen Zentralbank oder der nationalen Zentralbanken bei der Wahrnehmung ihrer Aufgaben zu beeinflussen.

Artikel III-81

Jeder Mitgliedstaat stellt sicher, dass seine innerstaatlichen Rechtsvorschriften einschließlich der Satzung seiner Zentralbank mit der Verfassung sowie mit der Satzung des Europäischen Systems der Zentralbanken und der Europäischen Zentralbank im Einklang stehen.

Artikel III-82

(1) Zur Erfüllung der dem Europäischen System der Zentralbanken übertragenen Aufgaben werden von der Europäischen Zentralbank gemäß der Verfassung und unter den in der Satzung des Europäischen Systems der Zentralbanken und der Europäischen Zentralbank vorgesehenen Bedingungen

a) Europäische Verordnungen erlassen, insoweit dies für die Erfüllung der in Artikel 3.1 erster Gedankenstrich, Artikel 19.1, Artikel 22 oder Artikel 25.2 der Satzung des Europäischen Systems der Zentralbanken und der Europäischen Zentralbank festgelegten Aufgaben erforderlich ist; sie erlässt Verordnungen ferner in den Fällen, die in den Europäischen Verordnungen und Beschlüssen nach Artikel III-79 Absatz 6 vorgesehen werden,

b) Europäische Beschlüsse erlassen, die zur Erfüllung der dem Europäischen System der Zentralbanken nach der Verfassung und der Satzung des Europäischen Systems der Zentralbanken und der Europäischen Zentralbank übertragenen Aufgaben erforderlich sind,

c) Empfehlungen und Stellungnahmen angenommen.

(2) Die Europäische Zentralbank kann die Veröffentlichung ihrer Europäischen Beschlüsse, ihrer Empfehlungen und Stellungnahmen beschließen.

(3) Der Ministerrat erlässt nach dem Verfahren des Artikels III-79 Absatz 6 die Europäischen Verordnungen, in denen festgelegt wird, innerhalb welcher Grenzen und unter welchen Bedingungen die Europäische Zentralbank befugt ist, Unternehmen bei Nichteinhaltung der Verpflichtungen, die sich aus ihren Europäischen Verordnungen und Beschlüssen ergeben, mit Geldbußen oder Zwangsgeldern zu belegen.

Artikel III-83

Unbeschadet der Zuständigkeiten der Europäischen Zentralbank werden durch ein Europäisches Gesetz oder Rahmengesetz die Maßnahmen festgelegt, die für die Verwendung des Euro als einheitlicher Währung der Mitgliedstaaten erforderlich sind. Das betreffende Gesetz oder Rahmengesetz wird nach Anhörung der Europäischen Zentralbank erlassen.

Abschnitt 3 INSTITUTIONELLE BESTIMMUNGEN

Artikel III-84

(1) Der Rat der Europäischen Zentralbank besteht aus den Mitgliedern des Direktoriums der Europäischen Zentralbank und den Präsidenten der nationalen Zentralbanken der Mitgliedstaaten, für die keine Ausnahmeregelung im Sinne des Artikels III-91 gilt.

(2) a) Das Direktorium besteht aus dem Präsidenten, dem Vizepräsidenten und vier weiteren Mitgliedern.

b) Der Präsident, der Vizepräsident und die weiteren Mitglieder des Direktoriums werden von den Regierungen der Mitgliedstaaten auf der Ebene der Staats- und Regierungschefs auf Empfehlung des Ministerrates, der hierzu das Europäische Parlament und den Rat der Europäischen Zentralbank anhört, aus dem Kreis der in Währungs- oder Bankfragen anerkannten und erfahrenen Persönlichkeiten einvernehmlich ausgewählt und ernannt.

Ihre Amtszeit beträgt acht Jahre; Wiederernennung ist nicht zulässig.

Nur Staatsangehörige der Mitgliedstaaten können Mitglieder des Direktoriums werden.

Artikel III-85

(1) Der Präsident des Ministerrates und ein Mitglied der Kommission können ohne Stimmrecht an den Sitzungen des Rates der Europäischen Zentralbank teilnehmen.

Der Präsident des Ministerrates kann dem Rat der Europäischen Zentralbank einen Antrag zur Beratung vorlegen.

(2) Der Präsident der Europäischen Zentralbank wird zur Teilnahme an den Tagungen des Ministerrates eingeladen, wenn dieser Fragen im Zusammenhang mit den Zielen und Aufgaben des Europäischen Systems der Zentralbanken erörtert.

(3) Die Europäische Zentralbank unterbreitet dem Europäischen Parlament, dem Ministerrat und der Kommission sowie auch dem Europäischen Rat einen Jahresbericht über die Tätigkeit des Europäischen Systems der Zentralbanken und die Währungspolitik im vergangenen und im laufenden Jahr. Der Präsident der Europäischen Zentralbank legt den Bericht dem Ministerrat und dem Europäischen Parlament vor, das auf dieser Grundlage eine allgemeine Aussprache durchführen kann.

Der Präsident der Europäischen Zentralbank und die anderen Mitglieder des Direktoriums können auf Ersuchen des Europäischen Parlaments oder auf ihre Initiative hin von den zuständigen Ausschüssen des Europäischen Parlaments gehört werden.

Artikel III-86

(1) Um die Koordinierung der Politik der Mitgliedstaaten in dem für das Funktionieren des Binnenmarkts erforderlichen Umfang zu fördern, wird ein Wirtschafts- und Finanzausschuss eingesetzt.

(2) Dieser Ausschuss hat die Aufgabe,

a) auf Ersuchen des Ministerrates oder der Kommission oder von sich aus Stellungnahmen an diese Organe abzugeben;
b) die Wirtschafts- und Finanzlage der Mitgliedstaaten und der Union zu beobachten und dem Ministerrat und der Kommission regelmäßig darüber Bericht zu erstatten, insbesondere über die finanziellen Beziehungen zu dritten Ländern und internationalen Einrichtungen;
c) unbeschadet des Artikels III-247 an der Vorbereitung der in den Artikeln III-48, III-71 Absätze 2, 3, 4 und 6, III-72, III-74, III-75, III-76, III-77 Absatz 6, III-78 Absatz 2, III-79 Absätze 5 und 6, III-83, III-90, III-92 Absätze 2 und 3, III-95, III-96 Absätze 2 und 3, III-224 und III-228 genannten Arbeiten des Ministerrates mitzuwirken und die sonstigen ihm vom Ministerrat übertragenen Beratungsaufgaben und vorbereitenden Arbeiten auszuführen;
d) mindestens einmal jährlich die Lage hinsichtlich des Kapitalverkehrs und der Freiheit des Zahlungsverkehrs, wie sie sich aus der Anwendung der Verfassung und der Rechtsakte der Union ergeben, zu prüfen; die Prüfung erstreckt sich auf alle Maßnahmen im Zusammenhang mit dem Kapital- und Zahlungsverkehr; der Ausschuss erstattet der Kommission und dem Ministerrat Bericht über das Ergebnis dieser Prüfung.

Jeder Mitgliedstaat sowie die Kommission und die Europäische Zentralbank ernennen jeweils höchstens zwei Mitglieder des Ausschusses.

(3) Der Ministerrat erlässt auf Vorschlag der Kommission einen Europäischen Beschluss über die Einzelheiten der Zusammensetzung des Wirtschafts- und Finanzausschusses. Er beschließt nach Anhörung der Europäischen Zentralbank und dieses Ausschusses. Der Präsident des Ministerrates unterrichtet das Europäische Parlament über diesen Beschluss.

(4) Sofern und solange es Mitgliedstaaten gibt, für die eine Ausnahmeregelung im Sinne des Artikels III-91 gilt, hat der Ausschuss zusätzlich zu den in Absatz 2 beschrie-

benen Aufgaben die Währungs- und Finanzlage sowie den allgemeinen Zahlungsverkehr der betreffenden Mitgliedstaaten zu beobachten und dem Ministerrat und der Kommission regelmäßig darüber Bericht zu erstatten.

Artikel III-87

Bei Fragen, die in den Geltungsbereich von Artikel III-71 Absatz 4, Artikel III-76 mit Ausnahme von Absatz 13, den Artikeln III-83, III-90, III-91, Artikel III-92 Absatz 3 sowie Artikel III-228 fallen, kann der Ministerrat oder ein Mitgliedstaat die Kommission ersuchen, je nach Zweckmäßigkeit eine Empfehlung oder einen Vorschlag zu unterbreiten. Die Kommission prüft dieses Ersuchen und unterbreitet dem Ministerrat umgehend ihre Schlussfolgerungen.

Abschnitt 3a BESONDERE BESTIMMUNGEN FÜR DIE DEM EURO-WÄHRUNGSGEBIET ANGEHÖRENDEN MITGLIEDSTAATEN

Artikel III-88

(1) Im Hinblick auf das reibungslose Funktionieren der Wirtschafts- und Währungsunion werden im Einklang mit den einschlägigen Verfassungsbestimmungen für die dem Euro-Währungsgebiet angehörenden Mitgliedstaaten Maßnahmen erlassen, um

a) die Koordinierung ihrer Haushaltsdisziplin und deren Überwachung zu verstärken,
b) für diese Staaten Grundzüge der Wirtschaftspolitik auszuarbeiten, wobei darauf zu achten ist, dass diese mit den für die gesamte Union angenommenen Grundzüge der Wirtschaftspolitik vereinbar sind, und ihre Einhaltung zu überwachen.

(2) Bei den in Absatz 1 genannten Maßnahmen sind nur die Mitglieder des Ministerrates, die die dem Euro-Währungsgebiet angehörenden Mitgliedstaaten vertreten, stimmberechtigt. Als qualifizierte Mehrheit gilt die Mehrheit der Stimmen der Vertreter der dem Euro-Währungsgebiet angehörenden Mitgliedstaaten, sofern diese

mindestens drei Fünftel der Bevölkerung dieser Staaten repräsentiert. Ist für einen Rechtsakt Einstimmigkeit vorgeschrieben, so ist die Einstimmigkeit dieser Mitglieder des Ministerrates erforderlich.

Artikel III-89

Die Modalitäten für die Tagungen der Minister der dem Euro-Währungsgebiet angehörenden Mitgliedstaaten sind im Protokoll betreffend die Euro-Gruppe festgelegt.

Artikel III-90

(1) Um die Stellung des Euro im internationalen Währungssystem sicherzustellen, erlässt der Ministerrat auf Vorschlag der Kommission und nach Anhörung der Europäischen Zentralbank einen Europäischen Beschluss zur Festlegung der gemeinsamen Standpunkte zu den Fragen, die für die Wirtschafts- und Währungsunion von besonderem Interesse sind, innerhalb der zuständigen internationalen Einrichtungen und Konferenzen im Finanzbereich.

(2) Bei den in diesem Artikel genannten Maßnahmen sind nur die Mitglieder des Ministerrates, die die dem Euro-Währungsgebiet angehörenden Mitgliedstaaten vertreten, stimmberechtigt. Als qualifizierte Mehrheit gilt die Mehrheit der Stimmen der Vertreter der dem Euro-Währungsgebiet angehörenden Mitgliedstaaten, sofern diese mindestens drei Fünftel der Bevölkerung dieser Staaten repräsentiert. Ist für einen Rechtsakt Einstimmigkeit vorgeschrieben, so ist die Einstimmigkeit dieser Mitglieder des Ministerrates erforderlich.

(3) Der Ministerrat kann auf Vorschlag der Kommission geeignete Maßnahmen mit dem Ziel annehmen, eine einheitliche Vertretung bei den internationalen Einrichtungen und Konferenzen im Finanzbereich sicherzustellen. Es gelten die Verfahrensvorschriften der Absätze 1 und 2.

Abschnitt 4 ÜBERGANGSBESTIMMUNGEN

Artikel III-91

(1) Die Mitgliedstaaten, für die der Ministerrat nicht beschlossen hat, dass sie die erforderlichen Voraussetzungen für die Einführung des Euro erfüllen, werden nachstehend als "Mitgliedstaaten, für die eine Ausnahmeregelung gilt" bezeichnet.

(2) Die nachstehend aufgeführten Bestimmungen der Verfassung finden keine Anwendung auf die Mitgliedstaaten, für die eine Ausnahmeregelung gilt:

a) Annahme der das Euro-Währungsgebiet generell betreffenden Teile der Grundzüge der Wirtschaftspolitik (Artikel III-71 Absatz 2)
b) Zwangsmittel zum Abbau eines übermäßigen Defizits (Artikel III-76 Absätze 9 und 10)
c) Ziele und Aufgaben des Europäischen Systems der Zentralbanken (Artikel III-77 Absätze 1, 2, 3 und 5)
d) Ausgabe des Euro (Artikel III-78)
e) Rechtsakte der Europäischen Zentralbank (Artikel III-82)
f) Maßnahmen bezüglich der Verwendung des Euro (Artikel III-83)
g) Währungsvereinbarungen und andere Maßnahmen bezüglich der Wechselkurspolitik (Artikel III-228)
h) Ernennung der Mitglieder des Direktoriums der Europäischen Zentralbank (Artikel III-84 Absatz 2 Buchstabe b).

Daher bezeichnet in den oben genannten Artikeln der Ausdruck "Mitgliedstaaten" die Mitgliedstaaten, für die keine Ausnahmeregelung gilt.

(3) Die Mitgliedstaaten, für die eine Ausnahmeregelung gilt, und deren Zentralbanken sind nach Kapitel IX der Satzung des Europäischen Systems der Zentralbanken und der Europäischen Zentralbank von den Rechten und Pflichten im Rahmen des Europäischen Systems der Zentralbanken ausgeschlossen.

(4) Das Stimmrecht der Mitglieder des Ministerrates, die die Mitgliedstaaten vertreten, für die eine Ausnahmeregelung gilt, ruht bei der Annahme von Maßnahmen gemäß den in Absatz 2 genannten Artikeln durch den Ministerrat. Als qualifizierte Mehrheit gilt die Mehrheit der Stimmen der Vertreter der Mitgliedstaaten, für die keine

Ausnahmeregelung gilt, sofern diese Mehrheit mindestens drei Fünftel der Bevölkerung dieser Staaten repräsentiert. Ist für die Annahme eines Rechtsakts Einstimmigkeit vorgeschrieben, so ist die Einstimmigkeit dieser Mitgliedstaaten erforderlich.

Artikel III-92

(1) Mindestens einmal alle zwei Jahre bzw. auf Antrag eines Mitgliedstaats, für den eine Ausnahmeregelung gilt, berichten die Kommission und die Europäische Zentralbank dem Ministerrat, inwieweit die Mitgliedstaaten, für die eine Ausnahmeregelung gilt, bei der Verwirklichung der Wirtschafts- und Währungsunion ihren Verpflichtungen bereits nachgekommen sind. In ihren Berichten wird auch die Frage geprüft, inwieweit die innerstaatlichen Rechtsvorschriften jedes einzelnen dieser Mitgliedstaaten einschließlich der Satzung der jeweiligen nationalen Zentralbank mit den Artikeln III-80 und III-81 sowie der Satzung des Europäischen Systems der Zentralbanken und der Europäischen Zentralbank vereinbar sind. Ferner wird darin geprüft, ob ein hoher Grad an dauerhafter Konvergenz erreicht ist; Maßstab hierfür ist, ob jeder einzelne dieser Mitgliedstaaten folgende Kriterien erfüllt:

a) Erreichung eines hohen Grades an Preisstabilität, ersichtlich aus einer Inflationsrate, die der Inflationsrate jener – höchstens drei – Mitgliedstaaten nahe kommt, die auf dem Gebiet der Preisstabilität das beste Ergebnis erzielt haben;
b) eine auf Dauer tragbare Finanzlage der öffentlichen Hand, ersichtlich aus einer öffentlichen Haushaltslage ohne übermäßiges Defizit im Sinne des Artikels III-76 Absatz 6;
c) Einhaltung der normalen Bandbreiten des Wechselkursmechanismus seit mindestens zwei Jahren ohne Abwertung gegenüber dem Euro;
d) Dauerhaftigkeit der von dem Mitgliedstaat, für den eine Ausnahmeregelung gilt, erreichten Konvergenz und seiner Teilnahme am Wechselkursmechanismus, die im Niveau der langfristigen Zinssätze zum Ausdruck kommt.

Die vier Kriterien in diesem Absatz sowie die jeweils erforderliche Dauer ihrer Einhaltung sind in dem Protokoll über die Konvergenzkriterien näher festgelegt. Die Berichte der Kommission und der Europäischen Zentralbank berücksichtigen auch die Ergebnisse bei der Integration der Märkte, den Stand und die Entwicklung der Leistungsbilanzen, die Entwicklung bei den Lohnstückkosten und andere Preisindizes.

(2) Der Ministerrat erlässt nach Anhörung des Europäischen Parlaments und nach Aussprache im Europäischen Rat auf Vorschlag der Kommission einen Europäischen Beschluss, durch den festgelegt wird, welche der Mitgliedstaaten, für die eine Ausnahmeregelung gilt, die auf den Kriterien des Absatzes 1 beruhenden Voraussetzungen erfüllen, und hebt die Ausnahmeregelungen für die betreffenden Mitgliedstaaten auf.

(3) Wird nach dem Verfahren des Absatzes 2 beschlossen, eine Ausnahmeregelung aufzuheben, so erlässt der Ministerrat aufgrund eines einstimmigen Beschlusses der Mitglieder, die die Mitgliedstaaten, für die keine Ausnahmeregelung gilt, und den betreffenden Mitgliedstaat vertreten, auf Vorschlag der Kommission Europäische Verordnungen oder Beschlüsse zur unwiderruflichen Festsetzung des Kurses, zu dem die Währung des betreffenden Mitgliedstaats durch den Euro ersetzt wird und zur Festlegung der sonstigen erforderlichen Maßnahmen zur Einführung des Euro als einheitliche Währung in diesem Mitgliedstaat. Der Ministerrat beschließt nach Anhörung der Europäischen Zentralbank.

Artikel III-93

(1) Sofern und solange es Mitgliedstaaten gibt, für die eine Ausnahmeregelung gilt, wird unbeschadet des Artikels III-79 Absatz 3 der in Artikel 45 der Satzung des Europäischen Systems der Zentralbanken und der Europäischen Zentralbank bezeichnete Erweiterte Rat der Europäischen Zentralbank als drittes Beschlussorgan der Europäischen Zentralbank errichtet.

(2) Sofern und solange es Mitgliedstaaten gibt, für die eine Ausnahmeregelung gilt, ist es die Aufgabe der Europäischen Zentralbank in Bezug auf diese Mitgliedstaaten,

a) die Zusammenarbeit zwischen den nationalen Zentralbanken zu verstärken;
b) die Koordinierung der Geldpolitik der Mitgliedstaaten mit dem Ziel zu verstärken, die Preisstabilität aufrechtzuerhalten;
c) das Funktionieren des Wechselkursmechanismus zu überwachen;
d) Konsultationen zu Fragen durchzuführen, die in die Zuständigkeit der nationalen Zentralbanken fallen und die Stabilität der Finanzinstitute und -märkte berühren;

e) die seinerzeitigen Aufgaben des Europäischen Fonds für währungspolitische Zusammenarbeit, die zuvor vom Europäischen Währungsinstitut übernommen worden waren, wahrzunehmen.

Artikel III-94

Jeder Mitgliedstaat, für den eine Ausnahmeregelung gilt, behandelt seine Wechselkurspolitik als eine Angelegenheit von gemeinsamem Interesse. Er berücksichtigt dabei die Erfahrungen, die bei der Zusammenarbeit im Rahmen des Wechselkursmechanismus gesammelt worden sind.

Artikel III-95

(1) Ist ein Mitgliedstaat, für den eine Ausnahmeregelung gilt, hinsichtlich seiner Zahlungsbilanz von Schwierigkeiten betroffen oder ernstlich bedroht, die sich entweder aus einem Ungleichgewicht seiner Gesamtzahlungsbilanz oder aus der Art der ihm zur Verfügung stehenden Devisen ergeben, und sind diese Schwierigkeiten geeignet, insbesondere das Funktionieren des Binnenmarkts oder die Verwirklichung der gemeinsamen Handelspolitik zu gefährden, so prüft die Kommission unverzüglich die Lage dieses Staates sowie die Maßnahmen, die er getroffen hat oder unter Einsatz aller ihm zur Verfügung stehenden Mittel nach der Verfassung treffen kann. Die Kommission gibt die Maßnahmen an, die sie dem betreffenden Mitgliedstaat empfiehlt.

Erweisen sich die von einem Mitgliedstaat, für den eine Ausnahmeregelung gilt, ergriffenen und die von der Kommission angeregten Maßnahmen als unzureichend, die aufgetretenen oder drohenden Schwierigkeiten zu beheben, so empfiehlt die Kommission dem Ministerrat nach Anhörung des Wirtschafts- und Finanzausschusses einen gegenseitigen Beistand und die dafür geeigneten Methoden.

Die Kommission unterrichtet den Ministerrat regelmäßig über die Lage und ihre Entwicklung.

(2) Der Ministerrat gewährt den gegenseitigen Beistand; er erlässt die Europäischen Verordnungen oder Beschlüsse, welche die Bedingungen und Einzelheiten hierfür festlegen. Der gegenseitige Beistand kann insbesondere erfolgen

a) durch ein abgestimmtes Vorgehen bei anderen internationalen Organisationen, an die sich die Mitgliedstaaten, für die eine Ausnahmeregelung gilt, wenden können;
b) durch Maßnahmen, die notwendig sind, um Verlagerungen von Handelsströmen zu vermeiden, falls der in Schwierigkeiten befindliche Mitgliedstaat, für den eine Ausnahmeregelung gilt, mengenmäßige Beschränkungen gegenüber dritten Ländern beibehält oder wieder einführt;
c) durch Bereitstellung von Krediten in begrenzter Höhe seitens anderer Mitgliedstaaten; hierzu ist ihr Einverständnis erforderlich.

(3) Stimmt der Ministerrat dem von der Kommission empfohlenen gegenseitigen Beistand nicht zu oder sind der gewährte Beistand und die getroffenen Maßnahmen unzureichend, so ermächtigt die Kommission den in Schwierigkeiten befindlichen Mitgliedstaat, für den eine Ausnahmeregelung gilt, Schutzmaßnahmen zu treffen, deren Bedingungen und Einzelheiten sie festlegt.

Der Ministerrat kann diese Ermächtigung aufheben und die Bedingungen und Einzelheiten ändern.

Artikel III-96

(1) Gerät ein Mitgliedstaat, für den eine Ausnahmeregelung gilt, in eine plötzliche Zahlungsbilanzkrise und wird eine Handlung im Sinne des Artikels III-90 Absatz 2 nicht unverzüglich getroffen, so kann dieser Mitgliedstaat vorsorglich die erforderlichen Schutzmaßnahmen ergreifen. Sie dürfen nur ein Mindestmaß an Störungen im Funktionieren des Binnenmarkts hervorrufen und nicht über das zur Behebung der plötzlich aufgetretenen Schwierigkeiten unbedingt erforderliche Ausmaß hinausgehen.

(2) Die Kommission und die anderen Mitgliedstaaten werden über die Schutzmaßnahmen spätestens bei deren Inkrafttreten unterrichtet. Die Kommission kann dem Ministerrat den gegenseitigen Beistand nach Artikel III-95 empfehlen.

(3) Nach Stellungnahme der Kommission und nach Anhörung des Wirtschafts- und Finanzausschusses kann der Ministerrat einen Beschluss erlassen, der besagt, dass der betreffende Mitgliedstaat diese Schutzmaßnahmen zu ändern, auszusetzen oder aufzuheben hat.

Kapitel III DIE POLITIK IN ANDEREN EINZELBEREICHEN

Abschnitt 1 BESCHÄFTIGUNG

Artikel III-97

Die Union und die Mitgliedstaaten arbeiten nach diesem Abschnitt auf die Entwicklung einer koordinierten Beschäftigungsstrategie und insbesondere auf die Förderung der Qualifizierung, Ausbildung und Anpassungsfähigkeit der Arbeitnehmer sowie der Fähigkeit der Arbeitsmärkte hin, auf die Erfordernisse des wirtschaftlichen Wandels zu reagieren, um die Ziele des Artikels I-3 zu erreichen.

Artikel III-98

(1) Die Mitgliedstaaten tragen durch ihre Beschäftigungspolitik im Einklang mit den nach Artikel III-71Absatz 2 verabschiedeten Grundzügen der Wirtschaftspolitik der Mitgliedstaaten und der Union zur Erreichung der in Artikel III-97 genannten Ziele bei.

(2) Die Mitgliedstaaten betrachten die Förderung der Beschäftigung als Angelegenheit von gemeinsamem Interesse und stimmen ihre diesbezüglichen Tätigkeiten nach Maßgabe des Artikels III-100 im Ministerrat aufeinander ab, wobei die einzelstaatlichen Gepflogenheiten in Bezug auf die Verantwortung der Sozialpartner berücksichtigt werden.

Artikel III-99

(1) Die Union trägt zu einem hohen Beschäftigungsniveau bei, indem sie die Zusammenarbeit zwischen den Mitgliedstaaten fördert und deren Maßnahmen in diesem Bereich unterstützt und erforderlichenfalls ergänzt. Hierbei wird die Zuständigkeit der Mitgliedstaaten beachtet.

(2) Das Ziel eines hohen Beschäftigungsniveaus wird bei der Festlegung und Durchführung der Politik und der Maßnahmen der Union berücksichtigt.

Artikel III-100

(1) Anhand eines gemeinsamen Jahresberichts des Ministerrates und der Kommission prüft der Europäische Rat jährlich die Beschäftigungslage in der Union und nimmt hierzu Schlussfolgerungen an.

(2) Anhand der Schlussfolgerungen des Europäischen Rates legt der Ministerrat auf Vorschlag der Kommission jährlich Leitlinien fest, welche die Mitgliedstaaten in ihrer Beschäftigungspolitik berücksichtigen. Er beschließt nach Anhörung des Europäischen Parlaments, des Ausschusses der Regionen, des Wirtschafts- und Sozialausschusses und des Beschäftigungsausschusses.

Diese Leitlinien müssen mit den nach Artikel III-71 Absatz 2 verabschiedeten Grundzügen in Einklang stehen.

(3) Jeder Mitgliedstaat übermittelt dem Ministerrat und der Kommission jährlich einen Bericht über die wichtigsten Bestimmungen, die er zur Durchführung seiner Beschäftigungspolitik auf der Grundlage der beschäftigungspolitischen Leitlinien nach Absatz 2 erlassen hat.

(4) Anhand der in Absatz 3 genannten Berichte und nach Stellungnahme des Beschäftigungsausschusses unterzieht der Ministerrat die Durchführung der Beschäftigungspolitik der Mitgliedstaaten auf der Grundlage der beschäftigungspolitischen Leitlinien jährlich einer Prüfung. Der Ministerrat kann dabei auf Empfehlung der Kommission an die Mitgliedstaaten gerichtete Empfehlungen abgeben.

(5) Auf der Grundlage der Ergebnisse der genannten Prüfung erstellen der Ministerrat und die Kommission einen gemeinsamen Jahresbericht für den Europäischen Rat über die Beschäftigungslage in der Union und über die Umsetzung der beschäftigungspolitischen Leitlinien.

Artikel III-101

Durch Europäische Gesetze oder Rahmengesetze können Anreizmaßnahmen zur Förderung der Zusammenarbeit zwischen den Mitgliedstaaten und zur Unterstützung ihrer Beschäftigungsmaßnahmen durch Initiativen festgelegt werden, die darauf abzielen, den Austausch von Informationen und bewährten Verfahren zu entwickeln, vergleichende Analysen und Gutachten bereitzustellen sowie innovative Ansätze zu fördern und Erfahrungen zu bewerten, und zwar insbesondere durch Pilotvorhaben. Diese Gesetze oder Rahmengesetze werden nach Anhörung des Ausschusses der Regionen und des Wirtschafts- und Sozialausschusses erlassen.

Die Europäischen Gesetze oder Rahmengesetze enthalten keinerlei Harmonisierung der Rechts- und Verwaltungsvorschriften der Mitgliedstaaten.

Artikel III-102

Der Ministerrat erlässt mit einfacher Mehrheit einen Europäischen Beschluss zur Einsetzung eines Beschäftigungsausschusses mit beratender Funktion zur Förderung der Koordinierung der Beschäftigungs- und Arbeitsmarktpolitik der Mitgliedstaaten. Er beschließt nach Anhörung des Europäischen Parlaments.

Der Ausschuss hat folgende Aufgaben:

a) Er verfolgt die Beschäftigungslage und die Beschäftigungspolitik in den Mitgliedstaaten und in der Union;
b) er gibt unbeschadet des Artikels III-247 auf Ersuchen des Ministerrates oder der Kommission oder aber von sich aus Stellungnahmen ab und trägt zur Vorbereitung der in Artikel III-100 genannten Beratungen des Ministerrates bei.

Bei der Erfüllung seines Auftrags hört der Ausschuss die Sozialpartner.

Die einzelnen Mitgliedstaaten und die Kommission entsenden je zwei Mitglieder in den Ausschuss.

Abschnitt 2 SOZIALPOLITIK

Artikel III-103

Die Union und die Mitgliedstaaten verfolgen eingedenk der sozialen Grundrechte, wie sie in der am 18. Oktober 1961 in Turin unterzeichneten Europäischen Sozialcharta und in der Gemeinschaftscharta der sozialen Grundrechte der Arbeitnehmer von 1989 festgelegt sind, folgende Ziele: die Förderung der Beschäftigung, die Verbesserung der Lebens- und Arbeitsbedingungen, um dadurch auf dem Wege des Fortschritts ihre Angleichung zu ermöglichen, einen angemessenen sozialen Schutz, den sozialen Dialog, die Entwicklung des Arbeitskräftepotenzials im Hinblick auf ein dauerhaft hohes Beschäftigungsniveau und die Bekämpfung von Ausgrenzungen.

Zu diesem Zweck tragen die Union und die Mitgliedstaaten bei ihrer Tätigkeit der Vielfalt der einzelstaatlichen Gepflogenheiten, insbesondere in den vertraglichen Beziehungen, sowie der Notwendigkeit, die Wettbewerbsfähigkeit der Wirtschaft der Union zu erhalten, Rechnung.

Sie sind der Auffassung, dass sich eine solche Entwicklung sowohl aus dem eine Abstimmung der Sozialordnungen begünstigenden Wirken des Binnenmarktes als auch aus den in der Verfassung vorgesehenen Verfahren sowie aus der Angleichung ihrer Rechts- und Verwaltungsvorschriften ergeben wird.

Artikel III-104

(1) Zur Verwirklichung der Ziele des Artikels III-103 unterstützt und ergänzt die Union die Tätigkeit der Mitgliedstaaten auf folgenden Gebieten:

a) Verbesserung insbesondere der Arbeitsumwelt zum Schutz der Gesundheit und der Sicherheit der Arbeitnehmer,
b) Arbeitsbedingungen,
c) soziale Sicherheit und sozialer Schutz der Arbeitnehmer,
d) Schutz der Arbeitnehmer bei Beendigung des Arbeitsvertrags,
e) Unterrichtung und Anhörung der Arbeitnehmer,
f) Vertretung und kollektive Wahrnehmung der Arbeitnehmer- und Arbeitgeberinteressen, einschließlich der Mitbestimmung, vorbehaltlich des Absatzes 6,
g) Beschäftigungsbedingungen der Staatsangehörigen dritter Länder, die sich rechtmäßig im Gebiet der Union aufhalten,
h) berufliche Eingliederung der aus dem Arbeitsmarkt ausgegrenzten Personen, unbeschadet des Artikels III-183,
i) Chancengleichheit von Männern und Frauen auf dem Arbeitsmarkt und Gleichbehandlung am Arbeitsplatz,

j) Bekämpfung der sozialen Ausgrenzung,
k) Modernisierung der Systeme des sozialen Schutzes, unbeschadet des Buchstabens c.

(2) Zu diesem Zweck können:

a) Maßnahmen, die dazu bestimmt sind, die Zusammenarbeit zwischen den Mitgliedstaaten durch Initiativen zu fördern, die die Verbesserung des Wissensstandes, die Entwicklung des Austausches von Informationen und bewährten Verfahren, die Förderung innovativer Ansätze und die Bewertung von Erfahrungen zum Ziel haben, unter Ausschluss jeglicher Harmonisierung der Rechts- und Verwaltungsvorschriften der Mitgliedstaaten, durch Europäische Gesetze oder Rahmengesetze festgelegt werden;
b) in den in Absatz 1 Buchstaben a bis i genannten Bereichen unter Berücksichtigung der in den einzelnen Mitgliedstaaten bestehenden Bedingungen und technischen Regelungen Mindestvorschriften, die schrittweise anzuwenden sind, durch Europäische Rahmengesetze festgelegt werden. Diese Europäischen Rahmengesetze sollen keine verwaltungsmäßigen, finanziellen oder rechtlichen Auflagen vorschreiben, die der Gründung und Entwicklung von kleinen und mittleren Unternehmen entgegenstehen.

In allen Fällen werden die Europäischen Gesetze oder Rahmengesetze nach Anhörung des Ausschusses der Regionen und des Wirtschafts- und Sozialausschusses erlassen.

(3) Abweichend von Absatz 2 werden in den in Absatz 1 Buchstaben c, d, f und g genannten Bereichen die Europäischen Gesetze oder Rahmengesetze vom Ministerrat nach Anhörung des Europäischen Parlaments, des Wirtschafts- und Sozialausschusses sowie des Ausschusses der Regionen einstimmig erlassen.

Der Ministerrat kann auf Vorschlag der Kommission einen Europäischen Beschuss erlassen, wonach für Absatz 1 Buchstaben d, f und g das ordentliche Gesetzgebungsverfahren gilt. Er beschließt einstimmig nach Anhörung des Europäischen Parlaments.

(4) Ein Mitgliedstaat kann den Sozialpartnern auf deren gemeinsamen Antrag die Durchführung von aufgrund des Absatzes 2 erlassenen Europäischen Rahmengesetzen übertragen.

In diesem Fall vergewissert sich der Mitgliedstaat, dass die Sozialpartner spätestens zu dem Zeitpunkt, zu dem ein Europäisches Rahmengesetz umgesetzt sein muss, im Wege einer Vereinbarung die erforderlichen Vorkehrungen getroffen haben; dabei hat der Mitgliedstaat alle erforderlichen Bestimmungen zu erlassen, um jederzeit gewährleisten zu können, dass die durch dieses Rahmengesetz vorgeschriebenen Ergebnisse erzielt werden.

(5) Die aufgrund dieses Artikels erlassenen Europäischen Gesetze und Rahmengesetze

a) berühren nicht die anerkannte Befugnis der Mitgliedstaaten, die Grundprinzipien ihres Systems der sozialen Sicherheit festzulegen, und dürfen das finanzielle Gleichgewicht dieser Systeme nicht erheblich beeinträchtigen;
b) hindern die Mitgliedstaaten nicht daran, strengere Schutzmaßnahmen beizubehalten oder zu erlassen, die mit der Verfassung vereinbar sind.

(6) Dieser Artikel gilt nicht für das Arbeitsentgelt, das Koalitionsrecht, das Streikrecht sowie das Aussperrungsrecht.

Artikel III-105

(1) Die Kommission hat die Aufgabe, die Anhörung der Sozialpartner auf Unionsebene zu fördern, und erlässt alle zweckdienlichen Maßnahmen, um den Dialog zwischen den Sozialpartnern zu erleichtern, wobei sie für Ausgewogenheit bei der Unterstützung der Parteien sorgt.

(2) Zu diesem Zweck hört die Kommission vor Unterbreitung von Vorschlägen im Bereich der Sozialpolitik die Sozialpartner zu der Frage, wie eine Unionsaktion gegebenenfalls ausgerichtet werden sollte.

(3) Hält die Kommission nach dieser Anhörung eine Unionsmaßnahme für zweckmäßig, so hört sie die Sozialpartner zum Inhalt des in Aussicht genommenen Vorschlags. Die Sozialpartner übermitteln der Kommission eine Stellungnahme oder gegebenenfalls eine Empfehlung.

(4) Bei dieser Anhörung können die Sozialpartner der Kommission mitteilen, dass sie den Prozess nach Artikel III-106 in Gang setzen wollen. Die Dauer des

Verfahrens darf höchstens neun Monate betragen, sofern die betroffenen Sozialpartner und die Kommission nicht gemeinsam eine Verlängerung beschließen.

Artikel III-106

(1) Der Dialog zwischen den Sozialpartnern auf Unionsebene kann, falls sie es wünschen, zur Herstellung vertraglicher Beziehungen, einschließlich des Abschlusses von Vereinbarungen, führen.

(2) Die Durchführung der auf Unionsebene geschlossenen Vereinbarungen erfolgt entweder nach den jeweiligen Verfahren und Gepflogenheiten der Sozialpartner und der Mitgliedstaaten oder - in den durch Artikel III-104 erfassten Bereichen - auf gemeinsamen Antrag der Unterzeichnerparteien durch Europäische Verordnungen oder Beschlüsse, die vom Ministerrat auf Vorschlag der Kommission erlassen werden. Das Europäische Parlament wird unterrichtet.

Enthält die betreffende Vereinbarung eine oder mehrere Bestimmungen betreffend einen der Bereiche, für die nach Artikel III-104 Absatz 3 Einstimmigkeit erforderlich ist, so beschließt der Ministerrat einstimmig.

Artikel III-107

Unbeschadet der sonstigen Bestimmungen der Verfassung fördert die Kommission im Hinblick auf die Erreichung der Ziele des Artikels III-103 die Zusammenarbeit zwischen den Mitgliedstaaten und erleichtert die Koordinierung ihres Vorgehens in allen unter diesen Abschnitt fallenden Bereichen der Sozialpolitik, insbesondere auf dem Gebiet

a) der Beschäftigung,
b) des Arbeitsrechts und der Arbeitsbedingungen,
c) der beruflichen Ausbildung und Fortbildung,
d) der sozialen Sicherheit,
e) der Verhütung von Berufsunfällen und Berufskrankheiten,
f) des Gesundheitsschutzes bei der Arbeit,
g) des Koalitionsrechts und der Kollektivverhandlungen zwischen Arbeitgebern und Arbeitnehmern.

Zu diesem Zweck wird die Kommission in enger Verbindung mit den Mitgliedstaaten durch Untersuchungen, Stellungnahmen und die Vorbereitung von Beratungen, gleichviel ob es sich um innerstaatliche oder um internationalen Organisationen gestellte Probleme handelt, tätig, und zwar insbesondere im Wege von Initiativen, die darauf abzielen, Leitlinien und Indikatoren festzulegen, den Austausch bewährter Verfahren durchzuführen und die erforderlichen Elemente für eine regelmäßige Überwachung und Bewertung auszuarbeiten. Das Europäische Parlament wird in vollem Umfang unterrichtet.

Vor Abgabe der in diesem Artikel vorgesehenen Stellungnahmen hört die Kommission den Wirtschafts- und Sozialausschuss.

Artikel III-108

(1) Jeder Mitgliedstaat stellt die Anwendung des Grundsatzes des gleichen Entgelts für Männer und Frauen bei gleicher oder gleichwertiger Arbeit sicher.

(2) Unter "Entgelt" im Sinne dieses Artikels sind die üblichen Grund- oder Mindestlöhne und -gehälter sowie alle sonstigen Vergütungen zu verstehen, die der Arbeitgeber aufgrund des Dienstverhältnisses dem Arbeitnehmer unmittelbar oder mittelbar in bar oder in Sachleistungen zahlt.

Gleichheit des Arbeitsentgelts ohne Diskriminierung aufgrund des Geschlechts bedeutet,

a) dass das Entgelt für eine gleiche nach Akkord bezahlte Arbeit aufgrund der gleichen Maßeinheit festgesetzt wird,
b) dass für eine nach Zeit bezahlte Arbeit das Entgelt bei gleichem Arbeitsplatz gleich ist.

(3) Die Maßnahmen, die die Anwendung des Grundsatzes der Chancengleichheit und der Gleichbehandlung von Männern und Frauen in Arbeits- und Beschäftigungsfragen, einschließlich des Grundsatzes des gleichen Entgelts bei gleicher oder gleichwertiger Arbeit, gewährleisten, werden durch Europäische Gesetze oder Rahmengesetze festgelegt. Diese werden nach Anhörung des Wirtschafts- und Sozialausschusses erlassen.

(4) Im Hinblick auf die effektive Gewährleistung der vollen Gleichstellung von Männern und Frauen im Arbeitsleben hindert der Grundsatz der Gleichbehandlung die Mitgliedstaaten nicht daran, zur Erleichterung der Berufstätigkeit des unterrepräsentier-

ten Geschlechts oder zur Verhinderung bzw. zum Ausgleich von Benachteiligungen in der beruflichen Laufbahn spezifische Vergünstigungen beizubehalten oder zu beschließen.

Artikel III-109

Die Mitgliedstaaten sind bestrebt, die bestehende Gleichwertigkeit der Regelungen über die bezahlte Freizeit beizubehalten.

Artikel III-110

Die Kommission erstellt jährlich einen Bericht über den Stand der Verwirklichung der in Artikel III-98 genannten Ziele sowie über die demografische Lage in der Union. Sie übermittelt diesen Bericht dem Europäischen Parlament, dem Ministerrat und dem Wirtschafts- und Sozialausschuss.

Artikel III-111

Der Ministerrat erlässt mit einfacher Mehrheit einen Europäischen Beschluss zur Einsetzung eines Ausschusses für Sozialschutz mit beratender Aufgabe, um die Zusammenarbeit im Bereich des sozialen Schutzes zwischen den Mitgliedstaaten und mit der Kommission zu fördern. Der Ministerrat beschließt nach Anhörung des Europäischen Parlaments.

Der Ausschuss hat folgende Aufgaben:

a) Er verfolgt die soziale Lage und die Entwicklung der Politik im Bereich des sozialen Schutzes in den Mitgliedstaaten und der Union;
b) er fördert den Austausch von Informationen, Erfahrungen und bewährten Verfahren zwischen den Mitgliedstaaten und mit der Kommission;
c) unbeschadet des Artikels III-247 arbeitet er auf Ersuchen des Ministerrates oder der Kommission oder von sich aus in seinem Zuständigkeitsbereich Berichte aus, gibt Stellungnahmen ab oder wird auf andere Weise tätig.

Bei der Erfüllung seines Auftrags stellt der Ausschuss geeignete Kontakte zu den Sozialpartnern her.

Jeder Mitgliedstaat und die Kommission ernennen zwei Mitglieder des Ausschusses.

Artikel III-112

Der Jahresbericht der Kommission an das Europäische Parlament enthält stets ein besonderes Kapitel über die Entwicklung der sozialen Lage in der Union.

Das Europäische Parlament kann die Kommission auffordern, Berichte über besondere, die soziale Lage betreffende Fragen auszuarbeiten.

Unterabschnitt 1 DER EUROPÄISCHE SOZIALFONDS

Artikel III-113

Um die Beschäftigungsmöglichkeiten der Arbeitnehmer im Binnenmarkt zu verbessern und damit zur Anhebung des Lebensstandards beizutragen, wird ein Europäischer Sozialfonds errichtet, dessen Ziel es ist, innerhalb der Union die berufliche Verwendbarkeit und die örtliche und berufliche Mobilität der Arbeitnehmer zu fördern sowie die Anpassung an die industriellen Wandlungsprozesse und an Veränderungen der Produktionssysteme insbesondere durch berufliche Bildung und Umschulung zu erleichtern.

Artikel III-114

Die Kommission verwaltet den Fonds.

Sie wird hierbei von einem Ausschuss unterstützt, der aus Vertretern der Mitgliedstaaten sowie der Arbeitgeber- und der Arbeitnehmerverbände besteht; den Vorsitz führt ein Mitglied der Kommission.

Artikel III-115

Die den Europäischen Sozialfonds betreffenden Durchführungsmaßnahmen werden durch Europäische Gesetze festgelegt. Diese werden nach Anhörung des Ausschusses der Regionen sowie des Wirtschafts- und Sozialausschusses erlassen.

Abschnitt 3 WIRTSCHAFTLICHER, SOZIALER UND TERRITORIALER ZUSAMMENHALT

Artikel III-116

Die Union entwickelt und verfolgt weiterhin ihre Politik zur Stärkung ihres wirtschaftlichen, sozialen und territorialen Zusammenhalts, um eine harmonische Entwicklung der Union als Ganzes zu fördern.

Die Union setzt sich insbesondere zum Ziel, die Unterschiede im Entwicklungsstand der verschiedenen Regionen und den Rückstand der am stärksten benachteiligten Gebiete oder Inseln, einschließlich der ländlichen Gebiete, zu verringern.

Artikel III-117

Die Mitgliedstaaten führen und koordinieren ihre Wirtschaftspolitik in der Weise, dass auch die in Artikel III-116 genannten Ziele erreicht werden. Mit der Festlegung und Durchführung der Politik und der Aktionen der Union sowie mit der Errichtung des Binnenmarkts werden diese Ziele berücksichtigt und wird zu deren Verwirklichung beigetragen. Die Union unterstützt diese Bemühungen auch durch die Politik, die sie mit Hilfe der Strukturfonds (Europäischer Ausrichtungs- und Garantiefonds für die Landwirtschaft - Abteilung Ausrichtung, Europäischer Sozialfonds, Europäischer Fonds für regionale Entwicklung), der Europäischen Investitionsbank und der sonstigen vorhandenen Finanzierungsinstrumente führt.

Die Kommission erstattet dem Europäischen Parlament, dem Ministerrat, dem Ausschuss der Regionen und dem Wirtschafts- und Sozialausschuss alle drei Jahre Bericht über die Fortschritte bei der Verwirklichung des wirtschaftlichen, sozialen und territorialen Zusammenhalts und über die Art und Weise, in der die in diesem Artikel vorgesehenen

Mittel hierzu beigetragen haben. Diesem Bericht werden erforderlichenfalls entsprechende Vorschläge beigefügt.

Unbeschadet der im Rahmen der anderen Politikbereiche der Union erlassenen Maßnahmen können spezifische Maßnahmen außerhalb der Fonds durch Europäische Gesetze oder Rahmengesetze festgelegt werden. Diese werden nach Anhörung des Ausschusses der Regionen sowie des Wirtschafts- und Sozialausschusses erlassen.

Artikel III-118

Aufgabe des Europäischen Fonds für regionale Entwicklung ist es, durch Beteiligung an der Entwicklung und an der strukturellen Anpassung der rückständigen Gebiete und an der Umstellung der Industriegebiete mit rückläufiger Entwicklung zum Ausgleich der wichtigsten regionalen Ungleichgewichte in der Union beizutragen.

Artikel III-119

Unbeschadet des Artikels III-120 werden die Aufgaben, die vorrangigen Ziele und die Organisation der Strukturfonds, einschließlich ihrer etwaigen Neuordnung, und die für die Fonds geltenden allgemeinen Regeln sowie die Bestimmungen, die zur Gewährleistung einer wirksamen Arbeitsweise und zur Koordinierung der Fonds sowohl untereinander als auch mit den anderen vorhandenen Finanzierungsinstrumenten erforderlich sind, durch Europäische Gesetze festgelegt.

Ein durch ein Europäisches Gesetz eingerichteter Kohäsionsfonds trägt zu Vorhaben in den Bereichen Umwelt und transeuropäische Netze auf dem Gebiet der Verkehrsinfrastruktur finanziell bei.

In allen Fällen werden die Europäischen Gesetze nach Anhörung des Ausschusses der Regionen sowie des Wirtschafts- und Sozialausschusses erlassen. Bis zum 1. Januar 2007 beschließt der Ministerrat einstimmig.

Artikel III-120

Die den Europäischen Fonds für regionale Entwicklung betreffenden Durchführungsmaßnahmen werden durch Europäische Gesetze festgelegt. Diese werden nach Anhörung des Ausschusses der Regionen sowie des Wirtschafts- und Sozialausschusses erlassen.

Für den Europäischen Ausrichtungs- und Garantiefonds für die Landwirtschaft, Abteilung Ausrichtung, und den Europäischen Sozialfonds gelten die Artikel III-127 und III-115.

Abschnitt 4 LANDWIRTSCHAFT UND FISCHEREI

Artikel III-121

Die Union legt eine gemeinsame Agrar- und Fischereipolitik fest und führt sie durch.

Unter landwirtschaftlichen Erzeugnissen sind die Erzeugnisse des Bodens, der Viehzucht und der Fischerei sowie die mit diesen in unmittelbarem Zusammenhang stehenden Erzeugnisse der ersten Verarbeitungsstufe zu verstehen. Die Bezugnahmen auf die gemeinsame Agrarpolitik oder auf die Landwirtschaft und die Verwendung des Wortes "landwirtschaftlich" sind in dem Sinne zu verstehen, dass damit unter Berücksichtigung der besonderen Merkmale des Fischereisektors auch die Fischerei gemeint ist.

Artikel III-122

(1) Der Binnenmarkt umfasst auch die Landwirtschaft und den Handel mit landwirtschaftlichen Erzeugnissen.

(2) Die Vorschriften für die Verwirklichung des Binnenmarkts finden auf die landwirtschaftlichen Erzeugnisse Anwendung, soweit in den Artikeln III-123 bis III-128 nicht etwas anderes bestimmt ist.

(3) Für die in Anhang I[1] aufgeführten Erzeugnisse gelten die Artikel III-123 bis III-128.

(4) Mit dem Funktionieren und der Entwicklung des Binnenmarktes für landwirtschaftliche Erzeugnisse muss die Gestaltung einer gemeinsamen Agrarpolitik Hand in Hand gehen.

[1] Dieser Anhang der dem Anhang I des EGV entspricht, ist noch zu erstellen.

Artikel III-123

(1) Ziel der gemeinsamen Agrarpolitik ist es:

a) die Produktivität der Landwirtschaft durch Förderung des technischen Fortschritts, Rationalisierung der landwirtschaftlichen Erzeugung und den bestmöglichen Einsatz der Produktionsfaktoren, insbesondere der Arbeitskräfte, zu steigern;
b) auf diese Weise der landwirtschaftlichen Bevölkerung, insbesondere durch Erhöhung des Pro-Kopf-Einkommens der in der Landwirtschaft tätigen Personen, eine angemessene Lebenshaltung zu gewährleisten;
c) die Märkte zu stabilisieren;
d) die Versorgung sicherzustellen;
e) für die Belieferung der Verbraucher zu angemessenen Preisen Sorge zu tragen.

(2) Bei der Gestaltung der gemeinsamen Agrarpolitik und der hierfür anzuwendenden besonderen Methoden ist Folgendes zu berücksichtigen:

a) die besondere Eigenart der landwirtschaftlichen Tätigkeit, die sich aus dem sozialen Aufbau der Landwirtschaft und den strukturellen und naturbedingten Unterschieden der verschiedenen landwirtschaftlichen Gebiete ergibt;
b) die Notwendigkeit, die geeigneten Anpassungen stufenweise durchzuführen;
c) die Tatsache, dass die Landwirtschaft in den Mitgliedstaaten einen mit der gesamten Volkswirtschaft eng verflochtenen Wirtschaftsbereich darstellt.

Artikel III-124

(1) Um die Ziele des Artikels III-123 zu erreichen, wird eine gemeinsame Organisation der Agrarmärkte geschaffen.

Diese besteht je nach Erzeugnis aus einer der folgenden Organisationsformen:

a) gemeinsame Wettbewerbsregeln;
b) bindende Koordinierung der verschiedenen einzelstaatlichen Marktordnungen;
c) eine europäische Marktordnung.

(2) Die nach Absatz 1 gestaltete gemeinsame Organisation kann alle zur Durchführung des Artikels III-123 erforderlichen Maßnahmen einschließen, insbesondere Preisregelungen, Beihilfen für die Erzeugung und die Verteilung der verschiedenen Erzeugnisse, Einlagerungs- und Ausgleichsmaßnahmen, gemeinsame Einrichtungen zur Stabilisierung der Ein- oder Ausfuhr.

Die gemeinsame Organisation muss sich auf die Verfolgung der Ziele des Artikels III-123 beschränken und jede Diskriminierung zwischen Erzeugern oder Verbrauchern innerhalb der Union ausschließen.

Eine etwaige gemeinsame Preispolitik muss auf gemeinsamen Grundsätzen und einheitlichen Berechnungsmethoden beruhen.

(3) Um der in Absatz 1 genannten gemeinsamen Organisation die Erreichung ihrer Ziele zu ermöglichen, können ein oder mehrere Ausrichtungs- oder Garantiefonds für die Landwirtschaft geschaffen werden.

Artikel III-125

Um die Ziele des Artikels III-123 zu erreichen, können im Rahmen der gemeinsamen Agrarpolitik folgende Maßnahmen vorgesehen werden:

a) eine wirksame Koordinierung der Bestrebungen auf dem Gebiet der Berufsausbildung, der Forschung und der Verbreitung landwirtschaftlicher Fachkenntnisse; hierbei können Vorhaben oder Einrichtungen gemeinsam finanziert werden;
b) gemeinsame Maßnahmen zur Förderung des Verbrauchs bestimmter Erzeugnisse.

Artikel III-126

(1) Der Abschnitt über die Wettbewerbsregeln findet auf die Produktion landwirtschaftlicher Erzeugnisse und den Handel mit diesen nur insoweit Anwendung, als Europäische Gesetze oder Rahmengesetze dies gemäß Artikel III-127 Absatz 2 unter Berücksichtigung der Ziele des Artikels III-123 bestimmen.

(2) Der Ministerrat kann auf Vorschlag der Kommission eine Europäische Verordnung oder einen Europäischen Beschluss erlassen, mit denen genehmigt wird, dass Beihilfen gewährt werden

a) zum Schutz von Betrieben, die durch strukturelle oder naturgegebene Bedingungen benachteiligt sind, oder
b) im Rahmen wirtschaftlicher Entwicklungsprogramme.

Artikel III-127

(1) Die Kommission legt zur Gestaltung und Durchführung der gemeinsamen Agrarpolitik Vorschläge vor, welche unter anderem die Ablösung der einzelstaatlichen Marktordnungen durch eine der in Artikel III-124 Absatz 1 vorgesehenen gemeinsamen Organisationsformen sowie die Durchführung der in diesem Abschnitt bezeichneten Maßnahmen vorsehen.

Diese Vorschläge tragen dem inneren Zusammenhang der in diesem Abschnitt aufgeführten landwirtschaftlichen Fragen Rechnung.

(2) Durch Europäische Gesetze oder Rahmengesetze werden die gemeinsame Organisation der Agrarmärkte nach Artikel III-124 Absatz 1 sowie die anderen Bestimmungen festgelegt, die für die Verwirklichung der Ziele der gemeinsamen Agrar- und Fischereipolitik notwendig sind. Diese Europäischen Gesetze oder Rahmengesetze werden nach Anhörung des Wirtschafts- und Sozialausschusses erlassen.

(3) Der Ministerrat erlässt auf Vorschlag der Kommission die Europäischen Verordnungen oder Beschlüsse zur Festsetzung der Preise, der Abschöpfungen, der Beihilfen und der mengenmäßigen Beschränkungen sowie zur Festsetzung und Aufteilung der Fangmöglichkeiten in der Fischerei.

(4) Die einzelstaatlichen Marktordnungen können nach Maßgabe des Absatzes 2 durch die in Artikel III-124 Absatz 1 vorgesehene gemeinsame Organisation ersetzt werden,

a) wenn diese den Mitgliedstaaten, die sich gegen diese Maßnahme ausgesprochen haben und eine eigene Marktordnung für die in Betracht kommende Erzeugung besitzen, gleichwertige Sicherheiten für die

Beschäftigung und den Lebensstandard der betreffenden Erzeuger bietet; hierbei sind die im Zeitablauf möglichen Anpassungen und erforderlichen Spezialisierungen zu berücksichtigen, und

b) wenn die gemeinsame Organisation für den Handelsverkehr innerhalb der Union Bedingungen sicherstellt, die denen eines Binnenmarkts entsprechen.

(5) Wird eine gemeinsame Organisation für bestimmte Rohstoffe geschaffen, bevor eine gemeinsame Organisation für die entsprechenden weiterverarbeiteten Erzeugnisse besteht, so können die betreffenden Rohstoffe aus Ländern außerhalb der Union eingeführt werden, wenn sie für weiterverarbeitete Erzeugnisse verwendet werden, die zur Ausfuhr nach dritten Ländern bestimmt sind.

Artikel III-128

Besteht in einem Mitgliedstaat für ein Erzeugnis eine innerstaatliche Marktordnung oder Regelung gleicher Wirkung und wird dadurch eine gleichartige Erzeugung in einem anderen Mitgliedstaat in ihrer Wettbewerbslage beeinträchtigt, so erheben die Mitgliedstaaten bei der Einfuhr des betreffenden Erzeugnisses aus dem Mitgliedstaat, in dem die genannte Marktordnung oder Regelung besteht, eine Ausgleichsabgabe, es sei denn, dass dieser Mitgliedstaat eine Ausgleichsabgabe bei der Ausfuhr erhebt.

Die Kommission erlässt Europäische Verordnungen oder Beschlüsse, durch die diese Abgaben in der zur Wiederherstellung des Gleichgewichts erforderlichen Höhe festgesetzt werden; sie kann auch andere Maßnahmen genehmigen, deren Bedingungen und Einzelheiten sie festlegt.

Abschnitt 5 UMWELT

Artikel III-129

(1) Die Umweltpolitik der Union trägt zur Verfolgung der nachstehenden Ziele bei:

a) Erhaltung und Schutz der Umwelt sowie Verbesserung ihrer Qualität;
b) Schutz der menschlichen Gesundheit;

c) umsichtige und rationelle Verwendung der natürlichen Ressourcen;
d) Förderung von Maßnahmen auf internationaler Ebene zur Bewältigung regionaler oder globaler Umweltprobleme.

(2) Die Umweltpolitik der Union zielt unter Berücksichtigung der unterschiedlichen Gegebenheiten in den einzelnen Regionen der Union auf ein hohes Schutzniveau ab. Sie beruht auf den Grundsätzen der Vorsorge und Vorbeugung, auf dem Grundsatz, Umweltbeeinträchtigungen mit Vorrang an ihrem Ursprung zu bekämpfen, sowie auf dem Verursacherprinzip.

Im Hinblick hierauf umfassen die den Erfordernissen des Umweltschutzes entsprechenden Harmonisierungsmaßnahmen gegebenenfalls eine Schutzklausel, mit der die Mitgliedstaaten ermächtigt werden, aus nicht wirtschaftlich bedingten umweltpolitischen Gründen vorläufige Bestimmungen zu erlassen, die einem Kontrollverfahren der Union unterliegen.

(3) Bei der Erarbeitung ihrer Umweltpolitik berücksichtigt die Union

a) die verfügbaren wissenschaftlichen und technischen Daten;
b) die Umweltbedingungen in den einzelnen Regionen der Union;
c) die Vorteile und die Belastung aufgrund des Tätigwerdens bzw. eines Nichttätigwerdens;
d) die wirtschaftliche und soziale Entwicklung der Union insgesamt sowie die ausgewogene Entwicklung ihrer Regionen.

(4) Die Union und die Mitgliedstaaten arbeiten im Rahmen ihrer jeweiligen Befugnisse mit dritten Ländern und den zuständigen internationalen Organisationen zusammen. Die Einzelheiten der Zusammenarbeit der Union können Gegenstand von Abkommen zwischen dieser und den betreffenden dritten Parteien sein, die nach Artikel III-272 ausgehandelt und geschlossen werden.

Unterabsatz 1 berührt nicht die Zuständigkeit der Mitgliedstaaten, in internationalen Gremien zu verhandeln und internationale Abkommen zu schließen.

Artikel III-130

(1) Die Maßnahmen zur Erreichung der in Artikel III-129 genannten Ziele werden durch Europäische Gesetze oder Rahmengesetze festgelegt. Diese werden nach

Anhörung des Ausschusses der Regionen und des Wirtschafts- und Sozialausschusses erlassen.

(2) Abweichend von Absatz 1 und unbeschadet des Artikels III-65 erlässt der Ministerrat einstimmig Europäische Gesetze oder Rahmengesetze, die Folgendes betreffen:

a) Maßnahmen überwiegend steuerlicher Art;
b) Maßnahmen, die

   i) die Raumordnung berühren;
   ii) die mengenmäßige Bewirtschaftung der Wasserressourcen berühren oder die Verfügbarkeit dieser Ressourcen mittelbar oder unmittelbar betreffen;
   iii) die Bodennutzung mit Ausnahme der Abfallbewirtschaftung berühren;

c) Maßnahmen, welche die Wahl eines Mitgliedstaats zwischen verschiedenen Energiequellen und die allgemeine Struktur seiner Energieversorgung erheblich berühren.

Der Ministerrat kann einstimmig einen Europäischen Beschluss erlassen, in dem festgelegt wird, dass für die in Unterabsatz 1 genannten Fragen das ordentliche Gesetzgebungsverfahren gilt.

In allen Fällen beschließt der Ministerrat nach Anhörung des Europäischen Parlaments, des Ausschusses der Regionen und des Wirtschafts- und Sozialausschusses.

(3) Allgemeine Aktionsprogramme, in denen die vorrangigen Ziele festgelegt werden, werden durch Europäische Gesetze festgelegt. Diese werden nach Anhörung des Ausschusses der Regionen sowie des Wirtschafts- und Sozialausschusses erlassen.

Die zur Durchführung dieser Programme erforderlichen Maßnahmen werden, je nach Fall, nach dem in Absatz 1 bzw. Absatz 2 vorgesehenen Verfahren erlassen.

(4) Unbeschadet bestimmter Maßnahmen der Union tragen die Mitgliedstaaten für die Finanzierung und Durchführung der Umweltpolitik Sorge.

(5) Sofern eine Maßnahme nach Absatz 1 mit unverhältnismäßig hohen Kosten für die Behörden eines Mitgliedstaats verbunden ist, wird darin unbeschadet des Verursacherprinzips in geeigneter Form Folgendes vorgesehen:

a) vorübergehende Ausnahmeregelungen und/oder
b) eine finanzielle Unterstützung aus dem Kohäsionsfonds.

Artikel III-131

Die Schutzbestimmungen, die aufgrund des Artikels III-130 erlassen werden, hindern die einzelnen Mitgliedstaaten nicht daran, verstärkte Schutzbestimmungen beizubehalten oder zu erlassen. Die betreffenden Bestimmungen müssen mit der Verfassung vereinbar sein. Sie werden der Kommission notifiziert.

Abschnitt 6 VERBRAUCHERSCHUTZ

Artikel III-132

(1) Zur Förderung der Interessen der Verbraucher und zur Gewährleistung eines hohen Verbraucherschutzniveaus leistet die Union einen Beitrag zum Schutz der Gesundheit, der Sicherheit und der wirtschaftlichen Interessen der Verbraucher sowie zur Förderung ihres Rechtes auf Information, Erziehung und Bildung von Vereinigungen zur Wahrung ihrer Interessen.

(2) Die Union leistet einen Beitrag zur Erreichung der in Absatz 1 genannten Ziele durch

a) Maßnahmen, die im Rahmen der Verwirklichung des Binnenmarkts nach Artikel III-65 erlassen werden;
b) Maßnahmen zur Unterstützung, Ergänzung und Überwachung der Politik der Mitgliedstaaten.

(3) Die Maßnahmen nach Absatz 2 Buchstabe b werden durch Europäische Gesetze oder Rahmengesetze festgelegt. Diese werden nach Anhörung des Wirtschafts- und Sozialausschusses erlassen.

(4) Die nach Absatz 3 erlassenen Rechtsakte hindern die einzelnen Mitgliedstaaten nicht daran, strengere Schutzbestimmungen beizubehalten oder zu erlassen. Diese Bestimmungen müssen mit der Verfassung vereinbar sein. Sie werden der Kommission notifiziert.

Abschnitt 7 VERKEHR

Artikel III-133

Auf dem in diesem Abschnitt geregelten Sachgebiet werden die Ziele der Verfassung im Rahmen einer gemeinsamen Verkehrspolitik verfolgt.

Artikel III-134

Artikel III-133 wird unter Berücksichtigung der Besonderheiten des Verkehrs im Wege von Europäischen Gesetzen oder Rahmengesetzen durchgeführt. Diese werden nach Anhörung des Ausschusses der Regionen und des Wirtschafts- und Sozialausschusses erlassen.

Die Europäischen Gesetze oder Rahmengesetze umfassen Folgendes:

a) gemeinsame Regeln für den internationalen Verkehr aus oder nach dem Hoheitsgebiet eines Mitgliedstaats oder für den Durchgangsverkehr durch das Hoheitsgebiet eines oder mehrerer Mitgliedstaaten;
b) Bedingungen für die Zulassung von Verkehrsunternehmern zum Verkehr innerhalb eines Mitgliedstaats, in dem sie nicht ansässig sind;
c) Maßnahmen zur Verbesserung der Verkehrssicherheit;
d) alle sonstigen zweckdienlichen Maßnahmen.

Artikel III-135

Bis zum Erlass der in Artikel III-134 Absatz 1 genannten Europäischen Gesetze oder Rahmengesetze darf ein Mitgliedstaat die verschiedenen, am 1. Januar 1958 oder, im Falle später beigetretener Staaten, zum Zeitpunkt ihres Beitritts auf diesem Gebiet geltenden Vorschriften in ihren unmittelbaren oder mittelbaren Auswirkungen auf die Verkehrsunternehmer anderer Mitgliedstaaten im Vergleich zu den inländischen Verkehrsunternehmern nicht ungünstiger gestalten, es sei denn, dass der Ministerrat einstimmig einen Europäischen Beschluss erlässt, der eine Ausnahmeregelung vorsieht.

Artikel III-136

Mit der Verfassung vereinbar sind Beihilfen, die den Erfordernissen der Koordinierung des Verkehrs oder der Abgeltung bestimmter, mit dem Begriff des öffentlichen Dienstes zusammenhängender Leistungen entsprechen.

Artikel III-137

Jede Maßnahme auf dem Gebiet der Beförderungsentgelte und -bedingungen, die im Rahmen der Verfassung erlassen wird, hat der wirtschaftlichen Lage der Verkehrsunternehmer Rechnung zu tragen.

Artikel III-138

(1) Im Verkehr innerhalb der Union sind die Diskriminierungen verboten, die darin bestehen, dass ein Verkehrsunternehmer in denselben Verkehrsverbindungen für die gleichen Güter je nach ihrem Herkunfts- oder Bestimmungsmitgliedstaat unterschiedliche Frachten und Beförderungsbedingungen anwendet.

(2) Absatz 1 schließt nicht aus, dass sonstige Europäische Gesetze oder Rahmengesetze gemäß Artikel III-134 Absatz 1 erlassen werden können.

(3) Der Ministerrat erlässt auf Vorschlag der Kommission Europäische Verordnungen oder Beschlüsse zur Durchführung des Absatzes 1. Er beschließt nach Anhörung des Europäischen Parlaments und des Wirtschafts- und Sozialausschusses.

Er kann insbesondere die erforderlichen Europäischen Verordnungen oder Beschlüsse erlassen, um es den Organen zu ermöglichen, für die Beachtung des Absatzes 1 Sorge zu tragen, und um den Verkehrsnutzern die Vorteile dieser Bestimmung voll zugute kommen zu lassen.

(4) Die Kommission prüft von sich aus oder auf Antrag eines Mitgliedstaats die Diskriminierungsfälle nach Absatz 1 und erlässt nach Beratung mit jedem in Betracht kommenden Mitgliedstaat die erforderlichen Europäischen Beschlüsse im Rahmen der in Absatz 3 genannten Europäischen Verordnungen oder Beschlüsse.

Artikel III-139

(1) Im Verkehr innerhalb der Union sind die von einem Mitgliedstaat auferlegten Frachten und Beförderungsbedingungen verboten, die in irgendeiner Weise der Unterstützung oder dem Schutz eines oder mehrerer bestimmter Unternehmen oder Industrien dienen, es sei denn, dass die Kommission mit einem Europäischen Beschluss die Genehmigung hierzu erteilt.

(2) Die Kommission prüft von sich aus oder auf Antrag eines Mitgliedstaats die in Absatz 1 bezeichneten Frachten und Beförderungsbedingungen; hierbei berücksichtigt sie insbesondere sowohl die Erfordernisse einer angemessenen Standortpolitik, die Bedürfnisse der unterentwickelten Gebiete und die Probleme der durch politische Umstände schwer betroffenen Gebiete als auch die Auswirkungen dieser Frachten und Beförderungsbedingungen auf den Wettbewerb zwischen den Verkehrsarten.

Die Kommission erlässt die erforderlichen Europäischen Beschlüsse nach Anhörung jedes in Betracht kommenden Mitgliedstaats.

(3) Das in Absatz 1 genannte Verbot gilt nicht für die Wettbewerbstarife.

Artikel III-140

Die Abgaben oder Gebühren, die ein Verkehrsunternehmer neben den Frachten beim Grenzübergang in Rechnung stellt, dürfen unter Berücksichtigung der hierdurch tatsächlich verursachten Kosten eine angemessene Höhe nicht übersteigen.

Die Mitgliedstaaten werden bemüht sein, diese Kosten zu verringern.

Die Kommission kann zur Durchführung dieses Artikels Empfehlungen an die Mitgliedstaaten richten.

Artikel III-141

Die Bestimmungen dieses Abschnitts stehen Maßnahmen in der Bundesrepublik Deutschland nicht entgegen, soweit sie erforderlich sind, um die wirtschaftlichen Nachteile auszugleichen, die der Wirtschaft bestimmter, von der Teilung Deutschlands betroffener Gebiete der Bundesrepublik aus dieser Teilung entstehen.

Artikel III-142

Bei der Kommission wird ein beratender Ausschuss gebildet; er besteht aus Sachverständigen, die von den Regierungen der Mitgliedstaaten ernannt werden. Die Kommission hört den Ausschuss je nach Bedarf in Verkehrsfragen an.

Artikel III-143

(1) Dieser Abschnitt gilt für die Beförderungen im Eisenbahn-, Straßen- und Binnenschiffsverkehr.

(2) Durch Europäische Gesetze oder Rahmengesetze können geeignete Maßnahmen für die Seeschifffahrt und Luftfahrt festgelegt werden. Diese werden nach Anhörung des Ausschusses der Regionen und des Wirtschafts- und Sozialausschusses erlassen.

Abschnitt 8 TRANSEUROPÄISCHE NETZE

Artikel III-144

(1) Um einen Beitrag zur Verwirklichung der Ziele der Artikel III-14 und III-116 zu leisten und den Bürgern der Union, den Wirtschaftsbeteiligten sowie den regionalen und lokalen Gebietskörperschaften in vollem Umfang die Vorteile zugute kommen zu lassen, die sich aus der Schaffung eines Raumes ohne Binnengrenzen ergeben, trägt die Union zum Auf- und Ausbau transeuropäischer Netze in den Bereichen der Verkehrs-, Telekommunikations- und Energieinfrastruktur bei.

(2) Die Tätigkeit der Union zielt im Rahmen eines Systems offener und wettbewerbsorientierter Märkte auf die Förderung des Verbunds und der Interoperabilität der einzelstaatlichen Netze sowie des Zugangs zu diesen Netzen ab. Sie trägt insbesondere der Notwendigkeit Rechnung, insulare, eingeschlossene und am Rande gelegene Gebiete mit den zentralen Gebieten der Union zu verbinden.

Artikel III-145

(1) Zur Erreichung der Ziele des Artikels III-144 geht die Union wie folgt vor:

a) Sie stellt eine Reihe von Leitlinien auf, in denen die Ziele, die Prioritäten und die Grundzüge der im Bereich der transeuropäischen Netze in Betracht gezogenen Aktionen erfasst werden; in diesen Leitlinien werden Vorhaben von gemeinsamem Interesse ausgewiesen;
b) sie führt jede Aktion durch, die sich gegebenenfalls als notwendig erweist, um die Interoperabilität der Netze zu gewährleisten, insbesondere im Bereich der Harmonisierung der technischen Normen;
c) sie kann von den Mitgliedstaaten unterstützte Vorhaben von gemeinsamem Interesse, die im Rahmen der Leitlinien gemäß Buchstabe a ausgewiesen sind, insbesondere in Form von Durchführbarkeitsstudien, Anleihebürgschaften oder Zinszuschüssen unterstützen; die Union kann auch über den Kohäsionsfonds zu spezifischen Verkehrsinfrastrukturvorhaben in den Mitgliedstaaten finanziell beitragen.

Die Union berücksichtigt bei ihren Maßnahmen die potenzielle wirtschaftliche Lebensfähigkeit der Vorhaben.

(2) Die Leitlinien und die übrigen Maßnahmen nach Absatz 1 werden durch Europäische Gesetze oder Rahmengesetze festgelegt. Diese werden nach Anhörung des Ausschusses der Regionen sowie des Wirtschafts- und Sozialausschusses erlassen.

Leitlinien und Vorhaben von gemeinsamem Interesse, die das Hoheitsgebiet eines Mitgliedstaats betreffen, bedürfen der Zustimmung des betroffenen Mitgliedstaats.

(3) Die Mitgliedstaaten koordinieren untereinander in Verbindung mit der Kommission die einzelstaatliche Politik in den Bereichen, in denen sie sich erheblich auf die Verwirklichung der Ziele des Artikels III-144 auswirken kann. Die Kommission kann in enger Zusammenarbeit mit den Mitgliedstaaten alle Initiativen ergreifen, die dieser Koordinierung förderlich sind.

(4) Die Union kann zur Förderung von Vorhaben von gemeinsamem Interesse sowie zur Sicherstellung der Interoperabilität der Netze mit dritten Ländern zusammenarbeiten.

Abschnitt 9 FORSCHUNG UND TECHNOLOGISCHE ENTWICKLUNG UND RAUMFAHRT

Artikel III-146

(1) Die Union ist bestrebt, die wissenschaftlichen und technologischen Grundlagen der Industrie der Union zu stärken und die Entwicklung ihrer internationalen Wettbewerbsfähigkeit zu fördern sowie alle Forschungsmaßnahmen zu unterstützen, die aufgrund anderer Kapitel der Verfassung für erforderlich gehalten werden.

(2) In diesem Sinne unterstützt sie in der gesamten Union die Unternehmen - einschließlich der kleinen und mittleren Unternehmen -, die Forschungszentren und die Hochschulen bei ihren Bemühungen auf dem Gebiet der Forschung und technologischen Entwicklung von hoher Qualität; sie fördert ihre Zusammenarbeitsbestrebungen, damit vor allem die Forscher ungehindert über die Grenzen hinweg zusammenarbeiten und die Unternehmen die Möglichkeiten des Binnenmarkts nutzen können, und zwar insbesondere durch Öffnen des einzelstaatlichen öffentlichen Auftragswesens, Festlegung gemeinsamer Normen und Beseitigung der dieser Zusammenarbeit entgegenstehenden rechtlichen und steuerlichen Hindernisse.

(3) Alle Maßnahmen der Union aufgrund der Verfassung auf dem Gebiet der Forschung und der technologischen Entwicklung, einschließlich der Demonstrationsvorhaben, werden nach Maßgabe dieses Abschnitts beschlossen und durchgeführt.

Artikel III-147

Zur Erreichung dieser Ziele trifft die Union folgende Maßnahmen, welche die in den Mitgliedstaaten durchgeführten Aktionen ergänzen:

a) Durchführung von Programmen für Forschung, technologische Entwicklung und Demonstration unter Förderung der Zusammenarbeit mit und zwischen Unternehmen, Forschungszentren und Hochschulen;
b) Förderung der Zusammenarbeit der Union mit dritten Ländern und internationalen Organisationen auf dem Gebiet der Forschung, technologischen Entwicklung und Demonstration;

c) Verbreitung und Auswertung der Ergebnisse der Tätigkeiten der Union auf dem Gebiet der Forschung, technologischen Entwicklung und Demonstration;
d) Förderung der Ausbildung und der Mobilität der Forscher aus der Union.

Artikel III-148

(1) Die Union und die Mitgliedstaaten koordinieren ihre Tätigkeiten auf dem Gebiet der Forschung und der technologischen Entwicklung, um die Kohärenz der einzelstaatlichen Politik und der Politik der Union sicherzustellen.

(2) Die Kommission kann in enger Zusammenarbeit mit den Mitgliedstaaten alle Initiativen ergreifen, die der Koordinierung nach Absatz 1 förderlich sind, insbesondere Initiativen, die darauf abzielen, Leitlinien und Indikatoren festzulegen, den Austausch bewährter Verfahren durchzuführen und die erforderlichen Elemente für eine regelmäßige Überwachung und Bewertung auszuarbeiten. Das Europäische Parlament wird in vollem Umfang unterrichtet.

Artikel III-149

(1) Das mehrjährige Rahmenprogramm, in dem alle Aktionen der Union zusammengefasst werden, wird durch Europäische Gesetze festgelegt. Diese werden nach Anhörung des Wirtschafts- und Sozialausschusses erlassen.

In dem Rahmenprogramm werden

a) die wissenschaftlichen und technologischen Ziele, die mit den Maßnahmen nach Artikel III-147 erreicht werden sollen, sowie die jeweiligen Prioritäten festgelegt;
b) die Grundzüge dieser Maßnahmen angegeben;
c) der Gesamthöchstbetrag und die Einzelheiten der finanziellen Beteiligung der Union am Rahmenprogramm sowie die jeweiligen Anteile der vorgesehenen Maßnahmen festgelegt.

(2) Das Rahmenprogramm wird je nach Entwicklung der Lage angepasst oder ergänzt.

(3) Die Durchführung des Rahmenprogramms erfolgt durch spezifische Programme, die innerhalb einer jeden Aktion entwickelt werden. In jedem spezifischen Programm werden die Einzelheiten seiner Durchführung, seine Laufzeit und die für notwendig erachteten Mittel festgelegt. Die Summe der in den spezifischen Programmen für notwendig erachteten Beträge darf den für das Rahmenprogramm und für jede Aktion festgesetzten Gesamthöchstbetrag nicht überschreiten.

(4) Der Ministerrat erlässt auf Vorschlag der Kommission die Europäischen Verordnungen oder Beschlüsse, mit denen die spezifischen Programme festgelegt werden. Er beschließt nach Anhörung des Europäischen Parlaments sowie des Wirtschafts- und Sozialausschusses.

Artikel III-150

Zur Durchführung des mehrjährigen Rahmenprogramms wird durch Europäische Gesetze oder Rahmengesetze Folgendes festgelegt:

a) die Regeln für die Beteiligung der Unternehmen, der Forschungszentren und der Hochschulen;
b) die Regeln für die Verbreitung der Forschungsergebnisse.

Diese Europäischen Gesetze oder Rahmengesetze werden nach Anhörung des Wirtschafts- und Sozialausschusses erlassen.

Artikel III-151

Bei der Durchführung des mehrjährigen Rahmenprogramms können in Europäischen Gesetzen Zusatzprogramme vorgesehen werden, an denen nur bestimmte Mitgliedstaaten teilnehmen, die sie vorbehaltlich einer etwaigen Beteiligung der Union auch finanzieren.

In diesen Gesetzen werden die Regeln für die Zusatzprogramme, insbesondere hinsichtlich der Verbreitung der Kenntnisse und des Zugangs anderer Mitgliedstaaten, festgelegt. Die Gesetze werden nach Anhörung des Wirtschafts- und Sozialausschusses und mit Zustimmung der betreffenden Mitgliedstaaten erlassen.

Artikel III-152

In Europäischen Gesetzen kann im Einvernehmen mit den betreffenden Mitgliedstaaten bei der Durchführung des mehrjährigen Rahmenprogramms eine Beteiligung an Forschungs- und Entwicklungsprogrammen mehrerer Mitgliedstaaten, einschließlich der Beteiligung an den zu ihrer Durchführung geschaffenen Strukturen, vorgesehen werden.

Diese Gesetze werden nach Anhörung des Wirtschafts- und Sozialausschusses erlassen.

Artikel III-153

Die Union kann bei der Durchführung des mehrjährigen Rahmenprogramms eine Zusammenarbeit auf dem Gebiet der Forschung, technologischen Entwicklung und Demonstration der Union mit dritten Ländern oder internationalen Organisationen vorsehen.

Die Einzelheiten dieser Zusammenarbeit können Gegenstand von Abkommen zwischen der Union und den betreffenden dritten Parteien sein, die nach Artikel III-227 ausgehandelt und geschlossen werden.

Artikel III-154

Der Ministerrat kann auf Vorschlag der Kommission Europäische Verordnungen oder Beschlüsse erlassen, durch die gemeinsame Unternehmen gegründet oder andere Strukturen geschaffen werden, die für die ordnungsgemäße Durchführung der Programme für Forschung, technologische Entwicklung und Demonstration der Union erforderlich sind. Er beschließt nach Anhörung des Europäischen Parlaments und des Wirtschafts- und Sozialausschusses.

Artikel III-155

(1) Zur Förderung des wissenschaftlichen und technischen Fortschritts, der Wettbewerbsfähigkeit der Industrie und der Durchführung ihrer Politik arbeitet die Union eine europäische Raumfahrtpolitik aus. Sie kann zu diesem Zweck gemeinsame Initiativen fördern, die Forschung und technologische Entwicklung unterstützen und die Anstrengungen zur Erforschung und Nutzung des Weltraums koordinieren.

(2) Als Beitrag zur Erreichung der Ziele nach Absatz 1 können durch Europäische Gesetze oder Rahmengesetze die notwendigen Maßnahmen festgelegt werden, was in Form eines europäischen Raumfahrtprogramms geschehen kann.

Artikel III-156

Zu Beginn jedes Jahres unterbreitet die Kommission dem Europäischen Parlament und dem Ministerrat einen Bericht. Dieser Bericht erstreckt sich insbesondere auf die Tätigkeiten auf dem Gebiet der Forschung und technologischen Entwicklung und der Verbreitung der Ergebnisse dieser Tätigkeiten während des Vorjahrs sowie auf das Arbeitsprogramm des laufenden Jahres.

Abschnitt 10 ENERGIE

Artikel III-157

(1) Die Energiepolitik der Union hat im Rahmen der Verwirklichung des Binnenmarkts und unter Berücksichtigung der Erfordernisse der Erhaltung und der Verbesserung der Umwelt folgende Ziele:

a) Sicherstellung des Funktionierens des Energiemarkts,
b) Gewährleistung der Energieversorgungssicherheit in der Union und
c) Förderung der Energieeffizienz und von Energieeinsparungen sowie Entwicklung neuer und erneuerbarer Energiequellen.

(2) Die für die Erreichung der in Absatz 1 genannten Ziele erforderlichen Maßnahmen werden durch Europäische Gesetze oder Rahmengesetze festgelegt. Diese werden nach Anhörung des Ausschusses der Regionen sowie des Wirtschafts- und Sozialausschusses erlassen.

Diese Gesetze oder Rahmengesetze berühren unbeschadet des Artikels III-130 Absatz 2 Buchstabe c nicht die Wahl eines Mitgliedstaats zwischen verschiedenen Energiequellen und die allgemeine Struktur seiner Energieversorgung.

Kapitel IV

RAUM DER FREIHEIT, DER SICHERHEIT UND DES RECHTS

Abschnitt 1

ALLGEMEINE BESTIMMUNGEN

Artikel III-158

(1) Die Union bildet einen Raum der Freiheit, der Sicherheit und des Rechts, in dem die Grundrechte geachtet und die verschiedenen Rechtstraditionen und -ordnungen der Mitgliedstaaten berücksichtigt werden.

(2) Sie stellt sicher, dass Personen an den Binnengrenzen nicht kontrolliert werden, und entwickelt eine gemeinsame Politik in den Bereichen Asyl, Einwanderung und Kontrollen an den Außengrenzen, die sich auf die Solidarität der Mitgliedstaaten gründet und gegenüber Drittstaatsangehörigen gerecht ist. Für die Zwecke dieses Kapitels werden Staatenlose den Drittstaatsangehörigen gleichgestellt.

(3) Die Union wirkt darauf hin, durch Maßnahmen zur Prävention und Bekämpfung von Kriminalität sowie von Rassismus und Fremdenfeindlichkeit, zur Koordinierung und Zusammenarbeit von Polizeibehörden und Organen der Strafrechtspflege und den anderen zuständigen Behörden sowie durch die gegenseitige Anerkennung strafrechtlicher Entscheidungen und erforderlichenfalls durch die Angleichung der strafrechtlichen Bestimmungen ein hohes Sicherheitsniveau zu gewährleisten.

(4) Die Union erleichtert den Zugang zum Recht, insbesondere durch den Grundsatz der gegenseitigen Anerkennung gerichtlicher und außergerichtlicher Entscheidungen in Zivilsachen.

Artikel III-159

Der Europäische Rat legt die strategischen Leitlinien für die legislative und operative Programmplanung im Raum der Freiheit, der Sicherheit und des Rechts fest.

Artikel III-160

Die nationalen Parlamente der Mitgliedstaaten tragen bei Gesetzgebungsvorschlägen und -initiativen, die im Rahmen der Abschnitte 4 und 5 dieses Kapitels vorgelegt werden, Sorge für die Achtung des Subsidiaritätsprinzips gemäß den im Protokoll über die Anwendung der Grundsätze der Subsidiarität und der Verhältnismäßigkeit vorgesehenen besonderen Modalitäten.

Die nationalen Parlamente der Mitgliedstaaten können sich an den Bewertungsmechanismen nach Artikel III-161 sowie an der politischen Kontrolle von Europol und der Bewertung der Tätigkeit von Eurojust gemäß den Artikeln III-177 und III-174 beteiligen.

Artikel III-161

Unbeschadet der Artikel III-265 bis III-267 kann der Ministerrat auf Vorschlag der Kommission Europäische Verordnungen oder Beschlüsse erlassen, mit denen Modalitäten festgelegt werden, nach denen die Mitgliedstaaten in Zusammenarbeit mit der Kommission eine objektive und unparteiische Bewertung der Durchführung der unter dieses Kapitel fallenden Unionspolitik durch die Behörden der Mitgliedstaaten vornehmen, insbesondere um die umfassende Anwendung des Grundsatzes der gegenseitigen Anerkennung zu fördern. Das Europäische Parlament und die nationalen Parlamente der Mitgliedstaaten werden vom Inhalt und den Ergebnissen dieser Bewertung unterrichtet.

Artikel III-162

Im Ministerrat wird ein ständiger Ausschuss eingesetzt, um sicherzustellen, dass innerhalb der Union die operative Zusammenarbeit im Bereich der inneren Sicherheit gefördert und verstärkt wird. Er fördert unbeschadet des Artikels III-247 die Koordinierung der Maßnahmen der zuständigen Behörden der Mitgliedstaaten. Die Vertreter der betroffenen Einrichtungen, Ämter und Agenturen der Union können an den Beratungen des Ausschusses beteiligt werden. Das Europäische Parlament und die nationalen Parlamente der Mitgliedstaaten werden über die Beratungen auf dem Laufenden gehalten.

Artikel III-163

Dieses Kapitel berührt nicht die Wahrnehmung der Zuständigkeiten der Mitgliedstaaten für die Aufrechterhaltung der öffentlichen Ordnung und den Schutz der inneren Sicherheit.

Artikel III-164

Der Ministerrat erlässt Europäische Verordnungen, um die Verwaltungszusammenarbeit zwischen den zuständigen Stellen der Mitgliedstaaten in den Bereichen dieses Kapitels sowie die Zusammenarbeit zwischen diesen Stellen und der Kommission zu gewährleisten. Dabei beschließt er auf Vorschlag der Kommission unbeschadet von Artikel III-165 und nach Anhörung des Europäischen Parlaments.

Artikel III-165

Die in den Abschnitten 4 und 5 dieses Kapitels genannten Rechtsakte werden

a) auf Vorschlag der Kommission oder
b) auf Initiative eines Viertels der Mitgliedstaaten

erlassen.

Abschnitt 2 POLITIK BETREFFEND GRENZKONTROLLEN, ASYL UND EINWANDERUNG

Artikel III-166

(1) Die Union entwickelt eine Politik, mit der

a) sichergestellt werden soll, dass Personen unabhängig von ihrer Staatsangehörigkeit beim Überschreiten der Binnengrenzen nicht kontrolliert werden;
b) die Personenkontrolle und die wirksame Überwachung des Grenzübertritts an den Außengrenzen sichergestellt werden soll;

c) schrittweise ein integriertes Grenzschutzsystem an den Außengrenzen eingeführt werden soll.

(2) Zu diesem Zweck werden durch Europäische Gesetze oder Rahmengesetze Maßnahmen festgelegt, die folgende Bereiche betreffen:

a) die gemeinsame Politik in Bezug auf Visa und andere kurzfristige Aufenthaltstitel;
b) die Kontrollen, denen Personen beim Überschreiten der Außengrenzen unterzogen werden;
c) die Voraussetzungen, unter denen sich Drittstaatsangehörige innerhalb der Union während eines kurzen Zeitraums frei bewegen können;
d) alle Maßnahmen, die für die schrittweise Einführung eines integrierten Grenzschutzsystems an den Außengrenzen erforderlich sind;
e) die Abschaffung der Kontrolle von Personen gleich welcher Staatsangehörigkeit beim Überschreiten der Binnengrenzen.

(3) Dieser Artikel berührt nicht die Zuständigkeit der Mitgliedstaaten für die geografische Festlegung ihrer Grenzen nach dem Völkerrecht.

Artikel III-167

(1) Die Union entwickelt eine gemeinsame Politik im Bereich Asyl und vorübergehender Schutz, mit der jedem Drittstaatsangehörigen, der internationalen Schutz benötigt, ein angemessener Status angeboten und die Einhaltung des Grundsatzes der Nicht-Zurückweisung gewährleistet werden soll. Diese Politik muss mit dem Genfer Abkommen vom 28. Juli 1951, dem Protokoll vom 31. Januar 1967 über die Rechtsstellung der Flüchtlinge und den anderen einschlägigen Verträgen im Einklang stehen.

(2) Zu diesem Zweck werden durch Europäische Gesetze oder Rahmengesetze Maßnahmen in Bezug auf eine gemeinsame europäische Asylregelung festgelegt, die Folgendes umfasst:

a) einen in der ganzen Union gültigen einheitlichen Asylstatus für Drittstaatsangehörige;
b) einen einheitlichen subsidiären Schutzstatus für Drittstaatsangehörige, die zwar keinen europäischen Asylstatus erhalten, aber dennoch internationalen Schutz benötigen;

c) eine gemeinsame Regelung für den vorübergehenden Schutz von Vertriebenen im Falle eines Massenzustroms;
d) gemeinsame Verfahren für die Gewährung und den Entzug des einheitlichen Asylstatus bzw. des subsidiären Schutzstatus;
e) Kriterien und Verfahren zur Bestimmung des Mitgliedstaats, der für die Prüfung eines Antrags auf Asyl oder subsidiären Schutz zuständig ist;
f) Normen für die Aufnahmebedingungen von Personen, die Asyl oder subsidiären Schutz beantragen;
g) Partnerschaft und Zusammenarbeit mit Drittstaaten zur Steuerung der Zuwanderungsströme von Personen, die Asyl oder subsidiären bzw. vorübergehenden Schutz beantragen.

(3) Befinden sich ein oder mehrere Mitgliedstaaten aufgrund eines plötzlichen Zustroms von Staatsangehörigen dritter Länder in einer Notlage, so kann der Ministerrat auf Vorschlag der Kommission Europäische Verordnungen oder Beschlüsse erlassen, die vorläufige Maßnahmen zugunsten der betreffenden Mitgliedstaaten vorsehen. Er beschließt nach Anhörung des Europäischen Parlaments.

Artikel III-168

(1) Die Union entwickelt eine gemeinsame Einwanderungspolitik, die in allen Phasen eine effiziente Steuerung der Migrationsströme, eine angemessene Behandlung von Drittstaatsangehörigen, die sich rechtmäßig in einem Mitgliedstaat aufhalten, sowie eine Prävention und verstärkte Bekämpfung von illegaler Einwanderung und Menschenhandel gewährleisten soll.

(2) Zu diesem Zweck werden durch Europäische Gesetze oder Rahmengesetze die Maßnahmen in folgenden Bereichen festgelegt:

a) Einreise- und Aufenthaltsvoraussetzungen sowie Normen für die Erteilung von Visa für einen langfristigen Aufenthalt und von Aufenthaltstiteln, einschließlich solcher zur Familienzusammenführung, durch die Mitgliedstaaten;
b) Festlegung der Rechte von Drittstaatsangehörigen, die sich rechtmäßig in einem Mitgliedstaat aufhalten, einschließlich der Bedingungen, unter denen sie sich in den anderen Mitgliedstaaten frei bewegen und aufhalten dürfen;

c) illegale Einwanderung und illegaler Aufenthalt, einschließlich Abschiebung und der Rückführung solcher Personen, die sich illegal in einem Mitgliedstaat aufhalten;
d) Bekämpfung des Menschenhandels, insbesondere des Handels mit Frauen und Kindern.

(3) Die Union kann gemäß Artikel III-227 mit Drittländern Abkommen über eine Rückübernahme illegal aufhältiger Drittstaatsangehöriger in ihr Ursprungs- oder Herkunftsland schließen.

(4) Durch Europäische Gesetze oder Rahmengesetze können unter Ausschluss jeglicher Harmonisierung der Rechts- und Verwaltungsvorschriften der Mitgliedstaaten Maßnahmen festgelegt werden, mit denen die Bemühungen der Mitgliedstaaten um die Integration der sich rechtmäßig in ihrem Hoheitsgebiet aufhaltenden Drittstaatsangehörigen gefördert und unterstützt werden.

(5) Dieser Artikel berührt nicht das Recht der Mitgliedstaaten, festzulegen, wie viele Drittstaatsangehörige aus Drittstaaten in ihr Hoheitsgebiet einreisen dürfen, um dort als Arbeitnehmer oder Selbstständige Arbeit zu suchen.

Artikel III-169

Für die unter diesen Abschnitt fallende Politik der Union und ihre Umsetzung gilt der Grundsatz der Solidarität und der gerechten Aufteilung der Verantwortlichkeiten unter den Mitgliedstaaten, und zwar auch in finanzieller Hinsicht. Die aufgrund dieses Abschnitts erlassenen Rechtsakte der Union enthalten, wenn dies erforderlich ist, immer entsprechende Maßnahmen für die Anwendung dieses Grundsatzes.

Abschnitt 3 JUSTIZIELLE ZUSAMMENARBEIT IN ZIVILSACHEN

Artikel III-170

(1) Die Union entwickelt eine justizielle Zusammenarbeit in Zivilsachen mit grenzüberschreitenden Bezügen, die auf dem Grundsatz der gegenseitigen Anerkennung

gerichtlicher und außergerichtlicher Entscheidungen beruht. Diese Zusammenarbeit kann den Erlass von Maßnahmen zur Angleichung der Rechts- und Verwaltungsvorschriften der Mitgliedstaaten umfassen.

(2) Zu diesem Zweck werden durch Gesetze oder Rahmengesetze Maßnahmen festgelegt, die unter anderem Folgendes sicherstellen sollen:

a) die gegenseitige Anerkennung und die Vollstreckung gerichtlicher und außergerichtlicher Entscheidungen zwischen den Mitgliedstaaten;
b) die grenzüberschreitende Zustellung gerichtlicher und außergerichtlicher Schriftstücke;
c) die Vereinbarkeit der in den Mitgliedstaaten geltenden Kollisionsnormen und Vorschriften zur Vermeidung von Kompetenzkonflikten;
d) die Zusammenarbeit bei der Erhebung von Beweismitteln;
e) ein hohes Niveau hinsichtlich des Zugangs zum Recht;
f) die reibungslose Abwicklung von Zivilverfahren, erforderlichenfalls durch Förderung der Vereinbarkeit der in den Mitgliedstaaten geltenden zivilrechtlichen Verfahrensvorschriften;
g) die Entwicklung von alternativen Methoden für die Beilegung von Streitigkeiten;
h) Unterstützung bei der Weiterbildung von Richtern und Justizbediensteten.

(3) Abweichend von Absatz 2 werden Maßnahmen zum Familienrecht mit grenzüberschreitenden Bezügen durch ein Europäisches Gesetz oder Rahmengesetz des Ministerrates festgelegt. Dieser beschließt einstimmig nach Anhörung des Europäischen Parlaments.

Der Ministerrat kann auf Vorschlag der Kommission einen Europäischen Beschluss erlassen, durch den die Aspekte des Familienrechts mit grenzüberschreitenden Bezügen bestimmt werden, die Gegenstand von Rechtsakten sein können, welche nach dem ordentlichen Gesetzgebungsverfahren erlassen werden. Der Ministerrat beschließt einstimmig nach Anhörung des Europäischen Parlaments.

Abschnitt 4 JUSTIZIELLE ZUSAMMENARBEIT IN STRAFSACHEN

Artikel III-171

(1) Die justizielle Zusammenarbeit in Strafsachen in der Union beruht auf dem Grundsatz der gegenseitigen Anerkennung gerichtlicher Urteile und Entscheidungen und umfasst die Angleichung der Rechts- und Verwaltungsvorschriften der Mitgliedstaaten in den Bereichen von Absatz 2 und Artikel III-172.

Durch Europäische Gesetze oder Rahmengesetze werden Maßnahmen festgelegt, um

a) Regeln und Verfahren festzulegen, mit denen die Anerkennung aller Arten von Urteilen und gerichtlichen Entscheidungen in der gesamten Union sichergestellt wird;
b) Kompetenzkonflikte zwischen den Mitgliedstaaten zu verhindern und beizulegen;
c) die Weiterbildung von Richtern und Staatsanwälten sowie Justizbediensteten zu fördern;
d) die Zusammenarbeit zwischen den Justizbehörden oder entsprechenden Behörden der Mitgliedstaaten im Rahmen der Strafverfolgung sowie des Vollzuges und der Vollstreckung von Entscheidungen zu erleichtern.

(2) Zur Erleichterung der gegenseitigen Anerkennung gerichtlicher Urteile und Entscheidungen und der polizeilichen und justiziellen Zusammenarbeit in Strafsachen mit grenzüberschreitender Dimension können durch Europäische Rahmengesetze Mindestvorschriften festgelegt werden, die Folgendes betreffen:

a) die Zulässigkeit von Beweismitteln auf gegenseitiger Basis zwischen den Mitgliedstaaten;
b) die Rechte des Einzelnen im Strafverfahren;
c) die Rechte der Opfer von Straftaten;
d) sonstige spezifische Aspekte des Strafverfahrens, die zuvor vom Ministerrat durch einen Europäischen Beschluss bestimmt worden sind. Dieser beschließt einstimmig nach Zustimmung des Europäischen Parlaments.

Der Erlass derartiger Mindestvorschriften hindert die Mitgliedstaaten nicht daran, ein höheres Schutzniveau für die Rechte des Einzelnen im Strafverfahren beizubehalten oder einzuführen.

Artikel III-172

(1) Durch Europäische Rahmengesetze können Mindestvorschriften zur Festlegung von Straftaten und Strafen in Bereichen besonders schwerer Kriminalität festgelegt werden, die aufgrund der Art oder der Auswirkungen der Straftaten oder aufgrund einer besonderen Notwendigkeit, sie von gemeinsamen Grundlagen ausgehend zu bekämpfen, eine grenzüberschreitende Dimension haben.

Derartige Kriminalitätsbereiche sind: Terrorismus, Menschenhandel und sexuelle Ausbeutung von Frauen und Kindern, illegaler Drogenhandel, illegaler Waffenhandel, Geldwäsche, Korruption, Fälschung von Zahlungsmitteln, Computerkriminalität und organisierte Kriminalität.

Je nach den Entwicklungen der Kriminalität kann der Ministerrat einen Europäischen Beschluss erlassen, in dem andere die Kriterien dieses Absatzes erfüllende Kriminalitätsbereiche bestimmt werden. Er beschließt einstimmig nach Zustimmung des Europäischen Parlaments.

(2) Erweist sich die Angleichung strafrechtlicher Normen als unerlässlich für die wirksame Durchführung der Politik der Union auf einem Gebiet, auf dem Harmonisierungsmaßnahmen erfolgt sind, so können durch Europäische Rahmengesetze Mindestvorschriften für die Festlegung von Straftaten und Strafen auf dem betreffenden Gebiet festgelegt werden.

Unbeschadet des Artikels III-165 wird ein solches Rahmengesetz nach dem gleichen Verfahren wie die in Unterabsatz 1 genannten Harmonisierungsmaßnahmen erlassen.

Artikel III-173

Durch Europäische Gesetze oder Rahmengesetze können Maßnahmen festgelegt werden, um das Vorgehen der Mitgliedstaaten im Bereich der Kriminalprävention zu fördern und zu unterstützen. Diese Maßnahmen dürfen keine Angleichung der Rechts- und Verwaltungsvorschriften der Mitgliedstaaten beinhalten.

Artikel III-174

(1) Eurojust hat den Auftrag, die Koordinierung und Zusammenarbeit zwischen den nationalen Behörden zu unterstützen und zu verstärken, die für die Verfolgung von schwerer Kriminalität zuständig sind, wenn zwei oder mehrere Mitgliedstaaten betroffen sind oder eine Verfolgung auf gemeinsamer Grundlage erforderlich ist; es stützt sich dabei auf die von den Behörden der Mitgliedstaaten und von Europol durchgeführten Operationen und gelieferten Informationen.

(2) Der Aufbau, die Arbeitsweise, der Tätigkeitsbereich und die Aufgaben von Eurojust werden durch Europäische Gesetze festgelegt. Zu diesen Aufgaben kann Folgendes gehören:

a) Einleitung und Koordinierung von Strafverfolgungsmaßnahmen, die von den zuständigen nationalen Behörden durchgeführt werden, insbesondere bei Straftaten zum Nachteil der finanziellen Interessen der Union;
b) Verstärkung der justiziellen Zusammenarbeit, unter anderem auch durch die Beilegung von Zuständigkeitskonflikten und eine enge Zusammenarbeit mit dem Europäischen Justiziellen Netz.

Durch Europäische Gesetze werden ebenfalls die Modalitäten für die Beteiligung des Europäischen Parlaments und der nationalen Parlamente der Mitgliedstaaten an der Bewertung der Tätigkeit von Eurojust festgelegt.

(3) Im Rahmen der Strafverfolgungsmaßnahmen gemäß dieser Bestimmung werden die förmlichen Prozesshandlungen unbeschadet des Artikels III-175 durch die zuständigen nationalen Beamten vorgenommen.

Artikel III-175

(1) Zur Bekämpfung von schwerer Kriminalität mit grenzüberschreitender Dimension sowie von Straftaten zum Nachteil der Interessen der Union kann durch ein Europäisches Gesetz des Ministerrates ausgehend von Eurojust eine Europäische Staatsanwaltschaft eingesetzt werden. Der Ministerrat beschließt einstimmig nach Zustimmung des Europäischen Parlaments.

(2) Die Europäische Staatsanwaltschaft ist, gegebenenfalls in Verbindung mit Europol, zuständig für strafrechtliche Untersuchung und Verfolgung sowie Anklageerhebung in Bezug auf Personen, die als Täter oder Teilnehmer schwere, mehrere Mitgliedstaaten betreffende Straftaten oder Straftaten zum Nachteil der finanziellen Interessen der Union begangen haben, die in dem Europäischen Gesetz nach Absatz 1 festgelegt sind. Die Europäische Staatsanwaltschaft nimmt bei diesen Straftaten vor den zuständigen Gerichten der Mitgliedstaaten die Aufgaben der Staatsanwaltschaft wahr.

(3) Das in Absatz 1 genannte Europäische Gesetz legt die Rechtsstellung der Europäischen Staatsanwaltschaft, die Modalitäten für die Erfüllung ihrer Aufgaben, die für ihre Tätigkeit geltenden Verfahrensvorschriften sowie die Regeln für die Zulässigkeit von Beweismitteln und für die gerichtliche Kontrolle der von der Europäischen Staatsanwaltschaft bei der Erfüllung ihrer Aufgaben vorgenommenen Prozesshandlungen fest.

Abschnitt 5 POLIZEILICHE ZUSAMMENARBEIT

Artikel III-176

(1) Die Union entwickelt eine polizeiliche Zusammenarbeit zwischen allen zuständigen Behörden der Mitgliedstaaten, einschließlich der Polizei, des Zolls und anderer auf die Prävention oder die Aufdeckung von Straftaten sowie diesbezügliche Ermittlungen spezialisierter Strafverfolgungsbehörden.

(2) Zu diesem Zweck können durch Europäische Gesetze oder Rahmengesetze Maßnahmen festgelegt werden, die Folgendes betreffen:

a) Einholen, Speichern, Verarbeiten, Analysieren und Austauschen sachdienlicher Informationen;
b) Unterstützung der Aus- und Weiterbildung von Personal sowie Zusammenarbeit in Bezug auf den Austausch von Personal, die Ausrüstungsgegenstände und die kriminaltechnische Forschung;
c) gemeinsame Ermittlungstechniken zur Aufdeckung schwerer Formen der organisierten Kriminalität.

(3) Durch Europäische Gesetze oder Rahmengesetze des Ministerrates können Maßnahmen festgelegt werden, die die operative Zusammenarbeit zwischen den in diesem Artikel genannten Behörden betreffen. Der Ministerrat beschließt einstimmig nach Anhörung des Europäischen Parlaments.

Artikel III-177

(1) Europol hat den Auftrag, die Tätigkeit der Polizeibehörden und der anderen Strafverfolgungsbehörden der Mitgliedstaaten sowie deren gegenseitige Zusammenarbeit bei der Prävention und Bekämpfung der zwei oder mehrere Mitgliedstaaten betreffenden schweren Kriminalität, des Terrorismus und der Kriminalitätsformen, die ein gemeinsames Interesse verletzen, das Gegenstand einer Politik der Union ist, zu unterstützen und zu verstärken.

(2) Der Aufbau, die Arbeitsweise, der Tätigkeitsbereich und die Aufgaben von Europol werden durch Europäische Gesetze festgelegt. Zu diesen Aufgaben kann Folgendes gehören:

a) Einholen, Speichern, Verarbeiten, Analysieren und Austauschen von Informationen, die insbesondere von den Behörden der Mitgliedstaaten oder Drittstaaten bzw. Stellen außerhalb der EU übermittelt werden;
b) Koordinierung, Organisation und Durchführung von Ermittlungen und von operativen Maßnahmen, die gemeinsam mit den zuständigen Behörden der Mitgliedstaaten oder im Rahmen gemeinsamer Ermittlungsgruppen durchgeführt werden, gegebenenfalls in Verbindung mit Eurojust.

Durch Europäische Gesetze werden ebenfalls die Modalitäten für die Kontrolle der Tätigkeiten von Europol durch das Europäische Parlament festgelegt, an der die nationalen Parlamente der Mitgliedstaaten beteiligt werden.

(3) Europol darf operative Maßnahmen nur in Verbindung und in Absprache mit den Behörden des Mitgliedstaats oder der Mitgliedstaaten ergreifen, dessen/deren Hoheitsgebiet betroffen ist. Die Anwendung von Zwangsmaßnahmen bleibt ausschließlich den nationalen Behörden vorbehalten.

Artikel III-178

Ein Europäisches Gesetz oder Rahmengesetz des Ministerrates legt fest, unter welchen Bedingungen und innerhalb welcher Grenzen die in den Artikeln III-171 und III-176 genannten zuständigen Behörden der Mitgliedstaaten im Hoheitsgebiet eines anderen Mitgliedstaats in Verbindung und in Absprache mit dessen Behörden tätig werden dürfen. Der Ministerrat beschließt einstimmig nach Anhörung des Europäischen Parlaments.

Kapitel V

BEREICHE, IN DENEN DIE UNION BESCHLIESSEN KANN, EINE KOORDINIERUNGS-, ERGÄNZUNGS- ODER UNTERSTÜTZUNGSMASSNAHME DURCHZUFÜHREN

Abschnitt 1

GESUNDHEITSWESEN

Artikel III-179

(1) Bei der Festlegung und Durchführung der Politik und Maßnahmen der Union in allen Bereichen wird ein hohes Gesundheitsschutzniveau sichergestellt.

Die Tätigkeit der Union ergänzt die Politik der Mitgliedstaaten und ist auf die Verbesserung der Gesundheit der Bevölkerung, die Verhütung von Humankrankheiten und die Beseitigung von Ursachen für die Gefährdung der körperlichen und geistigen Gesundheit gerichtet. Sie umfasst die Bekämpfung weit verbreiteter schwerer Krankheiten; dabei werden die Erforschung der Ursachen, der Übertragung und der Verhütung dieser Krankheiten sowie die Gesundheitsinformation und -erziehung gefördert.

Die Union ergänzt die Maßnahmen der Mitgliedstaaten zur Verringerung drogenkonsumbedingter Gesundheitsschäden einschließlich der Informations- und Vorbeugungsmaßnahmen.

(2) Die Union fördert die Zusammenarbeit zwischen den Mitgliedstaaten in den in diesem Artikel genannten Bereichen und unterstützt erforderlichenfalls deren Tätigkeit.

Die Mitgliedstaaten koordinieren untereinander im Benehmen mit der Kommission ihre Politik und ihre Programme in den in Absatz 1 genannten Bereichen. Die Kommission kann in enger Verbindung mit den Mitgliedstaaten alle Initiativen ergreifen, die dieser Koordinierung förderlich sind, insbesondere Initiativen, die darauf abzielen, Leitlinien und Indikatoren festzulegen, den Austausch bewährter Verfahren durchzuführen und die erforderlichen Elemente für eine regelmäßige Überwachung und Bewertung auszuarbeiten. Das Europäische Parlament wird in vollem Umfang unterrichtet.

(3) Die Union und die Mitgliedstaaten fördern die Zusammenarbeit mit Drittländern und den für das Gesundheitswesen zuständigen internationalen Organisationen.

(4) Europäische Gesetze oder Rahmengesetze tragen zur Verwirklichung der Ziele dieses Artikels bei, indem folgende Maßnahmen festgelegt werden, um den gemeinsamen Sicherheitsanliegen Rechnung zu tragen:

a) Maßnahmen zur Festlegung hoher Qualitäts- und Sicherheitsstandards für Organe und Substanzen menschlichen Ursprungs sowie für Blut und Blutderivate; diese Maßnahmen hindern die Mitgliedstaaten nicht, strengere Schutzmaßnahmen beizubehalten oder einzuführen;
b) Maßnahmen in den Bereichen Veterinärwesen und Pflanzenschutz, die unmittelbar den Schutz der Gesundheit der Bevölkerung zum Ziel haben.

Die Europäischen Gesetze oder Rahmengesetze werden nach Anhörung des Ausschusses der Regionen und des Wirtschafts- und Sozialausschusses erlassen.

(5) Durch Europäische Gesetze oder Rahmengesetze können unter Ausschluss jeglicher Harmonisierung der Rechts- und Verwaltungsvorschriften der Mitgliedstaaten auch Fördermaßnahmen festgelegt werden, die den Schutz und die Verbesserung der menschlichen Gesundheit sowie die Bekämpfung grenzüberschreitender schwerer Krankheiten zum Ziel haben. Sie werden nach Anhörung des Ausschusses der Regionen und des Wirtschafts- und Sozialausschusses erlassen.

(6) Für die in diesem Artikel genannten Zwecke kann der Ministerrat ferner auf Vorschlag der Kommission Empfehlungen abgeben.

(7) Bei der Tätigkeit der Union im Bereich der Gesundheit der Bevölkerung wird die Verantwortung der Mitgliedstaaten für die Organisation des Gesundheitswesens und die medizinische Versorgung in vollem Umfang gewahrt. Insbesondere lassen die Maßnahmen nach Absatz 4 Buchstabe a die einzelstaatlichen Regelungen über die Spende oder die medizinische Verwendung von Organen und Blut unberührt.

Abschnitt 2 INDUSTRIE

Artikel III-180

(1) Die Union und die Mitgliedstaaten sorgen dafür, dass die notwendigen Voraussetzungen für die Wettbewerbsfähigkeit der Industrie der Union gewährleistet sind.

Zu diesem Zweck zielt ihre Tätigkeit entsprechend einem System offener und wettbewerbsorientierter Märkte auf Folgendes ab:

a) Beschleunigung der Anpassung der Industrie an die strukturellen Veränderungen;
b) Förderung eines günstigen Umfelds für die Initiative und Weiterentwicklung der Unternehmen, insbesondere der kleinen und mittleren Unternehmen, in der gesamten Union;
c) Förderung eines günstigen Umfeld für die Zusammenarbeit zwischen Unternehmen;
d) Förderung einer besseren Nutzung des industriellen Potenzials der Politik in den Bereichen Innovation, Forschung und technologische Entwicklung.

(2) Die Mitgliedstaaten konsultieren einander in Verbindung mit der Kommission und koordinieren, soweit erforderlich, ihre Maßnahmen. Die Kommission kann alle Initiativen ergreifen, die dieser Koordinierung förderlich sind, insbesondere Initiativen, die darauf abzielen, Leitlinien und Indikatoren festzulegen, den Austausch bewährter Verfahren durchzuführen und die erforderlichen Elemente für eine regelmäßige Überwachung und Bewertung auszuarbeiten. Das Europäische Parlament wird in vollem Umfang unterrichtet.

(3) Die Union trägt durch die Politik und die Maßnahmen, die sie aufgrund anderer Bestimmungen der Verfassung durchführt, zur Erreichung der Ziele des Absatzes 1 bei. Spezifische Maßnahmen zur Unterstützung der in den Mitgliedstaaten im Hinblick auf die Verwirklichung der Ziele des Absatzes 1 durchgeführten Maßnahmen können unter Ausschluss jeglicher Harmonisierung der Rechts- und Verwaltungsvorschriften der Mitgliedstaaten durch Europäische Gesetze oder Rahmengesetze festgelegt werden. Diese werden nach Anhörung des Wirtschafts- und Sozialausschusses erlassen.

Dieser Abschnitt bietet keine Grundlage dafür, dass die Union irgendeine Maßnahme einführt, die zu Wettbewerbsverzerrungen führen könnte oder steuerliche Vorschriften oder Vorschriften betreffend die Rechte und Interessen der Arbeitnehmer enthält.

Abschnitt 3 KULTUR

Artikel III-181

(1) Die Union leistet einen Beitrag zur Entfaltung der Kulturen der Mitgliedstaaten unter Wahrung ihrer nationalen und regionalen Vielfalt sowie gleichzeitiger Hervorhebung des gemeinsamen kulturellen Erbes.

(2) Die Union fördert durch ihre Tätigkeit die Zusammenarbeit zwischen den Mitgliedstaaten und unterstützt und ergänzt erforderlichenfalls deren Tätigkeit in folgenden Bereichen:

a) Verbesserung der Kenntnis und Verbreitung der Kultur und Geschichte der europäischen Völker,
b) Erhaltung und Schutz des kulturellen Erbes von europäischer Bedeutung,
c) nichtkommerzieller Kulturaustausch,
d) künstlerisches und literarisches Schaffen, einschließlich im audiovisuellen Bereich.

(3) Die Union und die Mitgliedstaaten fördern die Zusammenarbeit mit Drittländern und den für den Kulturbereich zuständigen internationalen Organisationen, insbesondere mit dem Europarat.

(4) Die Union trägt bei ihrer Tätigkeit aufgrund anderer Bestimmungen der Verfassung den kulturellen Aspekten Rechnung, insbesondere zur Wahrung und Förderung der Vielfalt ihrer Kulturen.

(5) Als Beitrag zur Verwirklichung der Ziele dieses Artikels

a) werden durch Europäische Gesetze oder Rahmengesetze unter Ausschluss jeglicher Harmonisierung der Rechts- und Verwaltungsvorschriften der Mitgliedstaaten Fördermaßnahmen festgelegt. Diese Gesetze oder Rahmengesetze werden nach Anhörung des Ausschusses der Regionen erlassen;

b) gibt der Ministerrat auf Vorschlag der Kommission Empfehlungen ab.

Abschnitt 4 ALLGEMEINE UND BERUFLICHE BILDUNG, JUGEND UND SPORT

Artikel III-182

(1) Die Union trägt zur Entwicklung einer qualitativ hoch stehenden Bildung dadurch bei, dass sie die Zusammenarbeit zwischen den Mitgliedstaaten fördert und die Tätigkeit der Mitgliedstaaten erforderlichenfalls unterstützt und ergänzt. Sie achtet dabei strikt die Verantwortung der Mitgliedstaaten für die Lehrinhalte und die Gestaltung des Bildungssystems sowie die Vielfalt ihrer Kulturen und Sprachen.

Die Union trägt in Anbetracht der sozialen und pädagogischen Funktion des Sports zur Förderung seiner europäischen Aspekte bei.

(2) Die Tätigkeit der Union hat folgende Ziele:

a) Entwicklung der europäischen Dimension im Bildungswesen, insbesondere durch Erlernen und Verbreitung der Sprachen der Mitgliedstaaten;
b) Förderung der Mobilität von Lernenden und Lehrenden, auch durch die Förderung der akademischen Anerkennung der Diplome und Studienzeiten;
c) Förderung der Zusammenarbeit zwischen den Bildungseinrichtungen;
d) Ausbau des Informations- und Erfahrungsaustauschs über gemeinsame Probleme der Bildungssysteme der Mitgliedstaaten;
e) Förderung des Ausbaus des Jugendaustauschs und des Austauschs sozialpädagogischer Betreuer und verstärkte Beteiligung der Jugendlichen am demokratischen Leben in Europa;
f) Förderung der Entwicklung der Fernlehre;
g) Entwicklung der europäischen Dimension des Sports durch Förderung der Fairness bei Wettkämpfen und der Zusammenarbeit zwischen Sportorganisationen sowie durch den Schutz der körperlichen und seelischen Unversehrtheit der Sportler, insbesondere junger Sportler.

(3) Die Union und die Mitgliedstaaten fördern die Zusammenarbeit mit Drittländern und den für den Bildungsbereich zuständigen internationalen Organisationen, insbesondere dem Europarat.

(4) Als Beitrag zur Verwirklichung der Ziele dieses Artikels

a) werden durch Europäische Gesetze oder Rahmengesetze unter Ausschluss jeglicher Harmonisierung der Rechts- und Verwaltungsvorschriften der Mitgliedstaaten Fördermaßnahmen festgelegt. Diese Gesetze oder Rahmengesetze werden nach Anhörung des Ausschusses der Regionen und des Wirtschafts- und Sozialausschusses erlassen;
b) gibt der Ministerrat auf Vorschlag der Kommission Empfehlungen ab.

Artikel III-183

(1) Die Union führt eine Politik der beruflichen Bildung, welche die Maßnahmen der Mitgliedstaaten unter strikter Beachtung der Verantwortung der Mitgliedstaaten für Inhalt und Gestaltung der beruflichen Bildung unterstützt und ergänzt.

(2) Die Tätigkeit der Union hat folgende Ziele:

a) Erleichterung der Anpassung an die industriellen Wandlungsprozesse, insbesondere durch berufliche Bildung und Umschulung;
b) Verbesserung der beruflichen Erstausbildung und Weiterbildung zur Erleichterung der beruflichen Eingliederung und Wiedereingliederung in den Arbeitsmarkt;
c) Erleichterung des Zugangs zur beruflichen Bildung sowie Förderung der Mobilität der Ausbilder und der in beruflicher Bildung befindlichen Personen, insbesondere der Jugendlichen;
d) Förderung der Zusammenarbeit in Fragen der beruflichen Bildung zwischen Unterrichtsanstalten und Unternehmen;
e) Ausbau des Informations- und Erfahrungsaustauschs über gemeinsame Probleme der Berufsbildungssysteme der Mitgliedstaaten.

(3) Die Union und die Mitgliedstaaten fördern die Zusammenarbeit mit Drittländern und den für die berufliche Bildung zuständigen internationalen Organisationen.

(4) Europäische Gesetze oder Rahmengesetze tragen unter Ausschluss jeglicher Harmonisierung der Rechts- und Verwaltungsvorschriften der Mitgliedstaaten zur Verwirklichung der Ziele dieses Artikels bei. Sie werden nach Anhörung des Ausschusses der Regionen und des Wirtschafts- und Sozialausschusses erlassen.

Abschnitt 5 KATASTROPHENSCHUTZ

Artikel III-184

(1) Die Union fördert die Zusammenarbeit zwischen den Mitgliedstaaten, um zu erreichen, dass die Systeme zur Prävention natürlicher oder vom Menschen verursachter Katastrophen und zum Schutz vor solchen Katastrophen in der Union wirksamer werden.

Die Tätigkeit der Union hat folgende Ziele:

a) Unterstützung und Ergänzung der Tätigkeit der Mitgliedstaaten auf nationaler, regionaler und kommunaler Ebene im Hinblick auf die Risikoprävention, auf die Ausbildung der in den Mitgliedstaaten am Katastrophenschutz Beteiligten und auf Einsätze im Falle natürlicher oder vom Menschen verursachter Katastrophen;
b) Förderung einer schnellen und effizienten Zusammenarbeit zwischen den einzelstaatlichen Katastrophenschutzstellen;
c) Verbesserung der Kohärenz der Katastrophenschutzmaßnahmen auf internationaler Ebene.

(2) Die für die Erreichung der in Absatz 1 genannten Ziele erforderlichen Maßnahmen unter Ausschluss jeglicher Harmonisierung der Rechts- und Verwaltungsvorschriften der Mitgliedstaaten werden durch Europäische Gesetze oder Rahmengesetze festgelegt.

Abschnitt 6 VERWALTUNGSZUSAMMENARBEIT

Artikel III-185

(1) Die für das ordnungsgemäße Funktionieren der Union entscheidende effektive Durchführung des Unionsrechts durch die Mitgliedstaaten ist als Frage von gemeinsamem Interesse anzusehen.

(2) Die Union kann die Mitgliedstaaten in ihren Bemühungen um eine Verbesserung ihrer Verwaltungskapazität im Hinblick auf die Durchführung des Unionsrechts unterstützen. Dies kann insbesondere die Erleichterung des Austauschs von Informationen und von Beamten wie auch die Unterstützung von Aus- und Weiterbildungsprogrammen beinhalten. Die Mitgliedstaaten müssen diese Unterstützung nicht in Anspruch nehmen. Die erforderlichen Maßnahmen unter Ausschluss jeglicher Harmonisierung der Rechts- und Verwaltungsvorschriften der Mitgliedstaaten werden durch Europäische Gesetze festgelegt.

(3) Dieser Artikel berührt weder die Verpflichtung der Mitgliedstaaten, das Unionsrecht durchzuführen, noch die Befugnisse und Pflichten der Kommission. Er berührt auch nicht die übrigen Bestimmungen der Verfassung, in denen eine Verwaltungszusammenarbeit unter den Mitgliedstaaten sowie zwischen diesen und der Union vorgesehen ist.

Titel IV

DIE ASSOZIIERUNG DER ÜBERSEEISCHEN LÄNDER UND HOHEITSGEBIETE

Artikel III-186

Die außereuropäischen Länder und Hoheitsgebiete, die mit Dänemark, Frankreich, den Niederlanden und dem Vereinigten Königreich besondere Beziehungen unterhalten, sind mit der Union assoziiert. Diese Länder und Hoheitsgebiete, im Folgenden als "Länder und Hoheitsgebiete" bezeichnet, sind in Anhang II* aufgeführt.

Ziel der Assoziierung ist die Förderung der wirtschaftlichen und sozialen Entwicklung der Länder und Hoheitsgebiete und die Herstellung enger Wirtschaftsbeziehungen zwischen ihnen und der gesamten Union.

Die Assoziierung soll in erster Linie den Interessen der Einwohner dieser Länder und Hoheitsgebiete dienen und ihren Wohlstand fördern, um sie der von ihnen erstrebten wirtschaftlichen, sozialen und kulturellen Entwicklung entgegenzuführen.

Artikel III-187

Mit der Assoziierung werden folgende Zwecke verfolgt:

a) Die Mitgliedstaaten wenden auf ihren Handelsverkehr mit den Ländern und Hoheitsgebieten das System an, das sie aufgrund der Verfassung untereinander anwenden.
b) Jedes Land oder Hoheitsgebiet wendet auf seinen Handelsverkehr mit den Mitgliedstaaten und den anderen Ländern und Hoheitsgebieten das System an, das es auf den europäischen Staat anwendet, mit dem es besondere Beziehungen unterhält.
c) Die Mitgliedstaaten beteiligen sich an den Investitionen, welche die fortschreitende Entwicklung dieser Länder und Hoheitsgebiete erfordert.
d) Bei Ausschreibungen und Lieferungen für Investitionen, die von der Union finanziert werden, steht die Beteiligung zu gleichen Bedingungen allen natürlichen und juristischen Personen offen, welche die Staatsangehörigkeit der Mitgliedstaaten oder der Länder oder Hoheitsgebiete besitzen.

* Dieser Anhang, der dem Anhang II des EGV entspricht, ist noch zu erstellen.

e) Soweit aufgrund des Artikels III-191 nicht besondere Maßnahmen erlassen werden, gelten zwischen den Mitgliedstaaten und den Ländern und Hoheitsgebieten für das Niederlassungsrecht ihrer Staatsangehörigen und Gesellschaften die Bestimmungen und Verfahrensregeln des Unterabschnitts über die Niederlassungsfreiheit, und zwar unter Ausschluss jeder Diskriminierung.

Artikel III-188

(1) Für Einfuhren von Waren aus den Ländern und Hoheitsgebieten in die Mitgliedstaaten gilt das in der Verfassung vorgesehene Verbot von Zöllen zwischen den Mitgliedstaaten.

(2) In jedem Land und Hoheitsgebiet sind Zölle bei der Einfuhr von Waren aus den Mitgliedstaaten und den anderen Ländern und Hoheitsgebieten gemäß Artikel III-38 verboten.

(3) Die Länder und Hoheitsgebiete können jedoch Zölle erheben, die den Erfordernissen ihrer Entwicklung und Industrialisierung entsprechen oder als Finanzzölle der Finanzierung ihres Haushalts dienen.

Die in Unterabsatz 1 genannten Zölle dürfen nicht höher sein als diejenigen, die für die Einfuhr von Waren aus dem Mitgliedstaat gelten, mit dem das entsprechende Land oder Hoheitsgebiet besondere Beziehungen unterhält.

(4) Absatz 2 gilt nicht für die Länder und Hoheitsgebiete, die aufgrund besonderer internationaler Verpflichtungen bereits einen nichtdiskriminierenden Zolltarif anwenden.

(5) Die Festlegung oder Änderung der Zollsätze für Waren, die in die Länder und Hoheitsgebiete eingeführt werden, darf weder rechtlich noch tatsächlich zu einer mittelbaren oder unmittelbaren Diskriminierung zwischen den Einfuhren aus den einzelnen Mitgliedstaaten führen.

Artikel III-189

Ist die Höhe der Zollsätze, die bei der Einfuhr in ein Land oder Hoheitsgebiet für Waren aus einem Drittland gelten, bei Anwendung des Artikels III-188 Absatz 1 geeignet, Verkehrsverlagerungen zum Nachteil eines Mitgliedstaats hervorzurufen, so kann dieser die Kommission ersuchen, den anderen Mitgliedstaaten vorzuschlagen, dass die erforderlichen Bestimmungen erlassen werden, um dem abzuhelfen.

Artikel III-190

Vorbehaltlich der Bestimmungen über die Volksgesundheit und die öffentliche Sicherheit und Ordnung gelten für die Freizügigkeit der Arbeitsnehmer aus den Ländern und Hoheitsgebieten in den Mitgliedstaaten und der Arbeitskräfte aus den Mitgliedstaaten in den Ländern und Hoheitsgebieten die gemäß Artikel III-191 erlassenen Maßnahmen.

Artikel III-191

Der Ministerrat erlässt einstimmig aufgrund der im Rahmen der Assoziierung der Länder und Hoheitsgebiete mit der Union erzielten Ergebnisse die Europäischen Verordnungen und Beschlüsse über die Einzelheiten und das Verfahren für die Assoziierung der Länder und Hoheitsgebiete mit der Union.

Artikel III-192

Vorbehaltlich der spezifischen Bestimmungen für Grönland in dem Protokoll über die Sonderregelung sind die Artikel III-186 bis III-191 auf Grönland anwendbar.

Titel V AUSWÄRTIGES HANDELN DER UNION

Kapitel I ALLGEMEIN ANWENDBARE BESTIMMUNGEN

Artikel III-193

(1) Die Union stützt sich bei ihrem Handeln auf internationaler Ebene auf die Grundsätze, welche die Grundlage für ihre eigene Entstehung, Entwicklung und Erweiterung bildeten und denen sie durch ihr Handeln auch weltweit zu stärkerer Geltung verhelfen will: Demokratie, Rechtsstaatlichkeit, die universelle Gültigkeit und Unteilbarkeit der Menschenrechte und Grundfreiheiten, die Achtung der Menschenwürde, der Grundsatz der Gleichheit und der Grundsatz der Solidarität sowie die Achtung des Völkerrechts gemäß den Grundsätzen der Charta der Vereinten Nationen.

Die Union strebt an, die Beziehungen zu Drittländern und zu regionalen oder weltweiten internationalen Organisationen, die diese Werte teilen, auszubauen und Partnerschaften mit ihnen aufzubauen. Sie setzt sich insbesondere im Rahmen der Vereinten Nationen für multilaterale Lösungen bei gemeinsamen Problemen ein.

(2) Die Union legt die gemeinsame Politik sowie Maßnahmen fest und führt diese durch und setzt sich für ein hohes Maß an Zusammenarbeit auf allen Gebieten der internationalen Beziehungen ein, um

a) die Werte, die grundlegenden Interessen, die Sicherheit, die Unabhängigkeit und die Unversehrtheit der Union zu gewährleisten;
b) Demokratie, Rechtsstaatlichkeit, die Menschenrechte und die Grundsätze des Völkerrechts zu festigen und zu fördern;
c) gemäß den Grundsätzen der Charta der Vereinten Nationen den Frieden zu erhalten, Konflikte zu verhüten und die internationale Sicherheit zu stärken;
d) die nachhaltige Entwicklung in Bezug auf Wirtschaft, Gesellschaft und Umwelt in den Entwicklungsländern zu fördern mit dem vorrangigen Ziel, die Armut zu beseitigen;
e) die Integration aller Länder in die Weltwirtschaft zu fördern, unter anderem auch durch den allmählichen Abbau von Beschränkungen des internationalen Handels;

f) zur Entwicklung von internationalen Maßnahmen zur Erhaltung und Verbesserung der Qualität der Umwelt und der nachhaltigen Bewirtschaftung der weltweiten natürlichen Ressourcen beizutragen, um eine nachhaltige Entwicklung sicherzustellen;
g) den Völkern, Ländern und Regionen, die von Naturkatastrophen oder von Menschen verursachten Katastrophen betroffen sind, zu helfen; und
h) eine Weltordnung zu fördern, die auf einer verstärkten multilateralen Zusammenarbeit und einer verantwortungsvollen Weltordnungspolitik beruht.

(3) Die Union wahrt bei der Ausarbeitung und Umsetzung ihres auswärtigen Handelns in den verschiedenen unter diesen Titel fallenden Bereichen sowie der externen Aspekte der übrigen Politikbereiche die in den Absätzen 1 und 2 aufgeführten Grundsätze und Ziele.

Die Union achtet auf die Kohärenz zwischen den einzelnen Bereichen ihres auswärtigen Handelns sowie zwischen diesen und ihren übrigen Politikbereichen. Der Ministerrat und die Kommission, die vom Außenminister der Union unterstützt werden, stellen diese Kohärenz sicher und arbeiten zu diesem Zweck zusammen.

Artikel III-194

(1) Auf der Grundlage der in Artikel III-193 aufgeführten Grundsätze und Ziele legt der Europäische Rat die strategischen Interessen und Ziele der Union fest.

Die Europäischen Beschlüsse des Europäischen Rates über die strategischen Interessen und Ziele der Union erstrecken sich auf die Gemeinsame Außen- und Sicherheitspolitik sowie auf andere Bereiche des auswärtigen Handelns der Union. Sie können die Beziehungen der Union zu einem Land oder einer Region betreffen oder aber ein bestimmtes Thema zum Gegenstand haben. Sie legen die Dauer und die von der Union und den Mitgliedstaaten bereitzustellenden Mittel fest.

Der Europäische Rat beschließt einstimmig auf Empfehlung des Ministerrates, die dieser nach den für den jeweiligen Bereich vorgesehenen Modalitäten abgibt. Die Europäischen Beschlüsse des Europäischen Rates werden gemäß den in der Verfassung vorgesehenen Verfahren durchgeführt.

(2) Der Außenminister der Union und die Kommission können dem Ministerrat gemeinsame Vorschläge vorlegen, wobei der Außenminister für den Bereich der Gemeinsamen Außen- und Sicherheitspolitik und die Kommission für die anderen Bereiche des auswärtigen Handelns zuständig ist.

Kapitel II GEMEINSAME AUSSEN- UND SICHERHEITSPOLITIK

Artikel III-195

(1) Die Union erarbeitet und verwirklicht im Rahmen der Grundsätze und Ziele ihres auswärtigen Handelns eine Gemeinsame Außen- und Sicherheitspolitik, die sich auf alle Bereiche der Außen- und Sicherheitspolitik erstreckt.

(2) Die Mitgliedstaaten unterstützen die Gemeinsame Außen- und Sicherheitspolitik aktiv und vorbehaltlos im Geiste der Loyalität und der gegenseitigen Solidarität.

Die Mitgliedstaaten arbeiten zusammen, um ihre gegenseitige politische Solidarität zu stärken und weiterzuentwickeln. Sie enthalten sich jeder Handlung, die den Interessen der Union zuwiderläuft oder ihrer Wirksamkeit als kohärente Kraft in den internationalen Beziehungen schaden könnte.

Der Ministerrat und der Außenminister der Union tragen für die Einhaltung dieser Grundsätze Sorge.

(3) Die Union verfolgt ihre Gemeinsame Außen- und Sicherheitspolitik, indem sie

a) die allgemeinen Leitlinien bestimmt,
b) Europäische Beschlüsse über

   i) Aktionen der Union,
   ii) Standpunkte der Union,
   iii) die Umsetzung der Aktionen und Standpunkte erlässt

c) und die systematische Zusammenarbeit der Mitgliedstaaten bei der Führung ihrer Politik ausbaut.

Artikel III-196

(1) Der Europäische Rat bestimmt die allgemeinen Leitlinien der Gemeinsamen Außen- und Sicherheitspolitik, und zwar auch bei Fragen mit verteidigungspolitischen Bezügen.

Wenn eine internationale Entwicklung es erfordert, beruft der Präsident des Europäischen Rates eine außerordentliche Tagung des Europäischen Rates ein, um die strategischen Vorgaben für die Politik der Union angesichts dieser Entwicklung festzulegen.

(2) Der Ministerrat erlässt die für die Festlegung und Durchführung der Gemeinsamen Außen- und Sicherheitspolitik erforderlichen Europäischen Beschlüsse auf der Grundlage der vom Europäischen Rat festgelegten allgemeinen Leitlinien und strategischen Vorgaben.

Artikel III-197

(1) Der Außenminister der Union, der im Ministerrat "Auswärtige Angelegenheiten" den Vorsitz führt, trägt durch seine Vorschläge zur Festlegung der Gemeinsamen Außen- und Sicherheitspolitik bei und stellt sicher, dass die vom Europäischen Rat und vom Ministerrat erlassenen Europäischen Beschlüsse durchgeführt werden.

(2) In den Bereichen der Gemeinsamen Außen- und Sicherheitspolitik wird die Union durch den Außenminister der Union vertreten. Dieser führt im Namen der Union den politischen Dialog und vertritt den Standpunkt der Union in internationalen Organisationen und auf internationalen Konferenzen.

(3) Bei der Erfüllung seines Auftrags stützt sich der Außenminister der Union auf einen Europäischen Auswärtigen Dienst. Dieser Dienst arbeitet mit den diplomatischen Diensten der Mitgliedstaaten zusammen.[1]

Artikel III-198

(1) Verlangt eine internationale Situation ein operatives Vorgehen der Union, so erlässt der Ministerrat die erforderlichen Europäischen Beschlüsse. In diesen Beschlüssen werden die Ziele, der Umfang, die der Union zur Verfügung zu stellenden Mittel sowie die Bedingungen und erforderlichenfalls der Zeitraum für die Durchführung der Aktion festgelegt.

Tritt eine Änderung der Umstände mit erheblichen Auswirkungen auf eine Frage ein, die Gegenstand eines solchen Europäischen Beschlusses ist, so überprüft der Ministerrat die Grundsätze und Ziele dieser Aktion und erlässt die erforderlichen Europäischen

[1] Siehe Erklärung über die Einrichtung eines Europäischen Auswärtigen Dienstes.

Beschlüsse. Solange der Ministerrat nicht entschieden hat, bleibt der Europäische Beschluss über die Aktion der Union bestehen.

(2) Diese Europäischen Beschlüsse sind für die Mitgliedstaaten bei ihren Stellungnahmen und ihrem Vorgehen bindend.

(3) Jede einzelstaatliche Stellungnahme oder Maßnahme, die im Rahmen eines Europäischen Beschlusses nach Absatz 1 geplant ist, wird so rechtzeitig mitgeteilt, dass erforderlichenfalls eine vorherige Abstimmung im Ministerrat stattfinden kann. Die Pflicht zur vorherigen Unterrichtung gilt nicht für Bestimmungen, die eine bloße Umsetzung der Europäischen Beschlüsse auf einzelstaatlicher Ebene darstellen.

(4) Bei zwingender Notwendigkeit aufgrund der Entwicklung der Lage können die Mitgliedstaaten mangels eines neuen Europäischen Beschlusses unter Berücksichtigung der allgemeinen Ziele des in Absatz 1 genannten Europäischen Beschlusses die erforderlichen Sofortmaßnahmen ergreifen. Der Mitgliedstaat, der solche Maßnahmen ergreift, unterrichtet den Ministerrat unverzüglich davon.

(5) Ergeben sich bei der Durchführung eines Europäischen Beschlusses im Sinne dieses Artikels größere Schwierigkeiten, so befasst ein Mitgliedstaat den Ministerrat, der darüber berät und nach angemessenen Lösungen sucht. Diese dürfen nicht im Widerspruch zu den Zielen der Aktion stehen oder ihrer Wirksamkeit schaden.

Artikel III-199

Der Ministerrat erlässt Europäische Beschlüsse, in denen der Standpunkt der Union zu einer bestimmten Frage geografischer oder thematischer Art bestimmt wird. Die Mitgliedstaaten tragen dafür Sorge, dass ihre einzelstaatliche Politik mit den Standpunkten der Union in Einklang steht.

Artikel III-200

(1) Jeder Mitgliedstaat, der Außenminister der Union oder der Außenminister mit Unterstützung der Kommission kann den Ministerrat mit einer Frage der Gemeinsamen Außen- und Sicherheitspolitik befassen und ihm Vorschläge unterbreiten.

(2) In den Fällen, in denen eine rasche Entscheidung notwendig ist, beruft der Außenminister der Union von sich aus oder auf Antrag eines Mitgliedstaats innerhalb von 48 Stunden, bei absoluter Notwendigkeit in kürzerer Zeit, eine außerordentliche Tagung des Ministerrates ein.

Artikel III-201

(1) Europäische Beschlüsse nach diesem Kapitel werden vom Ministerrat einstimmig erlassen. Die Stimmenthaltung von anwesenden oder vertretenen Mitgliedern steht dem Erlass dieser Beschlüsse nicht entgegen.

Bei einer Stimmenthaltung kann jedes Mitglied des Ministerrates zu seiner Enthaltung eine förmliche Erklärung abgeben. In diesem Fall ist es nicht verpflichtet, den Europäischen Beschluss durchzuführen, akzeptiert jedoch, dass dieser für die Union bindend ist. Im Geiste gegenseitiger Solidarität unterlässt der betreffende Mitgliedstaat alles, was dem auf diesem Beschluss beruhenden Vorgehen der Union zuwiderlaufen oder es behindern könnte, und die anderen Mitgliedstaaten respektieren seinen Standpunkt. Vertreten die Mitglieder des Ministerrates, die bei ihrer Stimmenthaltung eine solche Erklärung abgeben, mindestens ein Drittel der Mitgliedstaaten, die mindestens ein Drittel der Unionsbevölkerung stellen, so wird der Beschluss nicht erlassen.

(2) Abweichend von Absatz 1 beschließt der Ministerrat mit qualifizierter Mehrheit, wenn er

a) auf der Grundlage eines Europäischen Beschlusses des Europäischen Rates über die strategischen Interessen und Ziele der Union nach Artikel III-194 Absatz 1 Europäische Beschlüsse über Aktionen oder Standpunkte der Union erlässt;
b) auf Vorschlag des Außenministers, den ihm dieser auf ein spezielles Ersuchen des Europäischen Rates hin unterbreitet, das auf dessen eigene Initiative oder auf die des Außenministers zurückgeht, einen Beschluss über eine Aktion oder einen Standpunkt der Union erlässt;
c) einen Europäischen Beschluss zur Durchführung einer Aktion oder eines Standpunkts der Union erlässt;
d) nach Artikel III-203 einen Europäischen Beschluss zur Ernennung eines Sonderbeauftragten erlässt.

Erklärt ein Mitglied des Ministerrates, dass es aus ganz wesentlichen Gründen der nationalen Politik, die es auch darlegen muss, die Absicht hat, einen mit qualifizierter Mehrheit zu erlassenden Europäischen Beschluss abzulehnen, so erfolgt keine Abstimmung. Der Außenminister der Union bemüht sich in engem Benehmen mit dem betroffenen Mitgliedstaat um eine für diesen Mitgliedstaat annehmbare Lösung. Sollte dies nicht gelingen, so kann der Ministerrat mit qualifizierter Mehrheit verlangen, dass die Frage zur einstimmigen Beschlussfassung an den Europäischen Rat verwiesen wird.

(3) Der Europäische Rat kann einstimmig beschließen, dass der Ministerrat in anderen als den in Absatz 2 genannten Fällen mit qualifizierter Mehrheit beschließt.

(4) Die Absätze 2 und 3 gelten nicht für Beschlüsse mit militärischen oder verteidigungspolitischen Bezügen.

Artikel III-202

(1) Hat die Union ein gemeinsames Vorgehen im Sinne von Artikel I-39 Absatz 5 festgelegt, so koordinieren der Außenminister der Union und die Minister für auswärtige Angelegenheiten der Mitgliedstaaten ihre Tätigkeiten im Ministerrat.

(2) Die diplomatischen Vertretungen der Mitgliedstaaten und die Delegationen der Union arbeiten in Drittländern und internationalen Organisationen zusammen und tragen zur Festlegung und Durchführung eines gemeinsamen Vorgehens bei.

Artikel III-203

Der Ministerrat ernennt, wenn er dies für notwendig hält, auf Initiative des Außenministers der Union einen Sonderbeauftragten, dem er ein Mandat im Zusammenhang mit besonderen politischen Fragen erteilt. Der Sonderbeauftragte übt sein Mandat unter der Leitung des Außenministers der Union aus.

Artikel III-204

Die Union kann nach Maßgabe dieses Kapitels und nach dem in Artikel III-227 beschriebenen Verfahren Übereinkünfte mit einem oder mehreren Staaten oder internationalen Organisationen schließen.

Artikel III-205

(1) Der Außenminister der Union hört das Europäische Parlament zu den wichtigsten Aspekten und den grundlegenden Weichenstellungen der Gemeinsamen Außen- und Sicherheitspolitik, einschließlich der Gemeinsamen Sicherheits- und Verteidigungspolitik, und achtet darauf, dass die Auffassungen des Europäischen Parlaments gebührend berücksichtigt werden. Das Europäische Parlament wird vom Außenminister der Union regelmäßig über die Entwicklung der gemeinsamen Außen- und Sicherheitspolitik der Union, einschließlich der Gemeinsamen Sicherheits- und Verteidigungspolitik, unterrichtet. Die Sonderbeauftragten können zur Unterrichtung des Europäischen Parlaments mit herangezogen werden.

(2) Das Europäische Parlament kann Anfragen oder Empfehlungen an den Ministerrat und den Außenminister der Union richten. Zweimal jährlich führt es eine Aussprache über die Fortschritte bei der Durchführung der Gemeinsamen Außen- und Sicherheitspolitik, einschließlich der Gemeinsamen Sicherheits- und Verteidigungspolitik.

Artikel III-206

(1) Die Mitgliedstaaten koordinieren ihr Handeln in internationalen Organisationen und auf internationalen Konferenzen. Sie treten dort für die Standpunkte der Union ein. Der Außenminister der Union trägt für die Organisation dieser Koordinierung Sorge.

In den internationalen Organisationen und auf internationalen Konferenzen, bei denen nicht alle Mitgliedstaaten vertreten sind, setzen sich die dort vertretenen Mitgliedstaaten für die Standpunkte der Union ein.

(2) Unbeschadet des Absatzes 1 und des Artikels III-198 Absatz 3 halten die Mitgliedstaaten, die in internationalen Organisationen oder auf internationalen Konferenzen vertreten sind, die dort nicht vertretenen Mitgliedstaaten und den Außenminister der Union über alle Fragen von gemeinsamem Interesse auf dem Laufenden.

Die Mitgliedstaaten, die auch Mitglieder des Sicherheitsrats der Vereinten Nationen sind, stimmen sich ab und halten die übrigen Mitgliedstaaten sowie den Außenminister der Union in vollem Umfang auf dem Laufenden. Die Mitgliedstaaten, die Mitglieder des

Sicherheitsrats sind, setzen sich bei der Wahrnehmung ihrer Aufgaben unbeschadet ihrer Verantwortung aufgrund der Charta der Vereinten Nationen für die Standpunkte und Interessen der Union ein.

Wenn die Union einen Standpunkt zu einem Thema festgelegt hat, das auf der Tagesordnung des Sicherheitsrats der Vereinten Nationen steht, beantragen die dort vertretenen Mitgliedstaaten, dass der Außenminister der Union aufgefordert wird, den Standpunkt der Union vorzutragen.

Artikel III-207

Die diplomatischen und konsularischen Vertretungen der Mitgliedstaaten und die Delegationen der Union in Drittländern und auf internationalen Konferenzen sowie ihre Vertretungen bei internationalen Organisationen arbeiten zusammen, um die Einhaltung und Umsetzung der vom Ministerrat erlassenen Europäischen Beschlüsse über Standpunkte und Aktionen der Union zu gewährleisten. Sie intensivieren ihre Zusammenarbeit durch Informationsaustausch und gemeinsame Bewertungen.

Sie beteiligen sich an der Durchführung der in Artikel I-8 Absatz 2 genannten Bestimmungen über den Schutz der europäischen Bürgerinnen und Bürger im Hoheitsgebiet eines Drittlandes sowie der nach Artikel III-11 erlassenen Maßnahmen.

Artikel III-208

Unbeschadet des Artikels III-247 verfolgt ein Politisches und Sicherheitspolitisches Komitee die internationale Lage in den Bereichen der Gemeinsamen Außen- und Sicherheitspolitik und trägt auf Ersuchen des Ministerrates, des Außenministers der Union oder von sich aus durch an den Ministerrat gerichtete Stellungnahmen zur Festlegung der Politik bei. Ferner überwacht es die Durchführung der vereinbarten Politik; dies gilt unbeschadet der Zuständigkeiten des Außenministers der Union.

Im Rahmen dieses Kapitels nimmt das Komitee unter der Verantwortung des Ministerrates und des Außenministers der Union die politische Kontrolle und strategische Leitung von Krisenbewältigungsoperationen im Sinne des Artikels III-210 wahr.

Der Ministerrat kann das Komitee für den Zweck und die Dauer einer Krisenbewältigungsoperation, die vom Ministerrat festgelegt werden, ermächtigen, geeignete Maßnahmen hinsichtlich der politischen Kontrolle und strategischen Leitung der Operation zu erlassen.

Artikel III-209

Die Durchführung der Gemeinsamen Außen- und Sicherheitspolitik lässt die in den Artikeln I-12 bis I-14 und I-16 aufgeführten Zuständigkeiten unberührt. Ebenso lässt die Durchführung der Politik gemäß den genannten Artikeln die Zuständigkeit nach Artikel I-15 unberührt.

Der Gerichtshof ist für die Kontrolle der Einhaltung dieses Artikels zuständig.

Abschnitt 1 GEMEINSAME SICHERHEITS- UND VERTEIDIGUNGSPOLITIK

Artikel III-210

(1) Die in Artikel I-40 Absatz 1 vorgesehenen Missionen, bei deren Durchführung die Union auf zivile und militärische Mittel zurückgreifen kann, umfassen gemeinsame Abrüstungsmaßnahmen, humanitäre Aufgaben und Rettungseinsätze, Aufgaben der militärischen Beratung und Unterstützung, Aufgaben der Konfliktverhütung und der Erhaltung des Friedens sowie Kampfeinsätze im Rahmen der Krisenbewältigung einschließlich Frieden schaffender Maßnahmen und Operationen zur Stabilisierung der Lage nach Konflikten. Mit allen diesen Missionen kann zur Bekämpfung des Terrorismus beigetragen werden, unter anderem auch durch die Unterstützung für Drittstaaten bei der Bekämpfung des Terrorismus in ihrem Hoheitsgebiet.

(2) Der Ministerrat erlässt die Europäischen Beschlüsse über Missionen im Sinne des Absatzes 1 einstimmig; in den Beschlüssen sind Ziel und Umfang der Missionen sowie die für sie geltenden allgemeinen Durchführungsbestimmungen festgelegt. Der Außenminister der Union sorgt unter Aufsicht des Ministerrates und in engem und ständigem Benehmen mit dem Politischen und Sicherheitspolitischen Komitee für die Koordinierung der zivilen und militärischen Aspekte dieser Missionen.

Artikel III-211

(1) Im Rahmen der nach Artikel III-210 erlassenen Europäischen Beschlüsse kann der Ministerrat die Durchführung einer Mission einer Gruppe von Mitgliedstaaten übertragen, die über die erforderlichen Fähigkeiten verfügen und sich an dieser Mission beteiligen wollen. Die betreffenden Mitgliedstaaten vereinbaren im Benehmen mit dem Außenminister der Union untereinander die Ausführung der Mission.

(2) Der Ministerrat wird von den an der Durchführung der Mission beteiligten Mitgliedstaaten regelmäßig über den Stand der Mission unterrichtet. Er wird von diesen Mitgliedstaaten sofort befasst, wenn sich aus der Durchführung der Mission neue weit reichende Konsequenzen ergeben oder das vom Ministerrat nach Artikel III-210 festgelegte Ziel der Mission, ihr Umfang oder ihre Modalitäten geändert werden müssen. Der Ministerrat erlässt in diesen Fällen die erforderlichen Europäischen Beschlüsse.

Artikel III-212

(1) Aufgabe des dem Ministerrat unterstellten Europäischen Amtes für Rüstung, Forschung und militärische Fähigkeiten ist es,

a) bei der Ermittlung der Ziele im Bereich der militärischen Fähigkeiten der Mitgliedstaaten und der Bewertung der Erfüllung der von den Mitgliedstaaten in Bezug auf diese Fähigkeiten eingegangenen Verpflichtungen mitzuwirken;
b) auf eine Harmonisierung des operativen Bedarfs sowie die Festlegung effizienter und kompatibler Beschaffungsverfahren hinzuwirken.
c) multilaterale Projekte vorzuschlagen, durch die die Ziele im Bereich der militärischen Fähigkeiten erfüllt werden, und für die Koordinierung der von den Mitgliedstaaten durchgeführten Programme sowie die Verwaltung spezifischer Kooperationsprogramme zu sorgen;
d) die Forschung auf dem Gebiet der Verteidigungstechnologie zu unterstützen, gemeinsame Forschungsaktivitäten sowie Studien zu technischen Lösungen, die dem künftigen operativen Bedarf gerecht werden, zu koordinieren und zu planen;
e) dazu beizutragen, dass zweckdienliche Maßnahmen zur Stärkung der industriellen und technologischen Basis des Verteidigungssektors und für einen gezielteren Einsatz der Verteidigungsausgaben ermittelt werden, und diese Maßnahmen gegebenenfalls durchzuführen.

(2) Alle Mitgliedstaaten können auf Wunsch an der Arbeit des Amtes teilnehmen. Der Ministerrat erlässt mit qualifizierter Mehrheit einen Europäischen Beschluss, in dem die Rechtsstellung, der Sitz und die Funktionsweise des Amtes festgelegt werden. Dieser Beschluss trägt dem Umfang der effektiven Beteiligung an den Tätigkeiten des Amtes Rechnung. Innerhalb des Amtes werden spezielle Gruppen gebildet, in denen Mitgliedstaaten zusammenkommen, die gemeinsame Projekte durchführen. Das Amt versieht seine Aufgaben erforderlichenfalls in Verbindung mit der Kommission.

Artikel III-213

(1) Die im Protokoll [*Titel*] aufgeführten Mitgliedstaaten, die anspruchsvollere Kriterien in Bezug auf die militärischen Fähigkeiten erfüllen und die im Hinblick auf Missionen mit höchsten Anforderungen festere Verpflichtungen in diesem Bereich eingehen wollen, begründen eine strukturierte Zusammenarbeit im Sinne von Artikel I-40 Absatz 6. Das betreffende Protokoll enthält die von diesen Mitgliedstaaten festgelegten Kriterien und Zusagen hinsichtlich der militärischen Fähigkeiten.

(2) Sollte sich ein Mitgliedstaat unter Übernahme aller daraus für ihn entstehenden Pflichten zu einem späteren Zeitpunkt an dieser Zusammenarbeit beteiligen wollen, so setzt er den Europäischen Rat von seiner Absicht in Kenntnis. Der Ministerrat berät über den Antrag des entsprechenden Mitgliedstaats. An der Abstimmung nehmen nur die Mitglieder des Ministerrates teil, die an der strukturierten Zusammenarbeit beteiligte Mitgliedstaaten vertreten.

(3) Wenn der Ministerrat die Europäischen Beschlüsse über den Gegenstand der strukturierten Zusammenarbeit erlässt, nehmen nur die Mitglieder des Ministerrates, die an der strukturierten Zusammenarbeit beteiligte Mitgliedstaaten vertreten, an den Beratungen und an der Abstimmung über diese Beschlüsse teil. Der Außenminister der Union nimmt an den Beratungen teil. Die Vertreter der anderen Mitgliedstaaten werden ordnungsgemäß und in regelmäßigen Abständen vom Außenminister der Union über die Entwicklung der strukturierten Zusammenarbeit informiert.

(4) Der Ministerrat kann die an der strukturierten Zusammenarbeit beteiligten Mitgliedstaaten mit der Durchführung einer Mission nach Artikel III-210 im Rahmen der Union betrauen.

(5) Unbeschadet der Absätze 1 bis 4 gelten für die in diesem Artikel geregelte strukturierte Zusammenarbeit die entsprechenden Bestimmungen über die verstärkte Zusammenarbeit.

Artikel III-214

(1) An der engeren Zusammenarbeit auf dem Gebiet der gegenseitigen Verteidigung gemäß Artikel I-40 Absatz 7 können sich alle Mitgliedstaaten der Union beteiligen. Ein Verzeichnis der an der engeren Zusammenarbeit beteiligten Mitgliedstaaten ist in der Erklärung [*Titel*] enthalten. Sollte sich ein Mitgliedstaat zu einem späteren Zeitpunkt unter Übernahme der dadurch für ihn entstehenden Pflichten beteiligen wollen, so setzt er den Europäischen Rat davon in Kenntnis und unterzeichnet die genannte Erklärung.

(2) Ein an dieser Zusammenarbeit beteiligter Mitgliedstaat, der einem bewaffneten Angriff auf sein Hoheitsgebiet ausgesetzt ist, setzt die anderen beteiligten Mitgliedstaaten von der Lage in Kenntnis und kann sie um Hilfe und Unterstützung ersuchen. Die beteiligten Mitgliedstaaten treten zu Beratungen auf Ministerebene zusammen, wobei sie von ihren jeweiligen Vertretern im Politischen und Sicherheitspolitischen Komitee sowie im Militärausschuss unterstützt werden.

(3) Der Sicherheitsrat der Vereinten Nationen wird unverzüglich von jedem bewaffneten Angriff sowie von den daraufhin getroffenen Maßnahmen in Kenntnis gesetzt.

(4) Dieser Artikel berührt für die betroffenen Mitgliedstaaten nicht die Rechte und Pflichten im Rahmen des Nordatlantikvertrags.

Abschnitt 2 FINANZBESTIMMUNGEN

Artikel III-215

(1) Die Verwaltungsausgaben, die den Organen aus den Bestimmungen über die in diesem Kapitel genannten Bereiche entstehen, gehen zulasten des Haushalts der Union.

(2) Die operativen Ausgaben im Zusammenhang mit der Durchführung dieser Bestimmungen gehen ebenfalls zulasten des Haushalts der Union, mit Ausnahme der Ausgaben aufgrund von Maßnahmen mit militärischen oder verteidigungspolitischen Bezügen und von Fällen, in denen der Ministerrat etwas anderes beschließt.

In Fällen, in denen die Ausgaben nicht zulasten des Haushalts der Union gehen, gehen sie nach dem Bruttosozialprodukt-Schlüssel zulasten der Mitgliedstaaten, sofern der Ministerrat nicht etwas anderes beschließt. Die Mitgliedstaaten, deren Vertreter im Ministerrat eine förmliche Erklärung nach Artikel III-201 Absatz 1 Unterabsatz 2 abgegeben haben, sind nicht verpflichtet, zur Finanzierung von Ausgaben für Maßnahmen mit militärischen oder verteidigungspolitischen Bezügen beizutragen.

(3) Der Ministerrat erlässt einen Europäischen Beschluss zur Festlegung besonderer Verfahren, um den schnellen Zugriff auf die Haushaltsmittel der Union zu gewährleisten, die für die Sofortfinanzierung von Initiativen im Rahmen der Gemeinsamen Außen- und Sicherheitspolitik, insbesondere von Tätigkeiten zur Vorbereitung einer Mission gemäß Artikel I-40 Absatz 1 bestimmt sind. Er beschließt nach Anhörung des Europäischen Parlaments.

Die Tätigkeiten zur Vorbereitung der in Artikel I-40 Absatz 1 genannten Missionen, die nicht zulasten des Haushalts der Union gehen, werden aus einem aus Beiträgen der Mitgliedstaaten gebildeten Anschubfonds finanziert.

Der Ministerrat erlässt mit qualifizierter Mehrheit auf Vorschlag des Außenministers der Union die Europäischen Beschlüsse über

a) die Modalitäten für die Bildung und die Finanzierung des Anschubfonds, insbesondere die Höhe der Mittelzuweisungen für den Fonds und die Rückzahlungsmodalitäten;
b) die Modalitäten für die Verwaltung des Anschubfonds;
c) die Modalitäten für die Finanzkontrolle.

Plant der Ministerrat eine Mission gemäß Artikel I-40 Absatz 1, die nicht aus dem Haushalt der Union finanziert werden kann, so ermächtigt er den Außenminister der Union zur Inanspruchnahme dieses Fonds. Der Außenminister der Union erstattet dem Ministerrat Bericht über die Erfüllung dieses Mandats.

Kapitel III GEMEINSAME HANDELSPOLITIK

Artikel III-216

Durch die Schaffung einer Zollunion zwischen den Mitgliedstaaten beabsichtigt die Union, im gemeinsamen Interesse zur harmonischen Entwicklung des Welthandels, zur schrittweisen Beseitigung der Beschränkungen im internationalen Handelsverkehr und bei den ausländischen Direktinvestitionen sowie zum Abbau der Zoll- und anderer Schranken beizutragen.

Artikel III-217

(1) Die gemeinsame Handelspolitik wird nach einheitlichen Grundsätzen gestaltet; dies gilt insbesondere für die Änderung von Zollsätzen, den Abschluss von Zoll- und Handelsabkommen betreffend den Handel mit Waren und Dienstleistungen sowie die Handelsaspekte des geistigen Eigentums, die ausländischen Direktinvestitionen, die Vereinheitlichung der Liberalisierungsmaßnahmen, die Ausfuhrpolitik und die handelspolitischen Schutzmaßnahmen, zum Beispiel im Fall von Dumping und Subventionen. Die gemeinsame Handelspolitik wird im Rahmen der Grundsätze und Ziele des auswärtigen Handelns der Union gestaltet.

(2) Die für die Umsetzung der gemeinsamen Handelspolitik erforderlichen Maßnahmen werden durch Europäische Gesetze oder Rahmengesetze festgelegt.

(3) Sind mit einem oder mehreren Staaten oder internationalen Organisationen Abkommen auszuhandeln oder zu schließen, so finden die einschlägigen Bestimmungen des Artikels III-227 Anwendung. Die Kommission legt dem Ministerrat Empfehlungen vor; dieser ermächtigt die Kommission zur Aufnahme der erforderlichen Verhandlungen. Es ist Sache des Ministerrates und der Kommission, dafür zu sorgen, dass die ausgehandelten Abkommen mit der internen Politik und den internen Vorschriften der Union vereinbar sind.

Die Kommission führt diese Verhandlungen im Benehmen mit einem zu ihrer Unterstützung vom Ministerrat bestellten Sonderausschuss nach Maßgabe der Richtlinien, die ihr der Ministerrat erteilen kann. Die Kommission erstattet dem Sonderausschuss sowie dem Europäischen Parlament regelmäßig Bericht über den Stand der Verhandlungen.

(4) In Bezug auf die Aushandlung und den Abschluss eines Abkommens über den Dienstleistungsverkehr, der mit einem Grenzübertritt von Personen verbunden ist, oder über Handelsaspekte des geistigen Eigentums beschließt der Ministerrat einstimmig, wenn das Abkommen Bestimmungen enthält, die für die Annahme interner Vorschriften Einstimmigkeit erfordern.

Der Rat beschließt ebenfalls einstimmig über die Aushandlung und den Abschluss von Abkommen im Bereich des Handels mit kulturellen und audiovisuellen Dienstleistungen, wenn diese die kulturelle und sprachliche Vielfalt in der Union beeinträchtigen können.

Für die Aushandlung und den Abschluss von internationalen Abkommen im Bereich des Verkehrs gilt weiterhin Titel III Kapitel III Abschnitt 7 sowie Artikel III-227.

(5) Die Ausübung der in diesem Artikel übertragenen handelspolitischen Befugnisse hat keine Auswirkungen auf die Kompetenzabgrenzung zwischen der Union und den Mitgliedstaaten und führt nicht zu einer Harmonisierung der Rechts- und Verwaltungsvorschriften der Mitgliedstaaten, soweit eine solche Harmonisierung in der Verfassung ausgeschlossen wird.

Kapitel IV ZUSAMMENARBEIT MIT DRITTLÄNDERN UND HUMANITÄRE HILFE

Abschnitt 1 ENTWICKLUNGSZUSAMMENARBEIT

Artikel III-218

(1) Den Rahmen für die Politik der Union auf dem Gebiet der Entwicklungszusammenarbeit bilden die Grundsätze und Ziele des auswärtigen Handelns der Union. Die Politik der Union und die Politik der Mitgliedstaaten auf dem Gebiet der Entwicklungszusammenarbeit ergänzen und verstärken sich gegenseitig.

Hauptziel der Unionspolitik in diesem Bereich ist die Bekämpfung und auf längere Sicht die Beseitigung der Armut. Bei der Durchführung politischer Maßnahmen, die sich auf die Entwicklungsländer auswirken können, trägt die Union den Zielen der Entwicklungszusammenarbeit Rechnung.

(2) Die Union und die Mitgliedstaaten kommen den im Rahmen der Vereinten Nationen und anderer zuständiger internationaler Organisationen gegebenen Zusagen nach und berücksichtigten die in diesem Rahmen gebilligten Zielsetzungen.

Artikel III-219

(1) Die zur Durchführung der Politik im Bereich der Entwicklungszusammenarbeit erforderlichen Maßnahmen werden durch Europäische Gesetze oder Rahmengesetze festgelegt; diese können Mehrjahresprogramme für die Zusammenarbeit mit Entwicklungsländern oder thematische Programme betreffen.

(2) Die Union kann mit Drittländern und den zuständigen internationalen Organisationen alle Abkommen schließen, die zur Verwirklichung der Ziele des Artikels III-193 beitragen. Diese Abkommen werden gemäß Artikel III-227 ausgehandelt und geschlossen.

Unterabsatz 1 berührt nicht die Zuständigkeit der Mitgliedstaaten, in internationalen Gremien zu verhandeln und internationale Abkommen zu schließen.

(3) Die Europäische Investitionsbank trägt nach Maßgabe ihrer Satzung zur Durchführung der Maßnahmen im Sinne des Absatzes 1 bei.

Artikel III-220

(1) Damit ihre Maßnahmen einander besser ergänzen und wirksamer sind, koordinieren die Union und die Mitgliedstaaten ihre Politik auf dem Gebiet der Entwicklungszusammenarbeit und stimmen ihre Hilfsprogramme, auch in internationalen Organisationen und auf internationalen Konferenzen, miteinander ab. Sie können gemeinsame Maßnahmen ergreifen. Die Mitgliedstaaten tragen erforderlichenfalls zur Durchführung der Hilfsprogramme der Union bei.

(2) Die Kommission kann alle Initiativen ergreifen, die der in Absatz 1 genannten Koordinierung förderlich sind.

(3) Die Union und die Mitgliedstaaten arbeiten im Rahmen ihrer jeweiligen Zuständigkeiten mit Drittländern und den zuständigen internationalen Organisationen zusammen.

Abschnitt 2 WIRTSCHAFTLICHE, FINANZIELLE UND TECHNISCHE ZUSAMMENARBEIT MIT DRITTLÄNDERN

Artikel III-221

(1) Unbeschadet der übrigen Bestimmungen der Verfassung, insbesondere der Artikel III-218 bis III-220, führt die Union mit Drittländern, die keine Entwicklungsländer sind, Maßnahmen der wirtschaftlichen, finanziellen und technischen Zusammenarbeit durch, die auch Unterstützung insbesondere im finanziellen Bereich einschließen. Diese Maßnahmen stehen mit der Entwicklungspolitik der Union im Einklang und werden im Rahmen der Grundsätze und Ziele ihres auswärtigen Handelns durchgeführt. Die Maßnahmen der Union und die Maßnahmen der Mitgliedstaaten ergänzen und verstärken sich gegenseitig.

(2) Die zur Durchführung des Absatzes 1 erforderlichen Maßnahmen werden durch Europäische Gesetze oder Rahmengesetze festgelegt.

(3) Die Union und die Mitgliedstaaten arbeiten im Rahmen ihrer jeweiligen Zuständigkeiten mit Drittländern und den zuständigen internationalen Organisationen zusammen. Die Einzelheiten der Zusammenarbeit der Union können in Abkommen zwischen dieser und den betreffenden dritten Parteien geregelt werden, die nach Artikel III-227 ausgehandelt und geschlossen werden. Im Falle von Assoziierungsabkommen gemäß Artikel III-226 Absatz 2 und von Abkommen mit Staaten, die den Beitritt zur Union beantragt haben, beschließt der Ministerrat einstimmig.

Unterabsatz 1 berührt nicht die Zuständigkeit der Mitgliedstaaten, in internationalen Gremien zu verhandeln und internationale Abkommen zu schließen.

Artikel III-222

Ist es aufgrund der Lage in einem Drittland notwendig, dass die Union umgehend finanzielle Hilfe leistet, so erlässt der Ministerrat auf Vorschlag der Kommission die erforderlichen Europäischen Beschlüsse.

Abschnitt 3 HUMANITÄRE HILFE

Artikel III-223

(1) Den Rahmen für die Maßnahmen der Union im Bereich der humanitären Hilfe bilden die Grundsätze und Ziele des auswärtigen Handelns der Union. Die Maßnahmen dienen dazu, Einwohnern von Drittländern, die unter Naturkatastrophen oder von Menschen verursachten Katastrophen zu leiden haben, gezielt Hilfe, Rettung und Schutz zu bringen, damit die aus diesen Notständen resultierenden humanitären Bedürfnisse gedeckt werden können. Die Maßnahmen der Union und die Maßnahmen der Mitgliedstaaten ergänzen und verstärken sich gegenseitig.

(2) Die Maßnahmen der humanitären Hilfe werden im Einklang mit den Grundsätzen des humanitären Völkerrechts, insbesondere den Grundsätzen der Unparteilichkeit und der Nichtdiskriminierung, durchgeführt.

(3) Durch Europäische Gesetze oder Rahmengesetze werden die Maßnahmen zur Festlegung des Rahmens erlassen, innerhalb dessen die Maßnahmen der humanitären Hilfe der Union durchgeführt werden.

(4) Die Union kann mit Drittländern und den zuständigen internationalen Organisationen alle Abkommen schließen, die zur Verwirklichung der Ziele des Artikels III-193 beitragen. Diese Abkommen werden gemäß Artikel III-227 ausgehandelt und geschlossen.

Unterabsatz 1 berührt nicht die Zuständigkeit der Mitgliedstaaten, in internationalen Gremien zu verhandeln und internationale Abkommen zu schließen.

(5) Als Rahmen für gemeinsame Beiträge der europäischen Jugendlichen zu den humanitären Maßnahmen der Union wird ein Europäisches Freiwilligenkorps für humanitäre Hilfe geschaffen. Durch Europäische Gesetze wird die Rechtsstellung und die Arbeitsweise des Korps festgelegt.

(6) Die Kommission kann alle Initiativen ergreifen, die der Koordinierung zwischen den Maßnahmen der Union und denen der Mitgliedstaaten förderlich sind, damit die Programme der Union und der Mitgliedstaaten im Bereich der humanitären Hilfe wirksamer sind und einander besser ergänzen.

(7) Die Union sorgt dafür, dass ihre humanitären Maßnahmen mit den Maßnahmen der internationalen Organisationen und Einrichtungen, insbesondere denen der Vereinten Nationen, abgestimmt werden und im Einklang stehen.

Kapitel V RESTRIKTIVE MASSNAHMEN

Artikel III-224

(1) Sieht ein nach den Bestimmungen über die Gemeinsame Außen- und Sicherheitspolitik des Kapitels II erlassener Europäischer Beschluss über einen Standpunkt oder eine Aktion der Union die Aussetzung, Einschränkung oder vollständige Einstellung der Wirtschafts- und Finanzbeziehungen zu einem oder mehreren Drittländern vor, so erlässt der Ministerrat die erforderlichen Europäischen Verordnungen oder Beschlüsse; er beschließt dabei auf gemeinsamen Vorschlag des Außenministers der Union und der Kommission mit qualifizierter Mehrheit. Er unterrichtet hierüber das Europäische Parlament.

(2) In den unter Absatz 1 fallenden Bereichen kann der Ministerrat nach demselben Verfahren restriktive Maßnahmen gegen natürliche oder juristische Personen sowie nichtstaatliche Gruppierungen oder Strukturen erlassen.

Kapitel VI INTERNATIONALE ÜBEREINKÜNFTE

Artikel III-225

(1) Die Union kann mit einem oder mehreren Drittstaaten oder einer oder mehreren internationalen Organisationen Übereinkünfte schließen, sofern dies in der Verfassung vorgesehen ist oder wenn der Abschluss einer Übereinkunft im Rahmen der Politik der Union zur Verwirklichung eines der in der Verfassung festgesetzten Ziele erforderlich ist, in einem bindenden Rechtsakt der Union vorgesehen ist oder einen internen Rechtsakt der Union beeinträchtigt.

(2) Die von der Union geschlossenen Übereinkünfte binden die Organe der Union und die Mitgliedstaaten.

Artikel III-226

Die Union kann mit einem oder mehreren Drittstaaten oder einer oder mehreren internationalen Organisationen Assoziierungsabkommen schließen. Durch diese Abkommen wird eine Assoziation mit gegenseitigen Rechten und Pflichten, gemeinsamem Vorgehen und besonderen Verfahren gegründet.

Artikel III-227

(1) Unbeschadet der besonderen Bestimmungen des Artikels III-217 werden Übereinkünfte zwischen der Union und Drittstaaten oder internationalen Organisationen nach dem nachstehend beschriebenen Verfahren ausgehandelt und geschlossen.

(2) Der Ministerrat erteilt eine Ermächtigung zur Aufnahme von Verhandlungen, legt Verhandlungsrichtlinien fest und schließt die Übereinkünfte.

(3) Die Kommission oder, wenn sich die Übereinkunft ausschließlich oder hauptsächlich auf die Gemeinsame Außen- und Sicherheitspolitik bezieht, der Außenminister der Union legt dem Ministerrat Empfehlungen vor; dieser erlässt einen Europäischen Beschluss über die Ermächtigung zur Aufnahme von Verhandlungen.

(4) Der Ministerrat benennt im Rahmen des Europäischen Beschlusses über die Ermächtigung zur Aufnahme von Verhandlungen je nach dem Gegenstand der künftigen Übereinkunft den Verhandlungsführer oder den Leiter des Verhandlungsteams der Union.

(5) Der Ministerrat kann dem für die Aushandlung der Übereinkunft benannten Verhandlungsführer Verhandlungsrichtlinien erteilen und einen Sonderausschuss einsetzen; die Verhandlungen sind im Benehmen mit diesem Ausschuss zu führen.

(6) Auf Vorschlag des Verhandlungsführers erlässt der Ministerrat einen Europäischen Beschluss, mit dem die Unterzeichnung der Übereinkunft und gegebenenfalls deren vorläufige Anwendung genehmigt wird.

(7) Der Ministerrat erlässt auf Vorschlag des Verhandlungsführers einen Europäischen Beschluss über den Abschluss der Übereinkunft.

Mit Ausnahme der Übereinkünfte, die ausschließlich die gemeinsame Außen- und Sicherheitspolitik betreffen, erlässt der Ministerrat den Beschluss nach Unterabsatz 1 nach Anhörung des Europäischen Parlaments. Das Europäische Parlament gibt seine Stellungnahme innerhalb einer Frist ab, die der Ministerrat entsprechend der Dringlichkeit festlegen kann. Ergeht innerhalb dieser Frist keine Stellungnahme, so kann der Ministerrat einen Beschluss fassen.

Die Zustimmung des Europäischen Parlaments ist erforderlich für

a) Assoziierungsabkommen;
b) den Beitritt der Union zur Europäischen Konvention zum Schutze der Menschenrechte und Grundfreiheiten;
c) Übereinkünfte, die durch Einführung von Zusammenarbeitsverfahren einen besonderen institutionellen Rahmen schaffen;
d) Übereinkünfte mit erheblichen finanziellen Folgen für die Union;
e) Übereinkünfte in Bereichen, für die das Gesetzgebungsverfahren gilt.

Das Europäische Parlament und der Ministerrat können in dringenden Fällen eine Frist für die Zustimmung vereinbaren.

(8) Abweichend von den Absätzen 6, 7 und 10 kann der Ministerrat den Verhandlungsführer bei Abschluss einer Übereinkunft ermächtigen, im Namen der

Union Änderungen der Übereinkunft zu billigen, wenn diese Übereinkunft vorsieht, dass diese Änderungen im Wege eines vereinfachten Verfahrens oder durch ein durch die Übereinkunft geschaffenes Gremium anzunehmen sind; der Ministerrat kann diese Ermächtigung gegebenenfalls mit besonderen Bedingungen verbinden.

(9) Der Ministerrat beschließt im Verlauf des gesamten Verfahrens mit qualifizierter Mehrheit. Er beschließt jedoch einstimmig, wenn die Übereinkunft einen Bereich betrifft, in dem für den Erlass eines Rechtsakts der Union Einstimmigkeit vorgesehen ist, sowie dann, wenn es um Assoziierungsabkommen oder den Beitritt der Union zur Europäischen Konvention zum Schutze der Menschenrechte und Grundfreiheiten geht.

(10) Der Ministerrat erlässt auf Vorschlag des Außenministers der Union oder der Kommission einen Europäischen Beschluss über die Aussetzung der Anwendung einer Übereinkunft und zur Festlegung der Standpunkte, die im Namen der Union in einem durch eine Übereinkunft eingesetzten Gremium zu vertreten sind, sofern dieses Gremium rechtswirksame Akte - mit Ausnahme von Rechtsakten zur Ergänzung oder Änderung des institutionellen Rahmens der betreffenden Übereinkunft - zu erlassen hat.

(11) Das Europäische Parlament wird in allen Phasen des Verfahrens unverzüglich und umfassend unterrichtet.

(12) Ein Mitgliedstaat, das Europäische Parlament, der Ministerrat oder die Kommission kann ein Gutachten des Gerichtshofs über die Vereinbarkeit einer geplanten Übereinkunft mit den Bestimmungen dieser Verfassung einholen. Ist dieses Gutachten ablehnend, so kann die geplante Übereinkunft nur in Kraft treten, wenn sie entsprechend geändert oder die Verfassung nach dem Verfahren des Artikels IV-6 revidiert wird.

Artikel III-228

(1) Abweichend von Artikel III-227 kann der Ministerrat einstimmig auf Empfehlung der Europäischen Zentralbank oder der Kommission und nach Anhörung der Europäischen Zentralbank in dem Bemühen, zu einem mit dem Ziel der Preisstabilität im Einklang stehenden Konsens zu gelangen, nach Anhörung des Europäischen Parlaments gemäß den in Absatz 3 für die Festlegung von Modalitäten vorgesehenen Verfahren förmliche Vereinbarungen über ein Wechselkurssystem für den Euro gegenüber anderen als den in der Union als gesetzliche Zahlungsmittel bestehenden Währungen treffen.

Der Ministerrat kann mit qualifizierter Mehrheit entweder auf Empfehlung der Kommission und nach Anhörung der Europäischen Zentralbank oder auf Empfehlung der Europäischen Zentralbank in dem Bemühen, zu einem mit dem Ziel der Preisstabilität im Einklang stehenden Konsens zu gelangen, die Euro-Leitkurse innerhalb des Wechselkurssystems festlegen, ändern oder aufgeben. Der Präsident des Ministerrates unterrichtet das Europäische Parlament von der Festlegung, Änderung oder Aufgabe der Euro-Leitkurse.

(2) Besteht gegenüber einer oder mehreren anderen als den in der Union als gesetzliches Zahlungsmittel bestehenden Währungen kein Wechselkurssystem nach Absatz 1, so kann der Ministerrat entweder auf Empfehlung der Kommission und nach Anhörung der Europäischen Zentralbank oder auf Empfehlung der Europäischen Zentralbank allgemeine Orientierungen für die Wechselkurspolitik gegenüber diesen Währungen aufstellen. Diese allgemeinen Orientierungen dürfen das vorrangige Ziel des Europäischen Zentralbanksystems, die Preisstabilität zu gewährleisten, nicht beeinträchtigen.

(3) Wenn von der Union mit einem oder mehreren Staaten oder einer oder mehreren internationalen Organisationen Vereinbarungen im Zusammenhang mit Währungsfragen oder Devisenregelungen auszuhandeln sind, beschließt der Ministerrat abweichend von Artikel III-227 auf Empfehlung der Kommission und nach Anhörung der Europäischen Zentralbank die Modalitäten für die Aushandlung und den Abschluss solcher Vereinbarungen. Mit diesen Modalitäten wird gewährleistet, dass die Gemeinschaft einen einheitlichen Standpunkt vertritt. Die Kommission wird an den Verhandlungen in vollem Umfang beteiligt.

(4) Die Mitgliedstaaten können unbeschadet der Zuständigkeiten und der Übereinkünfte der Union im Bereich der Wirtschafts- und Währungsunion in internationalen Gremien Verhandlungen führen und internationale Übereinkünfte schließen.

Kapitel VII BEZIEHUNGEN DER UNION ZU INTERNATIONALEN ORGANISATIONEN, DRITTLÄNDERN UND DELEGATIONEN DER UNION

Artikel III-229

(1) Die Union führt jede zweckdienliche Zusammenarbeit mit den Vereinten Nationen, dem Europarat, der Organisation für Sicherheit und Zusammenarbeit in Europa und der Organisation für wirtschaftliche Zusammenarbeit und Entwicklung herbei.

(2) Sie unterhält ferner, soweit zweckdienlich, Beziehungen zu anderen internationalen Organisationen.

(3) Die Durchführung dieses Artikels obliegt dem Außenminister der Union und der Kommission.

Artikel III-230

(1) Die Delegationen der Union in Drittländern und bei internationalen Organisationen stellen die Vertretung der Union sicher.

(2) Die Delegationen der Union üben ihre Tätigkeit unter der Leitung des Außenministers der Union und in enger Zusammenarbeit mit den diplomatischen Vertretungen der Mitgliedstaaten aus.

Kapitel VIII ANWENDUNG DER SOLIDARITÄTSKLAUSEL

Artikel III-231

(1) Der Ministerrat erlässt aufgrund eines gemeinsamen Vorschlags der Kommission und des Außenministers der Union einen Europäischen Beschluss über die Modalitäten für die Anwendung der Solidaritätsklausel nach Artikel I-42. Das Europäische Parlament wird darüber unterrichtet.

(2) Wird ein Mitgliedstaat von einem Terroranschlag oder einer Katastrophe natürlichen oder menschlichen Ursprungs betroffen, so leisten die anderen Mitgliedstaaten ihm auf Anforderung seiner politischen Organe Unterstützung. Zu diesem Zweck sprechen die Mitgliedstaaten sich im Ministerrat ab.

(3) Für die Zwecke dieses Artikels wird der Ministerrat vom Politischen und Sicherheitspolitischen Komitee, das sich hierbei auf die im Rahmen der Gemeinsamen Sicherheits- und Verteidigungspolitik entwickelten Strukturen stützt, sowie vom Ausschuss nach Artikel III-162 unterstützt, die ihm gegebenenfalls gemeinsame Stellungnahmen vorlegen.

(4) Damit die Union auf effiziente Weise tätig werden kann, nimmt der Europäische Rat regelmäßig eine Einschätzung der Bedrohungen vor, denen die Union ausgesetzt ist.

Titel VI ARBEITSWEISE DER UNION

Kapitel I VORSCHRIFTEN ÜBER DIE ORGANE

Abschnitt 1 DIE ORGANE

Unterabschnitt 1 DAS EUROPÄISCHE PARLAMENT

Artikel III-232

(1) Durch Europäische Gesetze oder Rahmengesetze des Ministerrates werden die Maßnahmen festgelegt, die erforderlich sind, um eine allgemeine unmittelbare Wahl der Mitglieder des Europäischen Parlaments nach einem einheitlichen Verfahren in allen Mitgliedstaaten oder im Einklang mit den allen Mitgliedstaaten gemeinsamen Grundsätzen zu ermöglichen.

Der Ministerrat beschließt nach Zustimmung des Europäischen Parlaments, die mit der Mehrheit seiner Mitglieder erteilt wird, einstimmig über einen Entwurf des Europäischen Parlaments. Das betreffende Gesetz oder Rahmengesetz tritt erst nach Zustimmung der Mitgliedstaaten im Einklang mit ihren jeweiligen Verfassungsbestimmungen in Kraft.

(2) In einem Europäischen Gesetz des Europäischen Parlaments sind die Regelungen und allgemeinen Bedingungen für die Wahrnehmung der Aufgaben der Mitglieder des Europäischen Parlaments festgelegt. Das Europäische Parlament beschließt auf eigene Initiative nach Anhörung der Kommission und mit Zustimmung des Ministerrates. Der Ministerrat beschließt einstimmig über alle Vorschriften und Bedingungen, die die Steuerregelung für die Mitglieder oder ehemaligen Mitglieder betreffen.

(3) In der Wahlperiode 2004 bis 2009 richtet sich die Zusammensetzung des Europäischen Parlaments nach dem Protokoll über die Vertretung der Bürger im Europäischen Parlament.

Artikel III-233

Die Regelungen für die politischen Parteien auf europäischer Ebene nach Artikel I-45 Absatz 4 und insbesondere die Vorschriften über ihre Finanzierung werden durch Europäische Gesetze festgelegt.

Artikel III-234

Das Europäische Parlament kann mit der Mehrheit seiner Mitglieder die Kommission auffordern, geeignete Vorschläge zu Fragen zu unterbreiten, die nach seiner Auffassung die Ausarbeitung eines Rechtsakts der Union zur Anwendung der Verfassung erfordern. Legt die Kommission keinen Vorschlag vor, so teilt sie dem Europäischen Parlament die Gründe dafür mit.

Artikel III-235

Das Europäische Parlament kann bei der Erfüllung seiner Aufgaben auf Antrag eines Viertels seiner Mitglieder die Einsetzung eines nichtständigen Untersuchungsausschusses beschließen, der unbeschadet der Befugnisse, die in der Verfassung anderen Organen oder Institutionen übertragen sind, behauptete Verstöße gegen das Unionsrecht oder Missstände bei der Anwendung desselben prüft; dies gilt nicht, wenn ein Gericht mit den behaupteten Sachverhalten befasst ist, solange das Gerichtsverfahren nicht abgeschlossen ist.

Mit der Vorlage seines Berichts hört der nichtständige Untersuchungsausschuss auf zu bestehen.

Die Einzelheiten der Ausübung des Untersuchungsrechts werden in einem Europäischen Gesetz des Europäischen Parlaments festgelegt. Das Europäische Parlament beschließt aus eigener Initiative nach Zustimmung des Ministerrates und der Kommission.

Artikel III-236

Jeder Bürger der Union sowie jede natürliche oder juristische Person mit Wohnort oder satzungsmäßigem Sitz in einem Mitgliedstaat kann allein oder zusammen mit anderen Bürgern oder Personen in Angelegenheiten, die in die Tätigkeitsbereiche der Union fallen und die ihn oder sie unmittelbar betreffen, eine Petition an das Europäische Parlament richten.

Artikel III-237

(1) Das Europäische Parlament ernennt von sich aus den Europäischen Bürgerbeauftragten. Dieser ist befugt, Beschwerden von jedem Bürger der Union oder von jeder natürlichen oder juristischen Person mit Wohnort oder satzungsmäßigem Sitz in einem Mitgliedstaat über Missstände bei der Tätigkeit der Organe, Einrichtungen oder Ämter und Agenturen der Union, mit Ausnahme des Gerichtshofs in Ausübung seiner Rechtsprechungsbefugnisse, entgegenzunehmen.

Der Europäische Bürgerbeauftragte führt im Rahmen seines Auftrags von sich aus oder aufgrund von Beschwerden, die ihm unmittelbar oder über ein Mitglied des Europäischen Parlaments zugehen, Untersuchungen durch, die er für gerechtfertigt hält; dies gilt nicht, wenn die behaupteten Sachverhalte Gegenstand eines Gerichtsverfahrens sind oder waren. Hat der Europäische Bürgerbeauftragte einen Missstand festgestellt, so befasst er die betreffenden Organe, Einrichtungen, Ämter oder Agenturen, die über eine Frist von drei Monaten verfügen, um ihm ihre Stellungnahme zu übermitteln. Der Europäische Bürgerbeauftragte legt anschließend dem Europäischen Parlament und den betreffenden Organen, Einrichtungen, Ämtern oder Agenturen einen Bericht vor. Der Beschwerdeführer wird über das Ergebnis dieser Untersuchungen unterrichtet.

Der Europäische Bürgerbeauftragte legt dem Europäischen Parlament jährlich einen Bericht über die Ergebnisse seiner Untersuchungen vor.

(2) Der Europäische Bürgerbeauftragte wird nach jeder Wahl des Europäischen Parlaments für die Dauer der Wahlperiode ernannt. Wiederernennung ist zulässig.

Der Europäische Bürgerbeauftragte kann auf Antrag des Europäischen Parlaments vom Gerichtshof seines Amtes enthoben werden, wenn er die Voraussetzungen für die Ausübung seines Amtes nicht mehr erfüllt oder eine schwere Verfehlung begangen hat.

(3) Der Europäische Bürgerbeauftragte übt sein Amt in völliger Unabhängigkeit aus. Er darf bei der Erfüllung seiner Pflichten von keiner Stelle Anweisungen anfordern oder entgegennehmen. Der Europäische Bürgerbeauftragte darf

während seiner Amtszeit keine andere entgeltliche oder unentgeltliche Berufstätigkeit ausüben.

(4) In einem Europäischen Gesetz des Europäischen Parlaments sind die Regelungen und allgemeinen Bedingungen für die Ausübung der Aufgaben des Europäischen Bürgerbeauftragten festgelegt. Das Europäische Parlament beschließt auf eigene Initiative nach Stellungnahme der Kommission und nach Zustimmung des Ministerrates.

Artikel III-238

Das Europäische Parlament hält jährlich eine Sitzungsperiode ab. Es tritt, ohne dass es einer Einberufung bedarf, am zweiten Dienstag des Monats März zusammen.

Das Europäische Parlament kann auf Antrag der Mehrheit seiner Mitglieder sowie auf Antrag des Ministerrates oder der Kommission zu einer außerordentlichen Sitzungsperiode zusammentreten.

Artikel III-239

(1) Die Kommission kann an allen Sitzungen des Europäischen Parlaments teilnehmen und wird auf ihren Antrag jederzeit gehört.

Die Kommission antwortet mündlich oder schriftlich auf die ihr vom Europäischen Parlament oder von dessen Mitgliedern gestellten Fragen.

(2) Der Europäische Rat und der Ministerrat werden vom Europäischen Parlament nach Maßgabe der Verfahrensregeln des Europäischen Rates und der Geschäftsordnung des Ministerrates jederzeit gehört.

Artikel III-240

Soweit die Verfassung nicht etwas anderes bestimmt, beschließt das Europäische Parlament mit der Mehrheit der abgegebenen Stimmen. Die Geschäftsordnung legt die Beschlussfähigkeit fest.

Artikel III-241

Das Europäische Parlament erlässt seine Geschäftsordnung mit der Mehrheit der Stimmen seiner Mitglieder.

Die Verhandlungsniederschriften des Europäischen Parlaments werden nach Maßgabe der Verfassung und der Geschäftsordnung des Europäischen Parlaments veröffentlicht.

Artikel III-242

Das Europäische Parlament erörtert in öffentlicher Sitzung den jährlichen Gesamtbericht, der ihm von der Kommission vorgelegt wird.

Artikel III-243

Wird wegen der Tätigkeit der Kommission ein Misstrauensantrag eingebracht, so darf das Europäische Parlament nicht vor Ablauf von drei Tagen nach seiner Einbringung und nur in offener Abstimmung darüber entscheiden.

Wird der Misstrauensantrag mit der Mehrheit von zwei Dritteln der abgegebenen Stimmen und mit der Mehrheit der Mitglieder des Europäischen Parlaments angenommen, so muss die Kommission ihr Amt niederlegen. Sie führt die laufenden Geschäfte bis zu ihrer Ersetzung gemäß Artikel I-25 und I-26 weiter. In diesem Fall endet die Amtszeit der zu ihrer Ersetzung ernannten Kommission zu dem Zeitpunkt, zu dem die Amtszeit der Kommission, die ihr Amt niederlegen musste, geendet hätte.

Unterabschnitt 2 DER EUROPÄISCHE RAT

Artikel III-244

(1) Jedes Mitglied des Europäischen Rates kann sich das Stimmrecht höchstens eines anderen Mitglieds übertragen lassen.

Die Stimmenthaltung von anwesenden oder vertretenen Mitgliedern steht dem Zustandekommen von Beschlüssen des Europäischen Rates, zu denen Einstimmigkeit erforderlich ist, nicht entgegen.

(2) Der Präsident des Europäischen Parlaments kann vom Europäischen Rat gehört werden.

(3) Der Europäische Rat legt seine Verfahrensregeln mit einfacher Mehrheit fest. Der Europäische Rat wird vom Generalsekretariat des Ministerrates unterstützt.

Unterabschnitt 3 DER MINISTERRAT

Artikel III-245

(1) Der Ministerrat wird von seinem Präsidenten aus eigenem Entschluss oder auf Antrag eines seiner Mitglieder oder der Kommission einberufen.

(2) Der Europäische Rat erlässt einstimmig einen Europäischen Beschluss zur Festlegung der Regeln für den turnusmäßigen Wechsel des Vorsitzes in den Formationen des Ministerrates.

Artikel III-246

(1) Jedes Mitglied des Ministerrates kann sich das Stimmrecht höchstens eines anderen Mitglieds übertragen lassen.

(2) Ist zu einem Beschluss des Ministerrates die einfache Mehrheit erforderlich, so beschließt der Ministerrat mit der Mehrheit der Stimmen seiner Mitglieder.

(3) Die Stimmenthaltung von anwesenden oder vertretenen Mitgliedern steht dem Zustandekommen von Beschlüssen des Ministerrates, zu denen Einstimmigkeit erforderlich ist, nicht entgegen.

Artikel III-247

(1) Ein Ausschuss, der sich aus den Ständigen Vertretern der Mitgliedstaaten zusammensetzt, hat die Aufgabe, die Arbeiten des Ministerrates vorzubereiten und die

ihm vom Ministerrat übertragenen Aufträge auszuführen. Der Ausschuss kann in Fällen, die in der Geschäftsordnung des Ministerrates festgelegt sind, Verfahrensbeschlüsse fassen.

(2) Der Ministerrat wird von einem Generalsekretariat unterstützt, das einem vom Ministerrat ernannten Generalsekretär untersteht.

Der Ministerrat entscheidet mit einfacher Mehrheit über die Organisation des Generalsekretariats.

(3) Der Ministerrat beschließt mit einfacher Mehrheit über Verfahrensfragen sowie über den Erlass seiner Geschäftsordnung.

Artikel III-248

Der Ministerrat kann mit einfacher Mehrheit die Kommission auffordern, die nach seiner Ansicht zur Verwirklichung der gemeinsamen Ziele geeigneten Untersuchungen vorzunehmen und ihm entsprechende Vorschläge zu unterbreiten. Legt die Kommission keinen Vorschlag vor, so teilt sie dem Ministerrat die Gründe dafür mit.

Artikel III-249

Der Ministerrat erlässt die Europäischen Beschlüsse über die rechtliche Stellung der in der Verfassung vorgesehenen Ausschüsse. Er beschließt mit einfacher Mehrheit nach Anhörung der Kommission.

Unterabschnitt 4 DIE KOMMISSION

Artikel III-250

Die Europäischen Kommissare und die Kommissare werden, gegebenenfalls vorbehaltlich des Artikels III-238, für eine Amtszeit von fünf Jahren ernannt. Nur Staatsangehörige der Mitgliedstaaten können Europäische Kommissare oder Kommissare sein.

Artikel III-251

Die Europäischen Kommissare und die Kommissare haben jede Handlung zu unterlassen, die mit ihren Aufgaben unvereinbar ist. Jeder Mitgliedstaat verpflichtet sich, diesen Grundsatz zu achten und nicht zu versuchen, die Europäischen Kommissare und die Kommissare bei der Erfüllung ihrer Aufgaben zu beeinflussen.

Die Europäischen Kommissare und die Kommissare dürfen während ihrer Amtszeit keine andere entgeltliche oder unentgeltliche Berufstätigkeit ausüben. Bei der Aufnahme ihrer Tätigkeit übernehmen sie die feierliche Verpflichtung, während der Ausübung und nach Ablauf ihrer Amtstätigkeit die sich aus ihrem Amt ergebenden Pflichten zu erfüllen, insbesondere die Pflicht, bei der Annahme gewisser Tätigkeiten oder Vorteile nach Ablauf dieser Tätigkeit ehrenhaft und zurückhaltend zu sein. Werden diese Pflichten verletzt, so kann der Gerichtshof auf Antrag des Ministerrates, der mit einfacher Mehrheit beschließt, oder der Kommission das Mitglied je nach Lage des Falles gemäß Artikel III-253 seines Amtes entheben oder ihm seine Ruhegehaltsansprüche oder andere an ihrer Stelle gewährte Vergünstigungen aberkennen.

Artikel III-252

(1) Abgesehen von den regelmäßigen Neubesetzungen und von Todesfällen endet das Amt der Europäischen Kommissare und der Kommissare durch Rücktritt oder Amtsenthebung. Ein Europäischer Kommissar oder ein Kommissar erklärt seinen Rücktritt, wenn der Präsident ihn dazu auffordert.

(2) Für einen zurückgetretenen, seines Amtes enthobenen oder verstorbenen Europäischen Kommissar oder Kommissar wird für die verbleibende Amtszeit vom

Präsidenten der Kommission nach den Artikeln I-25 und I-26 ein neuer Europäischer Kommissar oder Kommissar ernannt.

(3) Bei Rücktritt, Amtsenthebung oder Tod des Präsidenten wird für die verbleibende Amtszeit im Einklang mit Artikel I-26 Absatz 1 ein Nachfolger ernannt.

(4) Bei Rücktritt aller Europäischen Kommissare oder Kommissare bleiben diese bis zur Neubesetzung ihres Sitzes im Einklang mit den Artikeln I-25 und I-26 für die verbleibende Amtszeit im Amt.

Artikel III-253

Jeder Europäische Kommissar oder Kommissar, der die Voraussetzungen für die Ausübung seines Amtes nicht mehr erfüllt oder eine schwere Verfehlung begangen hat, kann auf Antrag des Ministerrates, der mit einfacher Mehrheit beschließt, oder der Kommission durch den Gerichtshof seines Amtes enthoben werden.

Artikel III-254

Die Zuständigkeiten der Kommission werden von ihrem Präsidenten im Einklang mit Artikel I-26 Absatz 3 gegliedert und zwischen ihren Mitgliedern aufgeteilt. Der Präsident kann diese Zuständigkeitsverteilung im Laufe der Amtszeit ändern. Die Europäischen Kommissare und die Kommissare üben die ihnen vom Präsidenten übertragenen Aufgaben unter dessen Leitung aus.

Artikel III-255

Die Beschlüsse der Kommission werden mit der Mehrheit der Mitglieder des Kollegiums gefasst. Die Geschäftsordnung legt die Beschlussfähigkeit fest.

Artikel III-256

Die Kommission gibt sich eine Geschäftsordnung, um ihr ordnungsgemäßes Arbeiten und das ihrer Dienststellen zu gewährleisten. Sie sorgt für die Veröffentlichung dieser Geschäftsordnung.

Artikel III-257

Die Kommission veröffentlicht jährlich, und zwar spätestens einen Monat vor Beginn der Sitzungsperiode des Europäischen Parlaments, einen Gesamtbericht über die Tätigkeit der Union.

Unterabschnitt 5 DER GERICHTSHOF

Artikel III-258

Der Europäische Gerichtshof tagt in Kammern, als Große Kammer oder als Plenum nach Maßgabe der Satzung des Gerichtshofs.

Artikel III-259

Der Europäische Gerichtshof wird von acht Generalanwälten unterstützt. Auf Antrag des Europäischen Gerichtshofs kann der Ministerrat einstimmig einen Europäischen Beschluss erlassen, um die Zahl der Generalanwälte zu erhöhen.

Der Generalanwalt hat öffentlich in völliger Unparteilichkeit und Unabhängigkeit begründete Schlussanträge zu den Rechtssachen zu stellen, in denen nach der Satzung des Gerichtshofs seine Mitwirkung erforderlich ist.

Artikel III-260

Zu Richtern und Generalanwälten des Europäischen Gerichtshofs sind Persönlichkeiten auszuwählen, die jede Gewähr für Unabhängigkeit bieten und in ihrem Staat die für die höchsten richterlichen Ämter erforderlichen Voraussetzungen erfüllen oder Juristen von anerkannt hervorragender Befähigung sind; sie werden von den Regierungen der Mitgliedstaaten im gegenseitigen Einvernehmen nach Anhörung des in Artikel III-262 vorgesehenen Ausschusses ernannt.

Alle drei Jahre findet nach Maßgabe der Satzung des Gerichtshofs eine teilweise Neubesetzung der Stellen der Richter und Generalanwälte statt.

Die Richter wählen aus ihrer Mitte den Präsidenten des Europäischen Gerichtshofs für die Dauer von drei Jahren. Wiederwahl ist zulässig.

Der Europäische Gerichtshof erlässt seine Verfahrensordnung. Sie bedarf der Genehmigung des Ministerrates.

Artikel III-261

Die Zahl der Richter des Gerichts wird in der Satzung des Gerichtshofs festgelegt. In der Satzung kann vorgesehen werden, dass das Gericht von Generalanwälten unterstützt wird.

Zu Mitgliedern des Gerichts sind Personen auszuwählen, die jede Gewähr für Unabhängigkeit bieten und über die Befähigung zur Ausübung hoher richterlicher Tätigkeiten verfügen. Sie werden von den Regierungen der Mitgliedstaaten im gegenseitigen Einvernehmen nach Anhörung des in Artikel III-262 vorgesehenen Ausschusses ernannt.

Alle drei Jahre wird das Gericht teilweise neu besetzt. Die Wiederernennung ausscheidender Mitglieder ist zulässig.

Die Richter wählen aus ihrer Mitte den Präsidenten des Gerichts für die Dauer von drei Jahren. Wiederwahl ist zulässig.

Das Gericht erlässt seine Verfahrensordnung im Einvernehmen mit dem Europäischen Gerichtshof. Sie bedarf der Genehmigung des Ministerrates.

Soweit die Satzung des Gerichtshofs nichts anderes vorsieht, finden die den Europäischen Gerichtshof betreffenden Bestimmungen der Verfassung auf das Gericht Anwendung.

Artikel III-262

Es wird ein Ausschuss eingerichtet, der die Aufgabe hat, vor der Entscheidung der Regierungen der Mitgliedstaaten gemäß den Artikeln III-260 und III-261 eine Stellungnahme über die Eignung der Bewerber für die Ausübung des Amts eines Richters oder Generalanwalts beim Europäischen Gerichtshof oder beim Gericht abzugeben.

Der Ausschuss setzt sich aus sieben Persönlichkeiten zusammen, die aus dem Kreis ehemaliger Mitglieder des Europäischen Gerichtshofs und des Gerichts, der Mitglieder der höchsten einzelstaatlichen Gerichte und der Juristen von anerkannt hervorragender Befähigung ausgewählt werden, von denen einer vom Europäischen Parlament vorgeschlagen wird. Der Ministerrat erlässt einen Europäischen Beschluss zur Festlegung der Vorschriften für die Arbeitsweise und einen Europäischen Beschluss zur Ernennung der Mitglieder dieses Ausschusses. Er beschließt auf Initiative des Präsidenten des Europäischen Gerichtshofs.

Artikel III-263

(1) Das Gericht ist für Entscheidungen im ersten Rechtszug über die in den Artikeln III-270, III-272, III-275, III-277 und III-279 genannten Klagen zuständig, mit Ausnahme derjenigen Klagen, die einem Fachgericht übertragen werden, und der Klagen, die gemäß der Satzung dem Europäischen Gerichtshof vorbehalten sind. In der Satzung kann vorgesehen werden, dass das Gericht für andere Kategorien von Klagen zuständig ist.

Gegen die Entscheidungen des Gerichts aufgrund dieses Absatzes kann nach Maßgabe der Bedingungen und innerhalb der Grenzen, die in der Satzung des Gerichtshofs vorgesehen sind, beim Europäischen Gerichtshof ein auf Rechtsfragen beschränktes Rechtsmittel eingelegt werden.

(2) Das Gericht ist für Entscheidungen über Rechtsmittel gegen die Entscheidungen der nach Artikel III-264 eingerichteten Fachgerichte zuständig.

Die Entscheidungen des Gerichts aufgrund dieses Absatzes können unter den Bedingungen und innerhalb der Grenzen, die in der Satzung vorgesehen sind, in Ausnahmefällen vom Europäischen Gerichtshof überprüft werden, wenn die ernste Gefahr besteht, dass die Einheit oder Kohärenz des Unionsrechts berührt wird.

(3) Das Gericht ist auf besonderen in der Satzung des Gerichtshofs festgelegten Sachgebieten für Vorabentscheidungen nach Artikel III-274 zuständig.

Wenn das Gericht der Auffassung ist, dass eine Rechtssache eine Grundsatzentscheidung erfordert, die die Einheit oder die Kohärenz des Unionsrechts berühren könnte, kann es die Rechtssache zur Entscheidung an den Europäischen Gerichtshof verweisen.

Die Entscheidungen des Gerichts über Anträge auf Vorabentscheidung können unter den Bedingungen und innerhalb der Grenzen, die in der Satzung vorgesehen sind, in Ausnahmefällen vom Europäischen Gerichtshof überprüft werden, wenn die ernste Gefahr besteht, dass die Einheit oder die Kohärenz des Unionsrechts berührt wird.

Artikel III-264

(1) Durch Europäische Gesetze können dem Gericht beigeordnete Fachgerichte eingerichtet werden, die für Entscheidungen im ersten Rechtszug über bestimmte Kategorien von Klagen zuständig sind, die auf besonderen Sachgebieten erhoben werden. Die Europäischen Gesetze werden entweder auf Vorschlag der Kommission und nach Anhörung des Gerichtshofs oder auf Antrag des Gerichtshofs und nach Anhörung der Kommission erlassen.

(2) In dem Europäischen Gesetz über die Einrichtung eines Fachgerichts werden die Regeln für die Zusammensetzung dieses Gerichts und der ihm übertragene Zuständigkeitsbereich festgelegt.

(3) Gegen die Entscheidungen der Fachgerichte kann vor dem Gericht ein auf Rechtsfragen beschränktes Rechtsmittel oder, wenn das Europäische Gesetz über die Einrichtung des Fachgerichts dies vorsieht, ein auch Sachfragen betreffendes Rechtsmittel eingelegt werden.

(4) Zu Mitgliedern der Fachgerichte sind Personen auszuwählen, die jede Gewähr für Unabhängigkeit bieten und über die Befähigung zur Ausübung richterlicher Tätigkeiten verfügen. Sie werden vom Ministerrat ernannt, der einstimmig beschließt.

(5) Die Fachgerichte erlassen ihre Verfahrensordnung im Einvernehmen mit dem Gerichtshof. Diese Verfahrensordnung bedarf der Genehmigung des Ministerrates.

(6) Soweit das Europäische Gesetz über die Einrichtung des Fachgerichts nichts anderes vorsieht, finden die den Gerichtshof betreffenden Bestimmungen der Verfassung und die Satzung des Gerichtshofs auf die Fachgerichte Anwendung.

Artikel III-265

Hat nach Auffassung der Kommission ein Mitgliedstaat gegen eine Verpflichtung aus der Verfassung verstoßen, so gibt sie eine mit Gründen versehene Stellungnahme hierzu ab; sie hat dem Staat zuvor Gelegenheit zur Äußerung zu geben.

Kommt der Staat dieser Stellungnahme innerhalb der von der Kommission gesetzten Frist nicht nach, so kann die Kommission den Gerichtshof anrufen.

Artikel III-266

Jeder Mitgliedstaat kann den Gerichtshof anrufen, wenn er der Auffassung ist, dass ein anderer Mitgliedstaat gegen eine Verpflichtung aus der Verfassung verstoßen hat.

Bevor ein Mitgliedstaat wegen einer angeblichen Verletzung der Verpflichtungen aus der Verfassung gegen einen anderen Staat Klage erhebt, muss er die Kommission damit befassen.

Die Kommission erlässt eine mit Gründen versehene Stellungnahme; sie gibt den beteiligten Staaten zuvor Gelegenheit zu schriftlicher und mündlicher Äußerung in einem kontradiktorischen Verfahren.

Gibt die Kommission binnen drei Monaten nach dem Zeitpunkt, zu dem ein entsprechender Antrag gestellt wurde, keine Stellungnahme ab, so kann ungeachtet des Fehlens der Stellungnahme vor dem Gerichtshof geklagt werden.

Artikel III-267

(1) Stellt der Gerichtshof fest, dass ein Mitgliedstaat gegen eine Verpflichtung aus der Verfassung verstoßen hat, so hat dieser Staat die Maßnahmen zu ergreifen, die sich aus dem Urteil des Gerichtshofes ergeben.

(2) Hat nach Auffassung der Kommission der betreffende Mitgliedstaat die Maßnahmen, die sich aus dem Urteil des Gerichtshofs ergeben, nicht getroffen, so kann die Kommission den Gerichtshof anrufen, nachdem sie diesem Staat zuvor Gelegenheit zur Äußerung gegeben hat. Hierbei benennt sie die Höhe des von dem betreffenden

Mitgliedstaat zu zahlenden Pauschalbetrags oder Zwangsgelds, die sie den Umständen nach für angemessen hält.

Stellt der Gerichtshof fest, dass der betreffende Mitgliedstaat seinem Urteil nicht nachgekommen ist, so kann er die Zahlung eines Pauschalbetrags oder Zwangsgelds verhängen.

Dieses Verfahren lässt den Artikel III-266 unberührt.

(3) Erhebt die Kommission beim Gerichtshof Klage gemäß Artikel III-265, weil sie der Auffassung ist, dass der betreffende Staat gegen seine Verpflichtung verstoßen hat, Maßnahmen zur Umsetzung eines Europäischen Rahmengesetzes mitzuteilen, so kann sie, wenn sie dies für angemessen hält, den Gerichtshof in demselben Verfahren ersuchen, gegen den betreffenden Mitgliedstaat die Zahlung eines Pauschalbetrags oder Zwangsgelds zu verhängen, falls der Gerichtshof einen Verstoß feststellen sollte. Gibt der Gerichtshof dem Antrag der Kommission statt, so wird die entsprechende Zahlung innerhalb der vom Gerichtshof in seinem Urteil festgelegten Frist fällig.

Artikel III-268

In den Europäischen Gesetzen oder Verordnungen des Ministerrates kann dem Gerichtshof eine Zuständigkeit übertragen werden, die die Befugnis zu unbeschränkter Ermessensnachprüfung und zur Änderung oder Verhängung der in ihnen vorgesehenen Sanktionen umfasst.

Artikel III-269

Unbeschadet der sonstigen Bestimmungen der Verfassung kann dem Gerichtshof in Europäischen Gesetzen in dem darin festgelegten Umfang die Zuständigkeit übertragen werden, über Rechtsstreitigkeiten im Zusammenhang mit der Anwendung von aufgrund der Verfassung angenommenen Rechtsakten, mit denen europäische Rechtstitel für das geistige Eigentum geschaffen werden, zu entscheiden.

Artikel III-270

(1) Der Gerichtshof überwacht die Rechtmäßigkeit der Europäischen Gesetze und Rahmengesetze sowie der Handlungen des Ministerrates, der Kommission und der Europäischen Zentralbank, soweit es sich nicht um Empfehlungen oder Stellungnahmen handelt, und der Handlungen des Europäischen Parlaments mit Rechtswirkung gegenüber Dritten. Er überwacht ebenfalls die Rechtmäßigkeit der Handlungen der Einrichtungen, Ämter und Agenturen der Union mit Rechtswirkung gegenüber Dritten.

(2) Zu diesem Zweck ist der Gerichtshof für Klagen zuständig, die ein Mitgliedstaat, das Europäische Parlament, der Ministerrat oder die Kommission wegen Unzuständigkeit, Verletzung wesentlicher Formvorschriften, Verletzung der Verfassung oder einer bei ihrer Durchführung anzuwendenden Rechtsnorm oder wegen Ermessensmissbrauchs erhebt.

(3) Der Gerichtshof ist unter den gleichen Voraussetzungen zuständig für Klagen des Rechnungshofs, der Europäischen Zentralbank und des Ausschusses der Regionen, die auf die Wahrung ihrer Rechte abzielen.

(4) Jede natürliche oder juristische Person kann unter den gleichen Voraussetzungen gegen die an sie ergangenen oder sie unmittelbar und individuell betreffenden Handlungen sowie gegen Rechtsakte mit Verordnungscharakter, die sie unmittelbar betreffen und keine Durchführungsmaßnahmen nach sich ziehen, Klage erheben.

(5) In den Rechtsakten zur Gründung von Einrichtungen, Ämtern und Agenturen der Union können besondere Bedingungen und Modalitäten für die Klageerhebung von natürlichen oder juristischen Personen gegen die mit einer Rechtswirkung verbundenen Handlungen dieser Einrichtungen, Ämter und Agenturen vorgesehen werden.

(6) Die in diesem Artikel vorgesehenen Klagen sind binnen zwei Monaten zu erheben; diese Frist läuft je nach Lage des Falles von der Veröffentlichung der betreffenden Handlung, ihrer Bekanntgabe an den Kläger oder in Ermangelung dessen von dem Zeitpunkt an, zu dem der Kläger von dieser Handlung Kenntnis erlangt hat.

Artikel III-271

Ist die Klage begründet, so erklärt der Gerichtshof die angefochtene Handlung für nichtig.

Erklärt er eine Handlung für nichtig, so bezeichnet er, falls er dies für notwendig hält, diejenigen ihrer Wirkungen, die als fortgeltend zu betrachten sind.

Artikel III-272

Unterlässt es das Europäische Parlament, der Ministerrat, die Kommission oder die Europäische Zentralbank unter Verletzung dieser Verfassung, tätig zu werden, so können die Mitgliedstaaten und die anderen Organe der Union beim Gerichtshof Klage auf Feststellung dieser Verfassungsverletzung erheben. Diese Bestimmung gilt entsprechend für die Einrichtungen, Ämter und Agenturen der Union, die es unterlassen, tätig zu werden.

Diese Klage ist nur zulässig, wenn die betreffenden Organe, Einrichtungen, Ämter oder Agenturen zuvor aufgefordert worden sind, tätig zu werden. Haben sie binnen zwei Monaten nach dieser Aufforderung nicht Stellung genommen, so kann die Klage innerhalb einer weiteren Frist von zwei Monaten erhoben werden.

Jede natürliche oder juristische Person kann nach Maßgabe der Absätze 1 und 2 vor dem Gerichtshof Beschwerde darüber führen, dass ein Organ, eine Einrichtung, ein Amt oder eine Agentur es unterlassen hat, einen anderen Akt als eine Empfehlung oder eine Stellungnahme an sie zu richten.

Artikel III-273

Das oder die Organe, die Einrichtung, das Amt oder die Agentur, denen die für nichtig erklärte Handlung zur Last fällt oder deren Untätigkeit als verfassungswidrig erklärt worden ist, haben die sich aus dem Urteil des Gerichtshofs ergebenden Maßnahmen zu ergreifen.

Diese Verpflichtung besteht unbeschadet der Verpflichtungen, die sich aus der Anwendung des Artikels III-337 Absatz 2 ergeben.

Artikel III-274

Der Gerichtshof entscheidet im Wege der Vorabentscheidung

a) über die Auslegung der Verfassung,
b) über die Gültigkeit und die Auslegung der Handlungen der Organe der Union.

Wird eine derartige Frage einem Gericht eines Mitgliedstaats gestellt und hält dieses Gericht eine Entscheidung darüber zum Erlass seines Urteils für erforderlich, so kann es diese Frage dem Gerichtshof zur Entscheidung vorlegen.

Wird eine derartige Frage in einem schwebenden Verfahren bei einem einzelstaatlichen Gericht gestellt, dessen Entscheidungen selbst nicht mehr mit Rechtsmitteln des innerstaatlichen Rechts angefochten werden können, so ist dieses Gericht zur Anrufung des Gerichtshofes verpflichtet.

Wird eine derartige Frage in einem schwebenden Verfahren, das eine inhaftierte Person betrifft, bei einem einzelstaatlichen Gericht gestellt, so entscheidet der Gerichtshof innerhalb kürzester Zeit.

Artikel III-275

Der Gerichtshof ist für Streitsachen über den in Artikel III-337 Absatz 2 vorgesehenen Schadensersatz zuständig.

Artikel III-276

Auf Antrag des von einer Feststellung des Europäischen Rates oder des Ministerrates gemäß Artikel I-58 betroffenen Mitgliedstaats kann der Gerichtshof lediglich über die in dem genannten Artikel vorgesehenen Verfahrensbestimmungen entscheiden. Er entscheidet binnen eines Monats nach der fraglichen Feststellung.

Artikel III-277

Der Gerichtshof ist für alle Streitsachen zwischen der Union und deren Bediensteten innerhalb der Grenzen und nach Maßgabe der Bedingungen zuständig, die im Statut der Beamten und in den Beschäftigungsbedingungen für die sonstigen Bediensteten festgelegt sind.

Artikel III-278

Der Gerichtshof ist nach Maßgabe der folgenden Bestimmungen zuständig in Streitsachen über

a) die Erfüllung der Verpflichtungen der Mitgliedstaaten aus der Satzung der Europäischen Investitionsbank. Der Verwaltungsrat der Bank besitzt hierbei die der Kommission in Artikel III-265 übertragenen Befugnisse;
b) die Beschlüsse des Rates der Gouverneure der Europäischen Investitionsbank. Jeder Mitgliedstaat, die Kommission und der Verwaltungsrat der Bank können hierzu nach Maßgabe des Artikels III-270 Klage erheben;
c) die Beschlüsse des Verwaltungsrats der Europäischen Investitionsbank. Diese können nach Maßgabe des Artikels III-270 nur von Mitgliedstaaten oder der Kommission und lediglich wegen Verletzung der Formvorschriften des Artikels 21 Absätze 2 und 5 bis 7 der Satzung der Investitionsbank angefochten werden;
d) die Erfüllung der sich aus der Verfassung und der Satzung des Europäischen Systems der Zentralbanken und der Europäischen Zentralbank ergebenden Verpflichtungen durch die nationalen Zentralbanken. Der Rat der Europäischen Zentralbank besitzt hierbei gegenüber den nationalen Zentralbanken die Befugnisse, die der Kommission in Artikel III-265 gegenüber den Mitgliedstaaten eingeräumt werden. Stellt der Gerichtshof fest, dass eine nationale Zentralbank gegen eine Verpflichtung aus der Verfassung verstoßen hat, so hat diese Bank die Maßnahmen zu ergreifen, die sich aus dem Urteil des Gerichtshofes ergeben.

Artikel III-279

Der Gerichtshof ist für Entscheidungen aufgrund einer Schiedsklausel zuständig, die in einem von der Union oder für ihre Rechnung abgeschlossenen öffentlich-rechtlichen oder privatrechtlichen Vertrag enthalten ist.

Artikel III-280

Der Gerichtshof ist für jede mit dem Gegenstand der Verfassung in Zusammenhang stehende Streitigkeit zwischen Mitgliedstaaten zuständig, wenn diese bei ihm aufgrund eines Schiedsvertrags anhängig gemacht wird.

Artikel III-281

Soweit keine Zuständigkeit des Gerichtshofs aufgrund der Verfassung besteht, sind Streitsachen, bei denen die Union Partei ist, der Zuständigkeit der einzelstaatlichen Gerichte nicht entzogen.

Artikel III-282

Der Gerichtshof ist nicht zuständig in Bezug auf die Artikel I-39 und I-40 und in Bezug auf Teil III Titel V Kapitel II betreffend die Gemeinsame Außen- und Sicherheitspolitik.

Der Gerichtshof ist jedoch zuständig für die unter den Voraussetzungen des Artikels III-270 Absatz 4 erhobenen Klagen betreffend die Überwachung der Rechtmäßigkeit restriktiver Maßnahmen gegenüber natürlichen oder juristischen Personen, die der Rat auf der Grundlage von Artikel III-193 erlassen hat.

Artikel III-283

Bei der Ausübung seiner Zuständigkeiten im Rahmen der Bestimmungen von Titel III Kapitel IV Abschnitte 4 und 5 betreffend den Raum der Freiheit, der Sicherheit und des Rechts ist der Gerichtshof nicht zuständig für die Überprüfung der Gültigkeit oder Verhältnismäßigkeit von Maßnahmen der Polizei oder anderer Strafverfolgungsbehörden eines Mitgliedstaats oder der Wahrnehmung der Zuständigkeiten der Mitgliedstaaten für die Aufrechterhaltung der öffentlichen Ordnung und den Schutz der inneren Sicherheit, wenn die entsprechenden Handlungen dem innerstaatlichen Recht unterstehen.

Artikel III-284

Die Mitgliedstaaten verpflichten sich, Streitigkeiten über die Auslegung oder Anwendung der Verfassung nicht anders als hierin vorgesehen zu regeln.

Artikel III-285

Ungeachtet des Ablaufs der in Artikel III-270 Absatz 6 genannten Frist kann jede Partei in einem Rechtsstreit, bei dem es auf die Geltung eines Europäischen Gesetzes oder einer Europäischen Verordnung des Ministerrates, der Kommission oder der Europäischen Zentralbank ankommt, vor dem Gerichtshof die Unanwendbarkeit dieses Rechtsakts aus den in Artikel III-270 Absatz 2 genannten Gründen geltend machen.

Artikel III-286

Klagen beim Gerichtshof haben keine aufschiebende Wirkung. Der Gerichtshof kann jedoch, wenn er dies den Umständen nach für nötig hält, die Durchführung der angefochtenen Handlung aussetzen.

Artikel III-287

Der Gerichtshof kann in den bei ihm anhängigen Sachen die erforderlichen einstweiligen Anordnungen treffen.

Artikel III-288

Die Urteile des Gerichtshofes sind gemäß Artikel III-307 vollstreckbar.

Artikel III-289

Die Satzung des Gerichtshofs wird in einem Protokoll festgelegt.

Durch Europäische Gesetze kann die Satzung mit Ausnahme ihres Titels I und ihres Artikels 64 geändert werden. Diese Gesetze werden entweder auf Antrag des Gerichtshofs nach Anhörung der Kommission oder auf Vorschlag der Kommission nach Anhörung des Gerichtshofs erlassen.

Unterabschnitt 6 DER RECHNUNGSHOF

Artikel III-290

(1) Der Rechnungshof prüft die Rechnung über alle Einnahmen und Ausgaben der Union. Er prüft ebenfalls die Rechnung über alle Einnahmen und Ausgaben jeder von der Union geschaffenen Einrichtung, soweit der Gründungsakt dies nicht ausschließt.

Der Rechnungshof legt dem Europäischen Parlament und dem Ministerrat eine Erklärung über die Zuverlässigkeit der Rechnungsführung sowie die Rechtmäßigkeit und Ordnungsmäßigkeit der zugrunde liegenden Vorgänge vor, die im Amtsblatt der Europäischen Union veröffentlicht wird. Diese Erklärung kann durch spezifische Beurteilungen zu allen größeren Tätigkeitsbereichen der Union ergänzt werden.

(2) Der Rechungshof prüft die Rechtmäßigkeit und Ordnungsmäßigkeit der Einnahmen und Ausgaben und überzeugt sich von der Wirtschaftlichkeit der Haushaltsführung. Dabei berichtet er insbesondere über alle Fälle von Unregelmäßigkeiten.

Die Prüfung der Einnahmen erfolgt anhand der Feststellungen und der Zahlungen der Einnahmen an die Union.

Die Prüfung der Ausgaben erfolgt anhand der Mittelbindungen und der Zahlungen.

Diese Prüfungen können vor Abschluss der Rechnung des betreffenden Haushaltsjahrs durchgeführt werden.

(3) Die Prüfung wird anhand der Rechnungsunterlagen und erforderlichenfalls an Ort und Stelle bei den anderen Organen, in den Räumlichkeiten der Einrichtungen, die Einnahmen oder Ausgaben für Rechnung der Union verwalten, sowie der natürlichen und juristischen Personen, die Zahlungen aus dem Haushalt erhalten, und in den Mitgliedstaaten durchgeführt. Die Prüfung in den Mitgliedstaaten erfolgt in Verbindung mit den einzelstaatlichen Rechnungsprüfungsorganen oder, wenn diese nicht über die erforderliche Zuständigkeit verfügen, mit den zuständigen einzelstaatlichen Dienststellen. Der Rechnungshof und die einzelstaatlichen Rechnungsprüfungsorgane arbeiten unter Wahrung ihrer Unabhängigkeit vertrauensvoll zusammen. Diese Organe oder Dienststellen teilen dem Rechnungshof mit, ob sie an der Prüfung teilzunehmen beabsichtigen.

Die anderen Organe, die Einrichtungen, die Einnahmen oder Ausgaben für Rechnung der Union verwalten, die natürlichen oder juristischen Personen, die Zahlungen aus dem Haushalt erhalten, und die einzelstaatlichen Rechnungsprüfungsorgane oder, wenn diese nicht über die erforderliche Zuständigkeit verfügen, die zuständigen einzelstaatlichen Dienststellen übermitteln dem Rechnungshof auf dessen Antrag die für die Erfüllung seiner Aufgabe erforderlichen Unterlagen oder Informationen.

Die Rechte des Rechnungshofs auf Zugang zu Informationen der Europäischen Investitionsbank im Zusammenhang mit deren Tätigkeit bei der Verwaltung von Einnahmen und Ausgaben der Union werden in einer Vereinbarung zwischen dem Rechnungshof, der Bank und der Kommission geregelt. Der Rechnungshof hat auch dann Recht auf Zugang zu den Informationen, die für die Prüfung der von der Bank verwalteten Einnahmen und Ausgaben der Union erforderlich sind, wenn eine entsprechende Vereinbarung nicht besteht.

(4) Der Rechnungshof erstellt nach Abschluss eines jeden Haushaltsjahrs einen Jahresbericht. Dieser Bericht wird den anderen Organen vorgelegt und im Amtsblatt der Europäischen Union zusammen mit den Antworten dieser Organe auf die Bemerkungen des Rechnungshofs veröffentlicht.

Der Rechnungshof kann ferner jederzeit seine Bemerkungen zu besonderen Fragen vorlegen, insbesondere in Form von Sonderberichten, und auf Antrag eines der anderen Organe Stellungnahmen abgeben.

Er nimmt seine jährlichen Berichte, Sonderberichte oder Stellungnahmen mit der Mehrheit seiner Mitglieder an. Er kann jedoch für die Annahme bestimmter Arten von Berichten oder Stellungnahmen nach Maßgabe seiner Geschäftsordnung Kammern bilden.

Er unterstützt das Europäische Parlament und den Ministerrat bei der Kontrolle der Ausführung des Haushaltsplans.

Der Rechnungshof gibt sich eine Geschäftsordnung. Diese bedarf der Genehmigung des Ministerrates.

Artikel III-291

(1) Zu Mitgliedern des Rechnungshofes sind Persönlichkeiten auszuwählen, die in ihren Ländern Rechnungsprüfungsorganen angehören oder angehört haben oder die für dieses Amt besonders geeignet sind. Sie müssen jede Gewähr für Unabhängigkeit bieten.

(2) Die Mitglieder des Rechnungshofs werden auf sechs Jahre ernannt. Ihre Wiederernennung ist zulässig. Der Ministerrat erlässt einen Europäischen Beschluss zur Festlegung der gemäß den Vorschlägen der einzelnen Mitgliedstaaten erstellten Liste der Mitglieder. Er beschließt nach Anhörung des Europäischen Parlaments.

Die Mitglieder des Rechnungshofs wählen aus ihrer Mitte ihren Präsidenten für drei Jahre. Wiederwahl ist zulässig.

(3) Die Mitglieder des Rechnungshofes üben ihre Tätigkeit in voller Unabhängigkeit zum allgemeinen Wohl der Union aus.

Sie dürfen bei der Erfüllung ihrer Pflichten Anweisungen von einer Regierung oder einer anderen Stelle weder anfordern noch entgegennehmen. Sie haben jede Handlung zu unterlassen, die mit ihren Aufgaben unvereinbar ist.

(4) Die Mitglieder des Rechnungshofes dürfen während ihrer Amtszeit keine andere entgeltliche oder unentgeltliche Berufstätigkeit ausüben. Bei der Aufnahme ihrer Tätigkeit übernehmen sie die feierliche Verpflichtung, während der Ausübung und nach Ablauf ihrer Amtstätigkeit die sich aus ihrem Amt ergebenden Pflichten zu erfüllen, ins-

besondere die Pflicht, bei der Annahme gewisser Tätigkeiten oder Vorteile nach Ablauf dieser Tätigkeit ehrenhaft und zurückhaltend zu sein.

(5) Abgesehen von regelmäßigen Neubesetzungen und von Todesfällen endet das Amt eines Mitglieds des Rechnungshofes durch Rücktritt oder durch Amtsenthebung durch den Gerichtshof gemäß Absatz 6.

Für das ausscheidende Mitglied wird für die verbleibende Amtszeit ein Nachfolger ernannt.

Außer im Fall der Amtsenthebung bleiben die Mitglieder des Rechnungshofes bis zur Neubesetzung ihres Sitzes im Amt.

(6) Ein Mitglied des Rechnungshofes kann nur dann seines Amtes enthoben oder seiner Ruhegehaltsansprüche oder anderer an ihrer Stelle gewährter Vergünstigungen für verlustig erklärt werden, wenn der Gerichtshof auf Antrag des Rechnungshofes feststellt, dass es nicht mehr die erforderlichen Voraussetzungen erfüllt oder den sich aus seinem Amt ergebenden Verpflichtungen nicht mehr nachkommt.

Abschnitt 2 DIE BERATENDEN ORGANE DER UNION

Unterabschnitt 1 DER AUSSCHUSS DER REGIONEN

Artikel III-292

Der Ausschuss der Regionen hat höchstens 350 Mitglieder. Der Ministerrat erlässt einstimmig einen Europäischen Beschluss über die Zusammensetzung des Ausschusses.

Die Mitglieder des Ausschusses und eine gleiche Anzahl von Stellvertretern werden für fünf Jahre ernannt. Wiederernennung ist zulässig.

Der Ministerrat erlässt den Europäischen Beschluss zur Festlegung der gemäß den Vorschlägen der einzelnen Mitgliedstaaten erstellten Liste der Mitglieder und Stellvertreter.

Die Amtszeit der Mitglieder des Ausschusses endet automatisch bei Ablauf des in Artikel I-31 Absatz 2 genannten Mandats, aufgrund dessen sie vorgeschlagen wurden; für die verbleibende Amtszeit wird nach demselben Verfahren ein Nachfolger ernannt.

Ein Mitglied des Ausschusses darf nicht gleichzeitig Mitglied des Europäischen Parlaments sein.

Artikel III-293

Der Ausschuss der Regionen wählt aus seiner Mitte seinen Präsidenten und sein Präsidium für zweieinhalb Jahre.

Er gibt sich eine Geschäftsordnung.

Der Ausschuss wird von seinem Präsidenten auf Antrag des Europäischen Parlaments, des Ministerrates oder der Kommission einberufen. Er kann auch von sich aus zusammentreten.

Artikel III-294

Der Ausschuss der Regionen wird vom Europäischen Parlament, vom Ministerrat oder von der Kommission in den in der Verfassung vorgesehenen und in allen anderen Fällen gehört, in denen eines dieser Organe dies für zweckmäßig erachtet, insbesondere in Fällen, welche die grenzüberschreitende Zusammenarbeit betreffen.

Wenn das Europäische Parlament, der Ministerrat oder die Kommission es für notwendig erachten, setzen sie dem Ausschuss für die Vorlage seiner Stellungnahme eine Frist; diese beträgt mindestens einen Monat ab Eingang der diesbezüglichen Mitteilung beim Präsidenten des Ausschusses. Nach Ablauf der Frist kann das Fehlen einer Stellungnahme unberücksichtigt bleiben.

Wird der Wirtschafts- und Sozialausschuss nach Artikel III-298 gehört, so wird der Ausschuss der Regionen vom Europäischen Parlament, vom Ministerrat oder von der Kommission über dieses Ersuchen um Stellungnahme unterrichtet. Der Ausschuss der Regionen kann eine entsprechende Stellungnahme abgeben, wenn er der Auffassung ist, dass spezifische regionale Interessen berührt werden. Er kann auch, wenn er dies für zweckdienlich erachtet, von sich aus eine Stellungnahme abgeben.

Die Stellungnahme des Ausschusses sowie ein Bericht über die Beratungen werden dem Europäischen Parlament, dem Ministerrat und der Kommission übermittelt.

Unterabschnitt 2 DER WIRTSCHAFTS- UND SOZIALAUSSCHUSS

Artikel III-295

Der Wirtschafts- und Sozialausschuss hat höchstens 350 Mitglieder. Der Ministerrat erlässt einstimmig einen Europäischen Beschluss über die Zusammensetzung des Ausschusses.

Artikel III-296

Die Mitglieder des Wirtschafts- und Sozialausschusses werden für fünf Jahre ernannt. Wiederernennung ist zulässig. Der Ministerrat erlässt den Europäischen Beschluss zur Festlegung der gemäß den Vorschlägen der einzelnen Mitgliedstaaten erstellten Liste der Mitglieder.

Der Ministerrat beschließt nach Anhörung der Kommission. Er kann die Meinung der maßgeblichen europäischen Organisationen der verschiedenen Zweige des Wirtschafts- und Soziallebens und der Zivilgesellschaft einholen, die an der Tätigkeit der Union interessiert sind.

Artikel III-297

Der Wirtschafts- und Sozialausschuss wählt aus seiner Mitte seinen Präsidenten und sein Präsidium für zweieinhalb Jahre.

Er gibt sich eine Geschäftsordnung.

Er wird von seinem Präsidenten auf Antrag des Europäischen Parlaments, des Ministerrates oder der Kommission einberufen. Er kann auch von sich aus zusammentreten.

Artikel III-298

Der Wirtschafts- und Sozialausschuss muss vom Europäischen Parlament, vom Ministerrat oder von der Kommission in den in der Verfassung vorgesehenen Fällen gehört werden. In allen anderen Fällen kann er von diesen Organen gehört werden. Er kann auch von sich aus Stellungnahmen abgeben.

Wenn das Europäische Parlament, der Ministerrat oder die Kommission es für notwendig erachten, setzen sie dem Ausschuss für die Vorlage seiner Stellungnahme eine Frist; diese beträgt mindestens einen Monat ab Eingang der Mitteilung beim Präsidenten des Ausschusses. Nach Ablauf der Frist kann das Fehlen einer Stellungnahme unberücksichtigt bleiben.

Die Stellungnahmen des Ausschusses sowie ein Bericht über die Beratungen werden dem Europäischen Parlament, dem Ministerrat und der Kommission übermittelt.

Abschnitt 3 DIE EUROPÄISCHE INVESTITIONSBANK

Artikel III-299

Die Europäische Investitionsbank besitzt Rechtspersönlichkeit.

Mitglieder der Europäischen Investitionsbank sind die Mitgliedstaaten.

Die Satzung der Europäischen Investitionsbank ist Gegenstand eines Protokolls. Durch Europäische Gesetze können die Artikel 4, 11 und 12 und Artikel 18 Absatz 5 der Satzung der Bank entweder auf Antrag der Europäischen Investitionsbank und nach Anhörung der Kommission oder auf Vorschlag der Kommission und nach Anhörung der Europäischen Investitionsbank geändert werden.

Artikel III-300

Aufgabe der Europäischen Investitionsbank ist es, zu einer ausgewogenen und reibungslosen Entwicklung des Binnenmarktes im Interesse der Union beizutragen; hierbei bedient sie sich des Kapitalmarkts sowie ihrer eigenen Mittel. In diesem Sinne erleichtert sie ohne Verfolgung eines Erwerbszwecks durch Gewährung von Darlehen und Bürgschaften die Finanzierung der nachstehend bezeichneten Vorhaben in allen Wirtschaftszweigen:

a) Vorhaben zur Erschließung der weniger entwickelten Gebiete;
b) Vorhaben zur Modernisierung oder Umstellung von Unternehmen oder zur Schaffung neuer Arbeitsmöglichkeiten, die sich aus der schrittweisen Verwirklichung des Binnenmarktes ergeben und wegen ihres Umfangs oder ihrer Art mit den in den einzelnen Mitgliedstaaten vorhandenen Mitteln nicht vollständig finanziert werden können;
c) Vorhaben von gemeinsamem Interesse für mehrere Mitgliedstaaten, die wegen ihres Umfangs oder ihrer Art mit den in den einzelnen Mitgliedstaaten vorhandenen Mitteln nicht vollständig finanziert werden können.

In Erfüllung ihrer Aufgabe erleichtert die Bank die Finanzierung von Investitionsprogrammen in Verbindung mit der Unterstützung aus den Strukturfonds und anderen Finanzierungsinstrumenten der Union.

Abschnitt 4 GEMEINSAME VORSCHRIFTEN FÜR DIE ORGANE, EINRICHTUNGEN, ÄMTER UND AGENTUREN DER UNION

Artikel III-301

(1) Wird der Ministerrat kraft der Verfassung auf Vorschlag der Kommission tätig, so kann er vorbehaltlich des Artikels I-54, des Artikels III-302 Absätze 10 und 13 und des Artikels III-310 Änderungen dieses Vorschlags nur einstimmig beschließen.

(2) Solange der Ministerrat nicht beschlossen hat, kann die Kommission ihren Vorschlag jederzeit im Verlauf der Verfahren zur Annahme eines Rechtsakts der Union ändern.

Artikel III-302

(1) Werden Europäische Gesetze oder Rahmengesetze gemäß der Verfassung im ordentlichen Gesetzgebungsverfahren erlassen, so gilt das nachstehende Verfahren.

(2) Die Kommission unterbreitet dem Europäischen Parlament und dem Ministerrat einen Vorschlag.

Erste Lesung

(3) Das Europäische Parlament legt seinen Standpunkt in erster Lesung fest und übermittelt ihn dem Ministerrat.

(4) Billigt der Ministerrat den Standpunkt des Europäischen Parlaments, so ist der vorgeschlagene Rechtsakt erlassen.

(5) Billigt der Ministerrat den Standpunkt des Europäischen Parlaments nicht, so legt er seinen Standpunkt in erster Lesung fest und übermittelt ihn dem Europäischen Parlament.

(6) Der Ministerrat unterrichtet das Europäische Parlament in allen Einzelheiten über die Gründe, aus denen er seinen Standpunkt in erster Lesung festgelegt hat. Die Kommission unterrichtet das Europäische Parlament in allen Einzelheiten über ihren Standpunkt.

Zweite Lesung

(7) Hat das Europäische Parlament binnen drei Monaten nach der Übermittlung

a) den Standpunkt des Ministerrates in erster Lesung gebilligt oder sich nicht geäußert, so gilt der betreffende Rechtsakt als erlassen;
b) den Standpunkt des Ministerrates in erster Lesung mit der Mehrheit seiner Mitglieder abgelehnt, so gilt der vorgeschlagene Rechtsakt als nicht erlassen;
c) mit der Mehrheit seiner Mitglieder Abänderungen an dem Standpunkt des Ministerrates in erster Lesung vorgeschlagen, so wird die abgeänderte Fassung dem Ministerrat und der Kommission zugeleitet; die Kommission gibt eine Stellungnahme zu diesen Abänderungen ab.

(8) Hat der Ministerrat binnen drei Monaten nach Eingang der Abänderungen des Europäischen Parlaments mit qualifizierter Mehrheit

a) alle diese Abänderungen gebilligt, so gilt der betreffende Rechtsakt als erlassen;
b) nicht alle Abänderungen gebilligt, so beruft der Präsident des Ministerrates im Einvernehmen mit dem Präsidenten des Europäischen Parlaments binnen sechs Wochen den Vermittlungsausschuss ein.

(9) Über Abänderungen, zu denen die Kommission eine ablehnende Stellungnahme abgegeben hat, beschließt der Ministerrat einstimmig.

Vermittlung

(10) Der Vermittlungsausschuss, der aus den Mitgliedern des Ministerrates oder deren Vertretern und ebenso vielen das Europäische Parlament vertretenden Mitgliedern besteht, hat die Aufgabe, mit der qualifizierten Mehrheit der Mitglieder des Ministerrates oder deren Vertreter und der Mehrheit der das Europäische Parlament vertretenden Mitglieder binnen sechs Wochen nach seiner Einberufung eine Einigung auf der Grundlage der Standpunkte des Parlaments und des Ministerrates in zweiter Lesung zu erzielen.

(11) Die Kommission nimmt an den Arbeiten des Vermittlungsausschusses teil und ergreift alle erforderlichen Initiativen, um auf eine Annäherung der Standpunkte des Europäischen Parlaments und des Ministerrates hinzuwirken.

(12) Billigt der Vermittlungsausschuss binnen sechs Wochen nach seiner Einberufung keinen gemeinsamen Entwurf, so gilt der vorgeschlagene Rechtsakt als nicht erlassen.

Dritte Lesung

(13) Billigt der Vermittlungsausschuss innerhalb dieser Frist einen gemeinsamen Entwurf, so verfügen das Europäische Parlament und der Ministerrat ab dieser Billigung über eine Frist von sechs Wochen, um den betreffenden Rechtsakt entsprechend dem gemeinsamen Entwurf zu erlassen, wobei im Europäischen Parlament die Mehrheit der abgegebenen Stimmen und im Ministerrat die qualifizierte Mehrheit erforderlich ist. Andernfalls gilt der vorgeschlagene Rechtsakt als nicht erlassen.

(14) Die in diesem Artikel genannten Fristen von drei Monaten bzw. sechs Wochen werden auf Initiative des Europäischen Parlaments oder des Ministerrates um höchstens einen Monat bzw. zwei Wochen verlängert.

Besondere Bestimmungen

(15) Wird in den in der Verfassung eigens vorgesehenen Fällen ein Gesetz oder Rahmengesetz auf Initiative einer Gruppe von Mitgliedstaaten, auf Empfehlung der Europäischen Zentralbank oder auf Antrag des Gerichtshofes oder der Europäischen Investitionsbank im ordentlichen Gesetzgebungsverfahren erlassen, finden Absatz 2, Absatz 6 letzter Satz und Absatz 9 keine Anwendung.

Das Europäische Parlament und der Ministerrat übermitteln der Kommission den Entwurf des Rechtsaktes sowie ihre jeweiligen Standpunkte in erster und zweiter Lesung.

Das Europäische Parlament oder der Ministerrat können während des gesamten Verfahrens die Kommission um Stellungnahme bitten. Die Kommission kann auch von sich aus eine Stellungnahme abgeben. Sie kann nach Maßgabe des Absatzes 11 an dem Vermittlungsausschuss teilnehmen, sofern sie dies für erforderlich hält.

Artikel III-303

Das Europäische Parlament, der Ministerrat und die Kommission halten gegenseitige Konsultationen ab und legen die Einzelheiten ihrer Zusammenarbeit gemeinsam fest. Dazu können sie unter Wahrung der Verfassung interinstitutionelle Vereinbarungen schließen, die auch bindenden Charakter haben können.

Artikel III-304

(1) Zur Ausübung ihrer Aufgaben stützen sich die Organe, Einrichtungen, Ämter und Agenturen der Union auf eine offene, effiziente und unabhängige europäische Verwaltung.

(2) Die einschlägigen Bestimmungen zu diesem Zweck werden unbeschadet des Artikels III-332 durch Europäische Gesetze erlassen.

Artikel III-305

(1) Die Organe, Einrichtungen, Ämter und Agenturen der Union messen der Transparenz ihrer Beratungen große Bedeutung bei und sehen gemäß Artikel I-49 in ihren Geschäftsordnungen spezielle Bestimmungen über den Zugang der Öffentlichkeit zu ihren Dokumenten vor. Für den Gerichtshof und die Europäische Zentralbank gilt Artikel I-49 Absatz 3, wenn sie Verwaltungsaufgaben wahrnehmen.

(2) Das Europäische Parlament und der Ministerrat sorgen für die Veröffentlichung der Dokumente, die die Gesetzgebungsverfahren betreffen.

Artikel III-306

(1) Der Ministerrat erlässt die Europäischen Verordnungen und Beschlüsse zur Festlegung

a) der Gehälter, Vergütungen und Ruhegehälter für den Präsidenten des Europäischen Rates, den Präsidenten der Kommission, den Außenminister, die Europäischen Kommissare und die Kommissare, den Präsidenten, die Mitglieder und den Kanzler des Gerichtshofs sowie die Mitglieder und den Kanzler des Gerichts.
b) der Beschäftigungsbedingungen, insbesondere der Gehälter, Vergütungen und Ruhegehälter für den Präsidenten und die Mitglieder des Rechnungshofs.

Er setzt ferner alle sonstigen als Entgelt gezahlten Vergütungen fest.

(2) Der Ministerrat erlässt die Europäischen Verordnungen und Beschlüsse zur Festlegung der Vergütungen der Mitglieder des Wirtschafts- und Sozialausschusses.

Artikel III-307

Die Handlungen des Ministerrates, der Kommission oder der Europäischen Zentralbank, die eine Zahlung auferlegen, sind vollstreckbare Titel; dies gilt nicht gegenüber Staaten.

Die Zwangsvollstreckung erfolgt nach den Vorschriften des Zivilprozessrechts des Staates, in dessen Hoheitsgebiet sie stattfindet. Die Vollstreckungsklausel wird nach einer Prüfung, die sich lediglich auf die Echtheit des Titels erstrecken darf, von der staatlichen Behörde erteilt, welche die Regierung jedes Mitgliedstaats zu diesem Zweck bestimmt und der Kommission und dem Gerichtshof benennt.

Sind diese Formvorschriften auf Antrag der die Vollstreckung betreibenden Partei erfüllt, so kann diese die Zwangsvollstreckung nach innerstaatlichem Recht betreiben, indem sie die zuständige Behörde unmittelbar anruft.

Die Zwangsvollstreckung kann nur durch eine Entscheidung des Gerichtshofs ausgesetzt werden. Für die Prüfung der Ordnungsmäßigkeit der Vollstreckungsbestimmungen sind jedoch die einzelstaatlichen Rechtsprechungsorgane zuständig.

Kapitel II FINANZVORSCHRIFTEN

Abschnitt 1 DER MEHRJÄHRIGE FINANZRAHMEN

Artikel III-308

(1) Der mehrjährige Finanzrahmen wird im Einklang mit Artikel I-54 für einen Zeitraum von mindestens fünf Jahren aufgestellt.

(2) Im Finanzrahmen werden die jährlichen Obergrenzen der Mittel für Verpflichtungen je Ausgabenkategorie und die jährliche Obergrenze der Mittel für Zahlungen festgelegt. Die Ausgabenkategorien, von denen es nur wenige geben darf, entsprechen den Haupttätigkeitsbereichen der Union.

(3) Der Finanzrahmen enthält auch alle sonstigen, für den reibungslosen Ablauf des jährlichen Haushaltsverfahrens sachdienlichen Bestimmungen.

(4) Wurde bis zum Ablauf des vorangegangenen Finanzrahmens das Europäische Gesetz des Ministerrates zur Aufstellung eines neuen Finanzrahmens nicht erlassen, so werden die Obergrenzen und sonstigen Bestimmungen des letzten Jahres des vorangegangenen Finanzrahmens bis zum Erlass dieses Gesetzes fortgeschrieben.

(5) Das Europäische Parlament, der Ministerrat und die Kommission erlassen während des gesamten Verfahrens zur Annahme des Finanzrahmens alle erforderlichen Maßnahmen, um das Verfahren erfolgreich zum Abschluss zu bringen.

Abschnitt 2 DER JAHRESHAUSHALTSPLAN DER UNION

Artikel III-309

Das Haushaltsjahr beginnt am 1. Januar und endet am 31. Dezember.

Artikel III-310

Das Europäische Gesetz, mit dem der Jahreshaushaltsplan der Union festgestellt wird, wird nach den folgenden Bestimmungen erlassen:

(1) Jedes Organ stellt vor dem 1. Juli einen Haushaltsvoranschlag für seine Ausgaben auf. Die Kommission fasst diese Voranschläge in einem Entwurf für den Haushaltsplan zusammen. Sie fügt eine Stellungnahme bei, die abweichende Voranschläge enthalten kann.

Dieser Entwurf umfasst den Ansatz der Einnahmen und den Ansatz der Ausgaben.

Die Kommission kann den Entwurf des Haushaltsplans während des laufenden Verfahrens bis zur Einberufung des in Absatz 5 genannten Vermittlungsausschusses ändern.

(2) Die Kommission legt dem Europäischen Parlament und dem Ministerrat den Entwurf des Haushaltsplans spätestens am 1. September des Jahres vor, das dem entsprechenden Haushaltsjahr vorausgeht.

(3) Der Ministerrat legt seinen Standpunkt zu dem Entwurf des Haushaltsplans fest und leitet ihn spätestens am 1. Oktober des Jahres, das dem entsprechenden Haushaltsjahr vorausgeht, dem Europäischen Parlament zu. Er unterrichtet das Europäische Parlament in allen Einzelheiten über die Gründe, aus denen er seinen Standpunkt festgelegt hat.

(4) Hat das Europäische Parlament binnen zweiundvierzig Tagen nach der Übermittlung

a) den Standpunkt des Ministerrates gebilligt oder keinen Beschluss gefasst, so gilt das Europäische Haushaltsgesetz als erlassen;
b) mit der absoluten Mehrheit seiner Mitglieder Abänderungen an dem Standpunkt des Ministerrates vorgeschlagen, so wird die abgeänderte Fassung dem Ministerrat und der Kommission zugeleitet. Der Präsident des Europäischen Parlaments beruft im Einvernehmen mit dem Präsidenten des Ministerrates umgehend den Vermittlungsausschuss ein.

Der Vermittlungsausschuss tritt nicht zusammen, falls der Ministerrat dem Europäischen Parlament binnen zehn Tagen mitteilt, dass er alle seine Abänderungen billigt.

(5) Der Vermittlungsausschuss, der aus den Mitgliedern des Ministerrates oder deren Vertretern und ebenso vielen das Europäische Parlament vertretenden Mitgliedern besteht, hat die Aufgabe, binnen einundzwanzig Tagen nach seiner Einberufung auf der Grundlage der Standpunkte des Europäischen Parlaments und des Ministerrates mit der qualifizierten Mehrheit der Mitglieder des Ministerrates oder deren Vertreter und der Mehrheit der das Europäische Parlament vertretenden Mitglieder eine Einigung über einen gemeinsamen Entwurf zu erzielen.

(6) Die Kommission nimmt an den Arbeiten des Vermittlungsausschusses teil und ergreift alle erforderlichen Initiativen, um auf eine Annäherung der Standpunkte des Europäischen Parlaments und des Ministerrates hinzuwirken.

(7) Billigt der Vermittlungsausschuss innerhalb der in Absatz 5 genannten Frist von einundzwanzig Tagen einen gemeinsamen Entwurf, so verfügen das Europäische Parlament und der Ministerrat ab dieser Billigung über eine Frist von vierzehn Tagen, um den gemeinsamen Entwurf anzunehmen, wobei im Europäischen Parlament die Mehrheit der abgegebenen Stimmen und im Ministerrat die qualifizierte Mehrheit erforderlich ist.

(8) Billigt der Vermittlungsausschuss innerhalb der in Absatz 5 genannten Frist von einundzwanzig Tagen keinen gemeinsamen Entwurf oder lehnt der Ministerrat den gemeinsamen Entwurf ab, so kann das Europäische Parlament binnen vierzehn Tagen mit der Mehrheit seiner Mitglieder und mit drei Fünfteln der abgegebenen Stimmen beschließen, seine Abänderungen zu bestätigen. Wenn das Europäische Parlament eine seiner Abänderungen nicht bestätigt, gilt der Standpunkt des Ministerrates zu dem Haushaltsposten, der abgeändert wurde, als angenommen.

Lehnt das Europäische Parlament den gemeinsamen Entwurf mit der Mehrheit seiner Mitglieder und mit drei Fünfteln der abgegebenen Stimmen ab, so kann es verlangen, dass ein neuer Haushaltsplanentwurf unterbreitet wird.

(9) Nach Abschluss des Verfahrens dieses Artikels stellt der Präsident des Europäischen Parlaments fest, dass das Haushaltsgesetz endgültig verabschiedet ist.

Artikel III-311

(1) Ist zu Beginn eines Haushaltsjahres noch kein Europäisches Haushaltsgesetz verabschiedet, so können gemäß dem Europäischen Gesetz nach Artikel III-318 für jedes Kapitel oder jede sonstige Untergliederung monatliche Ausgaben bis zur Höhe eines Zwölftels der im Haushaltsgesetz des vorangegangenen Haushaltsjahres eingesetzten Mittel vorgenommen werden; die Kommission darf jedoch monatlich höchstens über ein Zwölftel der Mittel verfügen, die in dem in Prüfung befindlichen Haushaltsplanentwurf vorgesehen sind.

(2) Der Ministerrat kann auf Vorschlag der Kommission unter Beachtung der sonstigen Bestimmungen des Absatzes 1 einen Europäischen Beschluss erlassen, mit dem er über dieses Zwölftel hinausgehende Ausgaben genehmigt. Er leitet diesen Beschluss unverzüglich dem Europäischen Parlament zu.

In diesem Europäischen Beschluss werden die zur Durchführung dieses Artikels erforderlichen Maßnahmen betreffend die Mittel vorgesehen.

Er tritt dreißig Tage nach seinem Erlass in Kraft, sofern das Europäische Parlament nicht innerhalb dieser Frist mit der Mehrheit seiner Mitglieder beschließt, diese Ausgaben zu kürzen.

Artikel III-312

Nach Maßgabe des Europäischen Gesetzes nach Artikel III-318 dürfen die nicht für Personalausgaben vorgesehenen Mittel, die bis zum Ende der Durchführungszeit eines Haushaltsplans nicht verbraucht worden sind, übertragen werden, jedoch lediglich auf das nächste Haushaltsjahr.

Die vorgesehenen Mittel werden nach Kapiteln gegliedert, in denen die Ausgaben nach Art oder Bestimmung zusammengefasst sind; die Kapitel werden entsprechend dem Europäischen Gesetz nach Artikel III-318 unterteilt.

Die Ausgaben des Europäischen Parlaments, des Ministerrates, der Kommission und des Gerichtshofes werden unbeschadet einer besonderen Regelung für bestimmte gemeinsame Ausgaben in gesonderten Teilen des Haushaltsplans aufgeführt.

Abschnitt 3 AUSFÜHRUNG DES HAUSHALTSPLANS UND ENTLASTUNG

Artikel III-313

Die Kommission führt den Haushaltsplan zusammen mit den Mitgliedstaaten gemäß dem Europäischen Gesetz nach Artikel III-318 in eigener Verantwortung und im Rahmen der zugewiesenen Mittel entsprechend dem Grundsatz der Wirtschaftlichkeit der Haushaltsführung aus. Die Mitgliedstaaten arbeiten mit der Kommission zusammen, um sicherzustellen, dass die Mittel nach diesem Grundsatz verwendet werden.

Das Europäische Gesetz nach Artikel III-318 legt die Kontroll- und Wirtschaftsprüfungspflichten der Mitgliedstaaten bei der Ausführung des Haushaltsplans sowie die damit verbundenen Verantwortlichkeiten fest.

Das Europäische Gesetz nach Artikel III-318 legt die Verantwortlichkeiten und die besonderen Einzelheiten fest, nach denen jedes Organ an der Vornahme seiner Ausgaben beteiligt ist.

Die Kommission kann nach Maßgabe und in den Grenzen des Europäischen Gesetzes nach Artikel III-318 Mittel von Kapitel zu Kapitel oder von Untergliederung zu Untergliederung übertragen.

Artikel III-314

Die Kommission legt dem Europäischen Parlament und dem Ministerrat jährlich die Rechnung des abgelaufenen Haushaltsjahres für die Rechnungsvorgänge des Haushaltsplans vor. Sie übermittelt ihnen ferner eine Übersicht über das Vermögen und die Schulden der Union.

Die Kommission legt dem Europäischen Parlament und dem Ministerrat ferner einen Evaluierungsbericht zu den Finanzen der Union vor, der sich auf die Ergebnisse stützt, die insbesondere in Bezug auf die Vorgaben erzielt wurden, die vom Europäischen Parlament und vom Ministerrat gemäß Artikel III-315 gegeben wurden.

Artikel III-315

(1) Auf Empfehlung des Ministerrates erteilt das Europäische Parlament der Kommission Entlastung zur Ausführung des Haushaltsplans. Zu diesem Zweck prüft es nach dem Ministerrat die Rechnung, die Übersicht und den Evaluierungsbericht gemäß Artikel III-314 sowie den Jahresbericht des Rechnungshofs zusammen mit den Antworten der kontrollierten Organe auf dessen Bemerkungen, die Zuverlässigkeitserklärung gemäß Artikel III-290 Absatz 1 Unterabsatz 2 und die einschlägigen Sonderberichte des Rechnungshofs.

(2) Das Europäische Parlament kann vor der Entlastung der Kommission sowie auch zu anderen Zwecken im Zusammenhang mit der Ausübung ihrer Haushaltsbefugnisse die Kommission auffordern, Auskunft über die Vornahme der Ausgaben oder die Arbeitsweise der Finanzkontrollsysteme zu erteilen. Die Kommission legt dem Europäischen Parlament auf dessen Ersuchen alle notwendigen Informationen vor.

(3) Die Kommission trifft alle zweckdienlichen Maßnahmen, um den Bemerkungen in den Entlastungsbeschlüssen und anderen Bemerkungen des Europäischen Parlaments zur Vornahme der Ausgaben sowie den Erläuterungen, die den Entlastungsempfehlungen des Ministerrates beigefügt sind, nachzukommen.

(4) Auf Ersuchen des Europäischen Parlaments oder des Ministerrates erstattet die Kommission Bericht über die Maßnahmen, die aufgrund dieser Bemerkungen und Erläuterungen getroffen wurden, insbesondere über die Weisungen, die den für die Ausführung des Haushaltsplans zuständigen Dienststellen erteilt worden sind. Diese Berichte sind auch dem Rechnungshof zuzuleiten.

Abschnitt 4 GEMEINSAME BESTIMMUNGEN

Artikel III-316

Der mehrjährige Finanzrahmen und der Jahreshaushaltsplan werden in Euro aufgestellt.

Artikel III-317

Die Kommission kann vorbehaltlich der Unterrichtung der zuständigen Behörden der betreffenden Mitgliedstaaten ihre Guthaben in der Währung eines dieser Staaten in die Währung eines anderen Mitgliedstaats transferieren, soweit dies erforderlich ist, um diese Guthaben für die der Verfassung vorgesehenen Zwecke zu verwenden. Besitzt die Kommission verfügbare oder flüssige Guthaben in der benötigten Währung, so vermeidet sie soweit möglich derartige Transferierungen.

Die Kommission verkehrt mit jedem der betroffenen Mitgliedstaaten über die von diesem bezeichnete Behörde. Bei der Durchführung ihrer Finanzgeschäfte nimmt sie die Notenbank des betreffenden Mitgliedstaats oder ein anderes von diesem genehmigtes Finanzinstitut in Anspruch.

Artikel III-318

(1) Durch Europäische Gesetze

a) wird die Haushaltsordnung aufgestellt, in der insbesondere die Aufstellung und Ausführung des Haushaltsplans sowie die Rechnungslegung und Rechnungsprüfung im Einzelnen geregelt werden;
b) werden die Vorschriften über die Verantwortung der Finanzkontrolleure, der anweisungsbefugten Personen und der Rechnungsführer sowie die entsprechenden Kontrollmaßnahmen festgelegt.

Diese Europäischen Gesetze werden nach Anhörung des Rechnungshofs erlassen.

(2) Der Ministerrat erlässt auf Vorschlag der Kommission eine Europäische Verordnung zur Festlegung der Einzelheiten und des Verfahrens, nach denen die in der Regelung über die Eigenmittel der Union vorgesehenen Haushaltseinnahmen der Kommission zur Verfügung gestellt werden, sowie die Maßnahmen, die zu treffen sind, um gegebenenfalls die erforderlichen Kassenmittel bereitzustellen. Der Ministerrat beschließt nach Anhörung des Europäischen Parlaments und des Rechnungshofs.

(3) Bis zum 1. Januar 2007 beschließt der Ministerrat in allen in diesem Artikel genannten Fällen einstimmig.

Artikel III-319

Das Europäische Parlament, der Ministerrat und die Kommission stellen sicher, dass der Union die Finanzmittel zur Verfügung stehen, die es ihr ermöglichen, ihren rechtlichen Verpflichtungen gegenüber Dritten nachzukommen.

Artikel III-320

Auf Initiative der Kommission werden im Rahmen der nach diesem Kapitel vorgesehenen Haushaltsverfahren regelmäßige Treffen der Präsidenten des Europäischen Parlaments, des Ministerrates und der Kommission einberufen. Diese treffen alle erforderlichen Maßnahmen, um die Abstimmung und Annäherung der Standpunkte der Organe zu fördern und so die Durchführung der Bestimmungen dieses Titels zu erleichtern.

Abschnitt 5 BETRUGSBEKÄMPFUNG

Artikel III-321

(1) Die Union und die Mitgliedstaaten bekämpfen Betrug und sonstige gegen die finanziellen Interessen der Union gerichtete rechtswidrige Handlungen durch gemäß diesem Artikel erlassene Maßnahmen, die abschreckend sind und in den Mitgliedstaaten einen effektiven Schutz bewirken.

(2) Zur Bekämpfung von Betrug, der sich gegen die finanziellen Interessen der Union richtet, erlassen die Mitgliedstaaten die gleichen Bestimmungen, die sie auch zur Bekämpfung von Betrug erlassen, der sich gegen ihre eigenen finanziellen Interessen richtet.

(3) Die Mitgliedstaaten koordinieren unbeschadet der sonstigen Bestimmungen der Verfassung ihre Tätigkeit zum Schutz der finanziellen Interessen der Union vor Betrug. Sie sorgen zu diesem Zweck zusammen mit der Kommission für eine enge, regelmäßige Zusammenarbeit zwischen den zuständigen Behörden.

(4) Zur Gewährleistung eines effektiven und gleichwertigen Schutzes in den Mitgliedstaaten werden die erforderlichen Maßnahmen zur Verhütung und Bekämpfung

von Betrug, der sich gegen die finanziellen Interessen der Union richtet, durch Europäische Gesetze oder Rahmengesetze festgelegt. Diese werden nach Anhörung des Rechnungshofs erlassen.

(5) Die Kommission legt in Zusammenarbeit mit den Mitgliedstaaten dem Europäischen Parlament und dem Ministerrat jährlich einen Bericht über die Maßnahmen und Bestimmungen vor, die zur Durchführung dieses Artikels erlassen wurden.

Kapitel III VERSTÄRKTE ZUSAMMENARBEIT

Artikel III-322

Eine beabsichtigte verstärkte Zusammenarbeit achtet die Verfassung und das Recht der Union.

Sie darf weder den Binnenmarkt noch den wirtschaftlichen, sozialen und territorialen Zusammenhalt beeinträchtigen. Sie darf für den Handel zwischen den Mitgliedstaaten weder ein Hindernis noch eine Diskriminierung darstellen noch darf sie zu Verzerrungen des Wettbewerbs zwischen den Mitgliedstaaten führen.

Artikel III-323

Eine beabsichtigte verstärkte Zusammenarbeit achtet die Zuständigkeiten, Rechte und Pflichten der nicht an der Zusammenarbeit beteiligten Mitgliedstaaten. Diese stehen der Durchführung der verstärkten Zusammenarbeit durch die daran beteiligten Mitgliedstaaten nicht im Wege.

Artikel III-324

(1) Bei ihrer Begründung steht eine verstärkte Zusammenarbeit allen Mitgliedstaaten offen, sofern sie die in dem Europäischen Ermächtigungsbeschluss gegebenenfalls festgelegten Beteiligungsvoraussetzungen erfüllen. Dies gilt auch zu jedem anderen Zeitpunkt, sofern sie neben den genannten etwaigen Voraussetzungen auch die in diesem Rahmen bereits erlassenen Rechtsakte beachten.

Die Kommission und die an einer verstärkten Zusammenarbeit beteiligten Mitgliedstaaten tragen dafür Sorge, dass die Beteiligung möglichst vieler Mitgliedstaaten erleichtert wird.

(2) Die Kommission und gegebenenfalls der Außenminister der Union unterrichten alle Mitglieder des Ministerrates und das Europäische Parlament regelmäßig über die Entwicklung einer verstärkten Zusammenarbeit.

Artikel III-325

(1) Die Mitgliedstaaten, die in einem der unter die Verfassung fallenden Bereiche, mit Ausnahme der Gemeinsamen Außen- und Sicherheitspolitik, untereinander eine verstärkte Zusammenarbeit begründen möchten, richten einen Antrag an die Kommission, in dem der Anwendungsbereich und die Ziele aufgeführt werden, die mit der beabsichtigten verstärkten Zusammenarbeit angestrebt werden. Die Kommission kann dem Ministerrat einen entsprechenden Vorschlag vorlegen. Legt die Kommission keinen Vorschlag vor, so teilt sie den betroffenen Mitgliedstaaten ihre Gründe dafür mit.

Die Ermächtigung zur Einleitung einer verstärkten Zusammenarbeit wird mit einem vom Ministerrat auf Vorschlag der Kommission und nach Billigung des Europäischen Parlaments gefassten Europäischen Beschluss erteilt.

(2) Im Rahmen der Gemeinsamen Außen- und Sicherheitspolitik wird der Antrag der Mitgliedstaaten, die untereinander eine verstärkte Zusammenarbeit begründen möchten, an den Ministerrat gerichtet. Der Antrag wird dem Außenminister der Union, der zur Kohärenz der verstärkten Zusammenarbeit mit der Gemeinsamen Außen- und Sicherheitspolitik der Union Stellung nimmt, sowie der Kommission übermittelt, die insbesondere zur Kohärenz der beabsichtigten verstärkten Zusammenarbeit mit der Politik der Union in anderen Bereichen Stellung nimmt. Der Antrag wird ferner zur Unterrichtung dem Europäischen Parlament übermittelt.

Die Ermächtigung zur Einleitung einer verstärkten Zusammenarbeit wird mit einem Europäischen Beschluss des Ministerrates erteilt.

Artikel III-326

(1) Jeder Mitgliedstaat, der sich einer verstärkten Zusammenarbeit in einem der in Artikel 325 Absatz 1 genannten Bereiche anschließen will, teilt dem Ministerrat und der Kommission seine Absicht mit.

Die Kommission bestätigt binnen vier Monaten nach Eingang der Mitteilung die Beteiligung des betreffenden Mitgliedstaats. Dabei stellt sie gegebenenfalls fest, dass etwaige Beteiligungsvoraussetzungen erfüllt sind, und erlässt die für notwendig erachteten Übergangsmaßnahmen zur Anwendung der im Rahmen der verstärkten Zusammenarbeit bereits erlassenen Rechtsakte.

Ist die Kommission jedoch der Auffassung, dass etwaige Beteiligungsvoraussetzungen nicht erfüllt sind, so gibt sie an, welche Bestimmungen zur Erfüllung dieser Voraussetzungen erlassen werden müssen, und legt eine Frist für die erneute Prüfung des Antrags auf Beteiligung fest. Bei der erneuten Prüfung des Antrags fasst sie ihren Beschluss nach dem in Unterabsatz 2 vorgesehenen Verfahren. Ist die Kommission der Auffassung, dass etwaige Beteiligungsvoraussetzungen weiterhin nicht erfüllt sind, so kann der betreffende Mitgliedstaat mit dieser Frage den Ministerrat befassen, der gemäß Artikel I-43 Absatz 3 einen Beschluss fasst. Der Ministerrat kann außerdem auf Vorschlag der Kommission die in Unterabsatz 2 genannten Übergangsmaßnahmen erlassen.

(2) Jeder Mitgliedstaat, der sich an einer verstärkten Zusammenarbeit im Rahmen der Gemeinsamen Außen- und Sicherheitspolitik beteiligen möchte, teilt dem Ministerrat, dem Außenminister und der Kommission seine Absicht mit.

Der Ministerrat bestätigt die Teilnahme des betreffenden Mitgliedstaats nach Anhörung des Außenministers der Union. Er stellt gegebenenfalls fest, dass etwaige Beteiligungsvoraussetzungen erfüllt sind. Der Ministerrat kann auf Vorschlag des Außenministers der Union ferner die für notwendig erachteten Übergangsmaßnahmen zur Anwendung der im Rahmen der verstärkten Zusammenarbeit bereits erlassenen Rechtsakte erlassen. Ist der Ministerrat jedoch der Auffassung, dass etwaige Beteiligungsvoraussetzungen nicht erfüllt sind, gibt er an, welche Schritte zur Erfüllung dieser Voraussetzungen notwendig sind, und legt eine Frist für die erneute Prüfung des Antrags auf Beteiligung fest.

Für die Zwecke dieses Absatzes beschließt der Ministerrat gemäß Artikel I-43 Absatz 3.

Artikel III-327

Die sich aus der Durchführung einer verstärkten Zusammenarbeit ergebenden Ausgaben, mit Ausnahme der Verwaltungskosten der Organe, werden von den beteiligten Mitgliedstaaten finanziert, sofern der Ministerrat nicht mit allen seinen Mitgliedern nach Anhörung des Europäischen Parlaments einstimmig etwas Anderes beschließt.

Artikel III-328

Wenn nach einer Bestimmung der Verfassung, die im Rahmen einer verstärkten Zusammenarbeit angewendet werden könnte, der Rat einstimmig beschließen muss, kann der Rat gemäß den Modalitäten des Artikels I-43 Absatz 3 von sich aus einstimmig beschließen, dass er mit qualifizierter Mehrheit beschließt.

Wenn nach einer Bestimmung der Verfassung, die im Rahmen einer verstärkten Zusammenarbeit angewendet werden könnte, Europäische Gesetze und Rahmengesetze vom Rat nach einem besonderen Gesetzgebungsverfahren erlassen werden müssen, kann der Rat gemäß den Modalitäten des Artikels I-43 Absatz 3 von sich aus einstimmig beschließen, dass er nach dem ordentlichen Gesetzgebungsverfahren beschließt. Der Rat beschließt nach Anhörung des Europäischen Parlaments.

Artikel III-329

Der Ministerrat und die Kommission stellen sicher, dass die im Rahmen einer verstärkten Zusammenarbeit durchgeführten Maßnahmen untereinander und mit der Politik der Union im Einklang stehen, und arbeiten entsprechend zusammen.

Titel VII GEMEINSAME BESTIMMUNGEN

Artikel III-330

Unter Berücksichtigung der strukturbedingten sozialen und wirtschaftlichen Lage der französischen überseeischen Departements, der Azoren, Madeiras und der Kanarischen Inseln, die durch die Faktoren Abgelegenheit, Insellage, geringe Größe, schwierige Relief- und Klimabedingungen und wirtschaftliche Abhängigkeit von einigen wenigen Erzeugnissen erschwert wird, die als ständige Gegebenheiten und durch ihr Zusammenwirken die Entwicklung schwer beeinträchtigen, erlässt der Ministerrat auf Vorschlag der Kommission Europäische Verordnungen und Beschlüsse, die insbesondere darauf abzielen, die Bedingungen für die Anwendung der Verfassung auf die genannten Gebiete, einschließlich der gemeinsamen Politik, festzulegen. Er beschließt nach Anhörung des Europäischen Parlaments.

Die Maßnahmen gemäß Absatz 1 betreffen insbesondere Zoll- und Handelspolitik, Steuerpolitik, Freizonen, Agrar- und Fischereipolitik, die Bedingungen für die Versorgung mit Rohstoffen und grundlegenden Verbrauchsgütern, staatliche Beihilfen sowie die Bedingungen für den Zugang zu den Strukturfonds und zu den horizontalen Unionsprogrammen.

Der Ministerrat erlässt die Maßnahmen gemäß Absatz 1 unter Berücksichtigung der besonderen Merkmale und Zwänge der Gebiete in äußerster Randlage, ohne dabei die Integrität und Kohärenz der Rechtsordnung der Union, die auch den Binnenmarkt und die gemeinsamen Politikbereiche umfasst, auszuhöhlen.

Artikel III-331

Die Verfassung lässt die Eigentumsordnung in den verschiedenen Mitgliedstaaten unberührt.

Artikel III-332

Die Union besitzt in jedem Mitgliedstaat die weitest gehende Rechts- und Geschäftsfähigkeit, die juristischen Personen nach dessen Rechtsvorschriften zuerkannt ist; sie kann insbesondere bewegliches und unbewegliches Vermögen erwerben und veräußern sowie vor Gericht stehen. Zu diesem Zweck wird sie von der Kommission vertreten. In Fragen, die das Funktionieren der einzelnen Organe betreffen, wird sie hingegen aufgrund der Verwaltungsautonomie von dem betreffenden Organ vertreten.

Artikel III-333

Das Statut der Beamten der Union und die Beschäftigungsbedingungen für die sonstigen Bediensteten der Union werden in einem Europäischen Gesetz festgelegt. Dieses wird nach Anhörung der beteiligten Organe erlassen.

Artikel III-334

Zur Erfüllung der ihr übertragenen Aufgaben kann die Kommission alle erforderlichen Auskünfte einholen und alle erforderlichen Nachprüfungen vornehmen; der Rahmen und die nähere Maßgabe hierfür werden vom Ministerrat mit einfacher Mehrheit in einer Europäischen Verordnung oder in einem Europäischen Beschluss festgelegt.

Artikel III-335

(1) Unbeschadet des Artikels 5 des Protokolls über die Satzung des Europäischen Systems der Zentralbanken und der Europäischen Zentralbank werden in Europäischen Gesetzen oder Rahmengesetzen Maßnahmen für die Erstellung von Statistiken festgelegt, wenn dies für die Durchführung der Tätigkeiten der Union erforderlich ist.

(2) Die Erstellung der Statistiken erfolgt unter Wahrung der Unparteilichkeit, der Zuverlässigkeit, der Objektivität, der wissenschaftlichen Unabhängigkeit, der Kostenwirksamkeit und der statistischen Geheimhaltung; der Wirtschaft dürfen dadurch keine übermäßigen Belastungen entstehen.

Artikel III-336

Die Mitglieder der Organe der Union, die Mitglieder der Ausschüsse sowie die Beamten und sonstigen Bediensteten der Union sind verpflichtet, auch nach Beendigung ihrer

Amtstätigkeit Auskünfte, die ihrem Wesen nach unter das Berufsgeheimnis fallen, nicht preiszugeben; dies gilt insbesondere für Auskünfte über Unternehmen sowie deren Geschäftsbeziehungen oder Kostenelemente.

Artikel III-337

Die vertragliche Haftung der Union bestimmt sich nach dem Recht, das auf den betreffenden Vertrag anzuwenden ist.

Im Bereich der außervertraglichen Haftung ersetzt die Union den durch ihre Organe oder Bediensteten in Ausübung ihrer Amtstätigkeit verursachten Schaden nach den allgemeinen Rechtsgrundsätzen, die den Rechtsordnungen der Mitgliedstaaten gemeinsam sind.

Absatz 2 gilt in gleicher Weise für den durch die Europäische Zentralbank oder ihre Bediensteten in Ausübung ihrer Amtstätigkeit verursachten Schaden.

Die persönliche Haftung der Bediensteten gegenüber der Union bestimmt sich nach den Vorschriften ihres Statuts oder der für sie geltenden Beschäftigungsbedingungen.

Artikel III-338

Der Sitz der Organe der Union wird im Einvernehmen zwischen den Regierungen der Mitgliedstaaten bestimmt.

Artikel III-339

Der Ministerrat erlässt einstimmig eine Europäische Verordnung zur Regelung der Sprachenfrage für die Organe der Union unbeschadet der Satzung des Gerichtshofs.

Artikel III-340

Die Union genießt im Hoheitsgebiet der Mitgliedstaaten die zur Erfüllung ihrer Aufgabe erforderlichen Vorrechte und Befreiungen nach Maßgabe des Protokolls vom 8. April

1965 über die Vorrechte und Befreiungen der Europäischen Gemeinschaften. Dasselbe gilt für die Europäische Zentralbank und die Europäische Investitionsbank.

Artikel III-341

Die Rechte und Pflichten aus Übereinkünften, die vor dem 1. Januar 1958 oder, im Falle später beigetretener Staaten, vor dem Zeitpunkt ihres Beitritts zwischen einem oder mehreren Mitgliedstaaten einerseits und einem oder mehreren Drittländern andererseits geschlossen wurden, werden durch die Verfassung nicht berührt.

Soweit diese Übereinkünfte mit der Verfassung nicht vereinbar sind, wenden der oder die betreffenden Mitgliedstaaten alle geeigneten Mittel an, um die festgestellten Unvereinbarkeiten zu beheben. Erforderlichenfalls leisten die Mitgliedstaaten zu diesem Zweck einander Hilfe; sie nehmen gegebenenfalls eine gemeinsame Haltung ein.

Bei Anwendung der in Absatz 1 bezeichneten Übereinkünfte tragen die Mitgliedstaaten dem Umstand Rechnung, dass die in der Verfassung von jedem Mitgliedstaat gewährten Vorteile Bestandteil der Union sind und daher mit der Schaffung gemeinsamer Organe, der Übertragung von Zuständigkeiten auf diese und der Gewährung der gleichen Vorteile durch alle anderen Mitgliedstaaten in untrennbarem Zusammenhang stehen.

Artikel III-342

(1) Die Verfassung steht folgenden Bestimmungen nicht entgegen:

a) Ein Mitgliedstaat ist nicht verpflichtet, Auskünfte zu erteilen, deren Preisgabe seines Erachtens seinen wesentlichen Sicherheitsinteressen widerspricht;
b) jeder Mitgliedstaat kann die Bestimmungen erlassen, die seines Erachtens für die Wahrung seiner wesentlichen Sicherheitsinteressen erforderlich sind, soweit sie die Herstellung von Waffen, Munition und Kriegsmaterial oder den Handel damit betreffen; diese Bestimmungen dürfen auf dem Binnenmarkt die Wettbewerbsbedingungen hinsichtlich der nicht eigens für militärische Zwecke bestimmten Waren nicht beeinträchtigen.

(2) Der Ministerrat kann auf Vorschlag der Kommission einstimmig einen Europäischen Beschluss zur Änderung der von ihm am 15. April 1958 festgelegten Liste der Waren, auf die Absatz 1 Buchstabe b Anwendung findet, erlassen.

TEIL IV

ALLGEMEINE UND SCHLUSSBESTIMMUNGEN

Artikel IV-1 DIE SYMBOLE DER UNION[1]

Die Flagge der Union stellt einen Kreis von zwölf goldenen Sternen auf blauem Hintergrund dar.

Die Hymne der Union entstammt der Ode an die Freude aus der Neunten Symphonie von Ludwig van Beethoven.

Die Devise der Union lautet: In Vielfalt geeint.

Die Währung der Union ist der Euro.

Der 9. Mai wird in der gesamten Union als Europatag gefeiert.

Artikel IV-2 AUFHEBUNG DER FRÜHEREN VERTRÄGE

Am Tag des Inkrafttretens des Vertrags über die Verfassung werden der Vertrag zur Gründung der Europäischen Gemeinschaft und der Vertrag über die Europäische Union sowie die Rechtsakte und Verträge zu ihrer Ergänzung oder Änderung, die in dem dem Vertrag über die Verfassung beigefügten Protokoll genannt sind, aufgehoben.

Artikel IV-3 RECHTLICHE KONTINUITÄT IM VERHÄLTNIS ZUR EUROPÄISCHEN GEMEINSCHAFT UND ZUR EUROPÄISCHEN UNION

Die Europäische Union tritt die Rechtsnachfolge der Europäischen Gemeinschaft und der Union in allen ihren internen und aus internationalen Übereinkommen erwachsenden Rechten und Pflichten an, die sich vor Inkrafttreten des Vertrags über die Verfassung aus den früheren Verträgen, Protokollen und Rechtsakten ergeben haben; sie übernimmt ferner das gesamte Aktiv- und Passivvermögen der Gemeinschaft und der Union sowie deren Archive.

Die Bestimmungen der Rechtsakte der Organe der Union, die aufgrund der in Absatz 1 genannten Verträge und Rechtsakte angenommen wurden, gelten nach Maßgabe des dem Vertrag über die Verfassung beigefügten Protokolls weiter. Die Rechtsprechung des

[1] Der Konvent würde es für besser halten, wenn dieser Artikel in Teil I aufgenommen würde.

Gerichtshofs der Europäischen Gemeinschaften ist weiterhin maßgeblich für die Auslegung des Unionsrechts.

Artikel IV-4 TERRITORIALER GELTUNGSBEREICH

(1) Der Vertrag über die Verfassung gilt für das Königreich Belgien, das Königreich Dänemark, die Bundesrepublik Deutschland, die Hellenische Republik, das Königreich Spanien, die Französische Republik, Irland, die Italienische Republik, das Großherzogtum Luxemburg, das Königreich der Niederlande, die Republik Österreich, die Portugiesische Republik, die Republik Finnland, das Königreich Schweden und das Vereinigte Königreich Großbritannien und Nordirland und ...

(2) Der Vertrag über die Verfassung gilt gemäß Artikel III-329 des Teils III für die französischen überseeischen Departements, die Azoren, Madeira und die Kanarischen Inseln.

(3) Auf die in Anhang II des EGV genannten überseeischen Länder und Hoheitsgebiete, findet die im dritten Teil Titel IV des Vertrags über die Verfassung festgelegte besondere Assoziierungsregelung Anwendung.

Der Vertrag über die Verfassung findet keine Anwendung auf die überseeischen Länder und Hoheitsgebiete, die besondere Beziehungen zum Vereinigten Königreich Großbritannien und Nordirland unterhalten und die in dieser Liste nicht genannt sind.

(4) Der Vertrag über die Verfassung findet auf die europäischen Hoheitsgebiete Anwendung, deren auswärtige Beziehungen ein Mitgliedstaat wahrnimmt.

(5) Der Vertrag über die Verfassung findet entsprechend den Bestimmungen des Protokolls Nr. 2 zur Akte über die Bedingungen des Beitritts der Republik Österreich, der Republik Finnland und des Königreichs Schweden auf die Ålandinseln Anwendung.

(6) Abweichend von den vorstehenden Absätzen findet

a) der Vertrag über die Verfassung auf die Färöer keine Anwendung;
b) der Vertrag über die Verfassung auf die Hoheitszonen des Vereinigten Königreichs Großbritannien und Nordirland in Zypern keine Anwendung;

c) der Vertrag über die Verfassung auf die Kanalinseln und die Insel Man nur insoweit Anwendung, als dies erforderlich ist, um die Anwendung der Regelung sicherzustellen, die in dem am 22. Januar 1972 unterzeichneten Vertrag über den Beitritt neuer Mitgliedstaaten zur Europäischen Wirtschaftsgemeinschaft und zur Europäischen Atomgemeinschaft für diese Inseln vorgesehen ist.

Artikel IV-5 REGIONALE ZUSAMMENSCHLÜSSE

Der Vertrag über die Verfassung steht dem Bestehen und der Durchführung der regionalen Zusammenschlüsse zwischen Belgien und Luxemburg sowie zwischen Belgien, Luxemburg und den Niederlanden nicht entgegen, sofern die Ziele dieser Zusammenschlüsse durch die Anwendung des genannten Vertrags nicht erreicht werden.

Artikel IV-6 PROTOKOLLE

Die diesem Vertrag beigefügten Protokolle sind Bestandteil dieses Vertrags.

Artikel IV-7 VERFAHREN ZUR ÄNDERUNG DES VERTRAGS ÜBER DIE VERFASSUNG

(1) Die Regierung jedes Mitgliedstaats, das Europäische Parlament oder die Kommission kann dem Ministerrat Entwürfe zur Änderung des Vertrags über die Verfassung vorlegen. Diese Entwürfe werden den nationalen Parlamenten der Mitgliedstaaten mitgeteilt.

(2) Beschließt der Europäische Rat nach Anhörung des Europäischen Parlaments und der Kommission mit einfacher Mehrheit die Prüfung der vorgeschlagenen Änderungen, so beruft der Präsident des Europäischen Rates einen Konvent von Vertretern der nationalen Parlamente der Mitgliedstaaten, der Staats- und Regierungschefs der Mitgliedstaaten, des Europäischen Parlaments und der Kommission ein. Bei institutionellen Änderungen im Währungsbereich wird auch die Europäische Zentralbank gehört. Der Europäische Rat kann mit einfacher Mehrheit nach Zustimmung des Europäischen Parlaments beschließen, den Konvent nicht einzuberufen, wenn seine Einberufung aufgrund des Umfangs der geplanten Änderungen nicht gerecht-

fertigt ist. In diesem Fall legt der Europäische Rat das Mandat für die Konferenz der Vertreter der Regierungen der Mitgliedstaaten fest.

Der Konvent prüft die Änderungsentwürfe und nimmt im Konsensverfahren eine Empfehlung für die in Absatz 3 vorgesehene Konferenz der Vertreter der Regierungen der Mitgliedstaaten an.

(3) Die Konferenz der Vertreter der Regierungen der Mitgliedstaaten wird vom Präsidenten des Ministerrates einberufen, um die an dem Vertrag über die Verfassung vorzunehmenden Änderungen zu vereinbaren.

Die Änderungen treten in Kraft, nachdem sie von allen Mitgliedstaaten gemäß ihren verfassungsrechtlichen Vorschriften ratifiziert worden sind.

(4) Haben nach Ablauf von zwei Jahren nach der Unterzeichnung des Vertrags zur Änderung des Vertrags über die Verfassung vier Fünftel der Mitgliedstaaten den genannten Vertrag ratifiziert und sind in einem Mitgliedstaat oder mehreren Mitgliedstaaten Schwierigkeiten bei der Ratifikation aufgetreten, so befasst sich der Europäische Rat mit der Frage.

Artikel IV-8 ANNAHME, RATIFIKATION UND INKRAFTTRETEN DES VERTRAGS ÜBER DIE VERFASSUNG

(1) Der Vertrag über die Verfassung bedarf der Ratifikation durch die Hohen Vertragsparteien gemäß ihren verfassungsrechtlichen Vorschriften. Die Ratifikationsurkunden werden bei der Regierung der Italienischen Republik hinterlegt.

(2) Der Vertrag über die Verfassung tritt am ... in Kraft, sofern alle Ratifikationsurkunden hinterlegt worden sind, oder andernfalls am ersten Tag des auf die Hinterlegung der letzten Ratifikationsurkunde folgenden Monats.

Artikel IV-9 GELTUNGSDAUER

Der Vertrag über die Verfassung gilt auf unbegrenzte Zeit.

Artikel IV-10 SPRACHEN[2]

Der Vertrag über die Verfassung ist in einer Urschrift in dänischer, deutscher, englischer, finnischer, französischer, griechischer, irischer, italienischer, niederländischer, portugiesischer, schwedischer, spanischer, estnischer, lettischer, litauischer, maltesischer, polnischer, slowakischer, slowenischer, tschechischer und ungarischer Sprache abgefasst, wobei jeder Wortlaut gleichermaßen verbindlich ist; er wird im Archiv der Regierung der Italienischen Republik hinterlegt; diese übermittelt der Regierung jedes anderen Unterzeichnerstaats eine beglaubigte Abschrift.

[2] Dieser Artikel muss entsprechend der Beitrittsakte angepasst werden.

PROTOKOLL ÜBER DIE ROLLE DER NATIONALEN PARLAMENTE IN DER EUROPÄISCHEN UNION

DIE HOHEN VERTRAGSPARTEIEN

EINGEDENK dessen, dass die Art der Kontrolle der jeweiligen Regierungen durch die nationalen Parlamente hinsichtlich der Tätigkeiten der Union Sache der besonderen verfassungsrechtlichen Gestaltung und Praxis jedes Mitgliedstaats ist,

IN DEM WUNSCH jedoch, eine stärkere Beteiligung der nationalen Parlamente an den Tätigkeiten der Europäischen Union zu fördern und ihnen bessere Möglichkeiten zu geben, sich zu den Vorschlägen für Rechtsakte sowie zu anderen Fragen, die für sie von besonderem Interesse sein können, zu äußern -

HABEN folgende Bestimmungen VEREINBART, die der Verfassung als Anhang beigefügt sind:

I. UNTERRICHTUNG DER NATIONALEN PARLAMENTE DER MITGLIEDSTAATEN

1. Alle Konsultationsdokumente der Kommission (Grün- und Weißbücher sowie Mitteilungen) werden den nationalen Parlamenten der Mitgliedstaaten zum Zeitpunkt ihrer Veröffentlichung direkt von der Kommission zugeleitet. Ferner sendet die Kommission den nationalen Parlamenten der Mitgliedstaaten, gleichzeitig mit der Übermittlung an das Europäische Parlament und den Ministerrat, das jährliche Rechtsetzungsprogramm sowie alle weiteren Dokumente für die Ausarbeitung der Rechtsetzungsprogramme oder politischen Strategien, die sie dem Europäischen Parlament und dem Ministerrat vorlegt.

2. Alle an das Europäische Parlament und den Ministerrat gerichteten Gesetzgebungsvorschläge werden gleichzeitig den nationalen Parlamenten der Mitgliedstaaten übermittelt.

3. Die nationalen Parlamente der Mitgliedstaaten können nach dem im Protokoll über die Anwendung der Grundsätze der Subsidiarität und der Verhältnismäßigkeit vorgesehenen Verfahren eine mit Gründen versehene Stellungnahme zur Übereinstimmung eines Gesetzgebungsvorschlags mit dem Subsidiaritätsgrundsatz an die Präsidenten des Europäischen Parlaments, des Ministerrates und der Kommission richten.

4. Zwischen dem Zeitpunkt, zu dem ein Gesetzgebungsvorschlag dem Europäischen Parlament, dem Ministerrat und den nationalen Parlamenten der Mitgliedstaaten in den Amtssprachen der Europäischen Union von der Kommission zugeleitet wird, und dem Zeitpunkt, zu dem er zur Beschlussfassung oder zur Festlegung eines Standpunkts im Rahmen eines Gesetzgebungsverfahrens auf die Tagesordnung des Ministerrates gesetzt wird, müssen, außer in dringenden Fällen, die in dem Rechtsakt oder Standpunkt des Ministerrates zu begründen sind, sechs Wochen liegen. Außer in ordnungsgemäß begründeten dringenden Fällen darf in diesen sechs Wochen keine Einigung über einen Vorschlag für einen Gesetzgebungsakt festgestellt werden. Zwischen der Aufnahme eines Vorschlags in die Tagesordnung für die Tagung des Ministerrates und der Festlegung eines Standpunktes müssen zehn Tage liegen.

5. Die nationalen Parlamente der Mitgliedstaaten werden zeitgleich mit den Regierungen der Mitgliedstaaten auf direktem Wege über die Tagesordnungen für die Tagungen des Ministerrates und über die Ergebnisse dieser Tagungen, auch über die Protokolle oder Tagungen, in denen der Ministerrat über Gesetzgebungsvorschläge berät, unterrichtet.

6. Beabsichtigt der Europäische Rat, Artikel I-24 Absatz 4 Unterabsatz 1 der Verfassung in Anspruch zu nehmen, so werden die nationalen Parlamente über jeden Beschluss im Voraus unterrichtet.

Beabsichtigt der Europäische Rat, Artikel I-24 Absatz 4 Unterabsatz 2 der Verfassung in Anspruch zu nehmen, so werden die nationalen Parlamente mindestens vier Monate vor der Beschlussfassung unterrichtet.

7. Der Rechnungshof übermittelt den nationalen Parlamenten der Mitgliedstaaten informationshalber, gleichzeitig mit der Übermittlung an das Europäische Parlament und den Ministerrat, seinen Jahresbericht.

8. Bei Zweikammerparlamenten gelten diese Bestimmungen für jede der beiden Kammern.

II. ZUSAMMENARBEIT ZWISCHEN DEN PARLAMENTEN

9. Das Europäische Parlament und die nationalen Parlamente legen gemeinsam fest, wie eine effiziente und regelmäßige Zusammenarbeit zwischen den Parlamenten innerhalb der Europäischen Union gestaltet und gefördert werden kann.

10. Die Konferenz der Europa-Ausschüsse kann jeden ihr zweckmäßig erscheinenden Beitrag dem Europäischen Parlament, dem Ministerrat und der Kommission zur Kenntnis bringen. Sie fördert ferner den Austausch von Informationen und bewährten Praktiken zwischen den Parlamenten der Mitgliedstaaten und dem Europäischen Parlament, einschließlich zwischen deren Fachausschüssen. Die Konferenz kann auch interparlamentarische Konferenzen zu Einzelthemen organisieren, insbesondere zur Erörterung von Fragen der Gemeinsamen Außen- und Sicherheitspolitik sowie der Gemeinsamen Sicherheits- und Verteidigungspolitik. Die Beiträge der Konferenz binden in keiner Weise die nationalen Parlamente und präjudizieren in keiner Weise deren Standpunkt.

PROTOKOLL ÜBER DIE ANWENDUNG DER GRUNDSÄTZE DER SUBSIDIARITÄT UND DER VERHÄLTNISMÄSSIGKEIT

DIE HOHEN VERTRAGSPARTEIEN –

IN DEM WUNSCH sicherzustellen, dass Entscheidungen in der Union so bürgernah wie möglich getroffen werden,

ENTSCHLOSSEN, die Bedingungen für die Anwendung der in Artikel I-9 der Verfassung verankerten Grundsätze der Subsidiarität und der Verhältnismäßigkeit festzulegen und ein System zur Kontrolle der Anwendung dieser Grundsätze durch die Organe zu schaffen –

HABEN folgende Bestimmungen VEREINBART, die der Verfassung als Anhang beigefügt sind:

1. Jedes Organ trägt kontinuierlich für die Einhaltung der in Artikel I-9 der Verfassung niedergelegten Grundsätze der Subsidiarität und der Verhältnismäßigkeit Sorge.

2. Die Kommission führt umfangreiche Anhörungen durch, bevor sie einen Gesetzgebungsakt vorschlägt. Dabei ist gegebenenfalls der regionalen und lokalen Dimension der in Betracht gezogenen Maßnahmen Rechnung zu tragen. In außergewöhnlich dringenden Fällen führt die Kommission keine Konsultationen durch. Sie begründet ihre Entscheidung in ihrem Vorschlag.

3. Die Kommission übermittelt alle ihre Vorschläge und geänderten Vorschläge für einen Gesetzgebungsakt gleichzeitig den nationalen Parlamenten der Mitgliedstaaten und dem Unionsgesetzgeber. Sobald das Europäische Parlament seine legislativen Entschließungen angenommen und der Ministerrat seine Standpunkte festgelegt hat, leiten sie diese an die nationalen Parlamente der Mitgliedstaaten weiter.

4. Die Kommission begründet ihren Vorschlag im Hinblick auf die Grundsätze der Subsidiarität und der Verhältnismäßigkeit. Jeder Gesetzgebungsvorschlag sollte einen Bogen mit detaillierten Angaben enthalten, die es ermöglichen zu beurteilen, ob die Grundsätze der Subsidiarität und der Verhältnismäßigkeit eingehalten wurden. Dieser Bogen sollte Angaben zu den voraussichtlichen finanziellen Auswirkungen sowie – im Fall eines Europäischen Rahmengesetzes – zu den Auswirkungen auf die von den Mitgliedstaaten zu erlassenden Rechtsvorschriften, einschließlich gegebenenfalls der regionalen Rechtsvorschriften, enthalten. Die Feststellung, dass ein Ziel der Union besser auf Unionsebene erreicht werden kann, muss auf qualitativen und – soweit möglich –

quantitativen Kriterien beruhen. Die Kommission berücksichtigt dabei, dass die finanzielle Belastung und der Verwaltungsaufwand der Union, der Regierungen der Mitgliedstaaten, der regionalen und lokalen Behörden, der Wirtschaft und der Bürgerinnen und Bürger so gering wie möglich gehalten werden und in einem angemessenen Verhältnis zu dem angestrebten Ziel stehen müssen.

5. Jedes nationale Parlament eines Mitgliedstaats oder jede Kammer eines nationalen Parlaments kann binnen sechs Wochen nach dem Zeitpunkt der Übermittlung eines Gesetzgebungsvorschlags der Kommission in einer begründeten Stellungnahme an die Präsidenten des Europäischen Parlaments, des Ministerrates und der Kommission darlegen, weshalb der Vorschlag seines bzw. ihres Erachtens nicht mit dem Subsidiaritätsprinzip vereinbar ist. Dabei obliegt es dem jeweiligen nationalen Parlament oder der jeweiligen Kammer eines nationalen Parlaments, gegebenenfalls die regionalen Parlamente mit Gesetzgebungsbefugnissen zu konsultieren.

6. Das Europäische Parlament, der Ministerrat und die Kommission berücksichtigen die begründeten Stellungnahmen der nationalen Parlamente der Mitgliedstaaten oder einer der Kammern eines nationalen Parlaments.

Die nationalen Parlamente der Mitgliedstaaten mit einem Einkammersystem haben zwei Stimmen, während jede der beiden Kammern in einem Zweikammersystem eine Stimme hat.

Wird von nationalen Parlamenten und Kammern nationaler Parlamente, die mindestens ein Drittel der Gesamtzahl der Stimmen repräsentieren, eine begründete Stellungnahme dahin gehend abgegeben, dass ein Kommissionsvorschlag nicht mit dem Subsidiaritätsprinzip im Einklang steht, so überprüft die Kommission ihren Vorschlag. Die Schwelle beträgt mindestens ein Viertel der Stimmen, wenn es sich um einen Vorschlag der Kommission oder eine Initiative einer Gruppe von Mitgliedstaaten im Rahmen von Artikel III-165 der Verfassung betreffend den Raum der Freiheit, der Sicherheit und des Rechts handelt.

Nach Abschluss der Überprüfung kann die Kommission beschließen, an ihrem Vorschlag festzuhalten, ihn zu ändern oder ihn zurückzuziehen. Die Kommission begründet ihren Beschluss.

7. Der Gerichtshof ist für Klagen wegen Verstoßes eines Gesetzgebungsakts gegen das Subsidiaritätsprinzip zuständig, die nach den Modalitäten des Artikels III-270

der Verfassung von einem Mitgliedstaat erhoben oder gemäß der jeweiligen innerstaatlichen Rechtsordnung von einem Mitgliedstaat im Namen seines nationalen Parlaments oder einer Kammer dieses Parlaments übermittelt werden.

Gemäß dem genannten Verfassungsartikel können entsprechende Klagen auch vom Ausschuss der Regionen in Bezug auf Gesetzgebungsakte, für deren Annahme die Anhörung des Ausschusses der Regionen nach der Verfassung vorgeschrieben ist, erhoben werden.

8. Die Kommission legt dem Europäischen Rat, dem Europäischen Parlament, dem Ministerrat und den nationalen Parlamenten der Mitgliedstaaten jährlich einen Bericht über die Anwendung des Artikels I-9 der Verfassung vor. Dieser Jahresbericht ist auch dem Ausschuss der Regionen und dem Wirtschafts- und Sozialausschuss zuzuleiten.

PROTOKOLL ÜBER DIE VERTRETUNG DER BÜRGERINNEN UND BÜRGER IM EUROPÄISCHEN PARLAMENT UND DIE STIMMENGEWICHTUNG IM EUROPÄISCHEN RAT UND IM MINISTERRAT

DIE HOHEN VERTRAGSPARTEIEN

HABEN die nachstehenden Bestimmungen ANGENOMMEN, die dem Vertrag über die Verfassung für Europa als Anhang beigefügt werden:

Artikel 1 BESTIMMUNGEN ÜBER DAS EUROPÄISCHE PARLAMENT

(1) Während der gesamten Wahlperiode 2004-2009 beträgt die Anzahl der in den einzelnen Mitgliedstaaten gewählten Abgeordneten des Europäischen Parlaments für:

Belgien	24
Tschechische Republik	24
Dänemark	14
Deutschland	99
Estland	6
Griechenland	24
Spanien	54
Frankreich	78
Irland	13
Italien	78
Zypern	6
Lettland	9
Litauen	13
Luxemburg	6
Ungarn	24
Malta	5
Niederlande	27
Österreich	18
Polen	54
Portugal	24
Slowenien	7
Slowakei	14
Finnland	14
Schweden	19
Vereinigtes Königreich	78

Artikel 2 BESTIMMUNGEN ÜBER DIE STIMMENGEWICHTUNG IM EUROPÄISCHEN RAT UND IM MINISTERRAT

(1) Die nachstehenden Bestimmungen gelten unbeschadet des Artikels I-24 der Verfassung bis zum 1. November 2009.

Ist für die Beschlussfassung im Europäischen Rat und im Ministerrat eine qualifizierte Mehrheit erforderlich, so werden die Stimmen der Mitglieder wie folgt gewichtet:

Belgien	12
Tschechische Republik	12
Dänemark	7
Deutschland	29
Estland	4
Griechenland	12
Spanien	27
Frankreich	29
Irland	7
Italien	29
Zypern	4
Lettland	4
Litauen	7
Luxemburg	4
Ungarn	12
Malta	3
Niederlande	13
Österreich	10
Polen	27
Portugal	12
Slowenien	4
Slowakei	7
Finnland	7
Schweden	10
Vereinigtes Königreich	29

In den Fällen, in denen Beschlüsse nach der Verfassung auf Vorschlag der Kommission zu fassen sind, kommen diese Beschlüsse mit einer Mindestzahl von 232 Stimmen zustande, welche die Zustimmung der Mehrheit der Mitglieder umfasst. In den anderen Fällen kommen die Beschlüsse mit einer Mindestzahl von 232 Stimmen zustande, welche die Zustimmung von mindestens zwei Dritteln der Mitglieder umfasst.

Ein Mitglied des Europäischen Rates oder des Ministerrates kann beantragen, dass bei einer Beschlussfassung des Europäischen Rates oder des Ministerrates mit qualifizierter Mehrheit überprüft wird, ob die Mitgliedstaaten, die diese qualifizierte Mehrheit bilden, mindestens 62 % der Gesamtbevölkerung der Union repräsentieren. Falls sich erweist, dass diese Bedingung nicht erfüllt ist, kommt der betreffende Beschluss nicht zustande.

(2) Bei jedem weiteren Beitritt wird der Schwellenwert gemäß Absatz 1 so berechnet, dass der in Stimmen ausgedrückte Schwellenwert für die qualifizierte Mehrheit den Wert nicht überschreitet, der sich aus der Tabelle in der Erklärung zur Erweiterung der Europäischen Union in der Schlussakte der Konferenz, die den Vertrag von Nizza angenommen hat, ergibt.

PROTOKOLL BETREFFEND DIE EURO-GRUPPE

DIE HOHEN VERTRAGSPARTEIEN –

in dem Wunsch, die Voraussetzungen für ein stärkeres Wirtschaftswachstum in Europa zu verbessern und zu diesem Zwecke eine immer engere Koordinierung der Wirtschaftspolitik im Euro-Währungsgebiet zu fördern,

in dem Bewusstsein, dass besondere Bestimmungen für einen verstärkten Dialog zwischen den Mitgliedstaaten, die den Euro eingeführt haben, vorgesehen werden müssen, bis alle Mitgliedstaaten der Union dem Euro-Währungsgebiet beigetreten sein werden –

sind über folgende Bestimmungen übereingekommen, die der Verfassung beigefügt sind:

Artikel 1

Die Minister der Mitgliedstaaten, die den Euro eingeführt haben, treten zu informellen Sitzungen zusammen. Diese Sitzungen werden bei Bedarf abgehalten mit dem Ziel, Fragen im Zusammenhang mit der spezifischen Verantwortung, die ihnen im Bereich der einheitlichen Währung gemeinsam obliegt, zu erörtern. Die Kommission und die EZB werden zu diesen Sitzungen eingeladen, die von den Vertretern der für Finanzen zuständigen Minister der Mitgliedstaaten, die den Euro eingeführt haben, vorbereitet werden.

Artikel 2

Die Minister der Mitgliedstaaten, die den Euro eingeführt haben, wählen mit der Mehrheit dieser Mitgliedstaaten einen Präsidenten für zweieinhalb Jahre.

PROTOKOLL
ZUR ÄNDERUNG
DES EURATOM-VERTRAGS

DIE HOHEN VERTRAGSPARTEIEN,

UNTER HINWEIS DARAUF, dass die Bestimmungen des Vertrags zur Gründung der Europäischen Atomgemeinschaft weiterhin volle rechtliche Wirkung entfalten müssen,

IN DEM WUNSCH, diesen Vertrag an die neuen im Vertrag über eine Verfassung für Europa festgelegten Vorschriften, insbesondere in den Bereichen Organe und Finanzen, anzupassen,

HABEN die folgenden Bestimmungen ERLASSEN, die dem Vertrag über eine Verfassung für Europa beigefügt sind und durch die der Vertrag zur Gründung der Europäischen Atomgemeinschaft wie folgt geändert wird:

Artikel 1

Artikel 3 wird aufgehoben.

Artikel 2

Die Überschrift des Titels III "Vorschriften über die Organe" erhält folgende Fassung: "Vorschriften über die Organe und Finanzvorschriften".

Artikel 3

(1) Artikel 107 wird durch folgenden Text ersetzt:

"Artikel 107

Die Vorschriften über die Organe und die Finanzvorschriften des Vertrags über eine Verfassung für Europa (Artikel I-18 bis I-38, Artikel I-52 bis I-55 und Artikel III-227 bis III-316) sowie dessen Artikel I-58 gelten unbeschadet der spezifischen Bestimmungen in den Artikeln 134, 135, 144, 145, 157, 171, 172, 174 und 176 auch für den vorliegenden Vertrag."

(2) Die Artikel 107a bis 133, 136 bis 143, 146 bis 156, 158 bis 170, 173, 173a, 175 und 177 bis 183a werden aufgehoben.

Artikel 4

Die Überschrift des Titels IV "Finanzvorschriften" erhält folgende Fassung:

"Besondere Finanzvorschriften".

Artikel 5

In Artikel 38 Absatz 3 und Artikel 82 Absatz 3 werden die Bezugnahmen auf die Artikel 141 und 142 durch die Artikel III-265 bzw. III-266 des Vertrags über eine Verfassung für Europa ersetzt.

In Artikel 171 Absatz 2, Artikel 175 Absatz 1 und Artikel 176 Absatz 3 wird die Bezugnahme auf den Artikel 183 durch Artikel III-318 des Vertrags über eine Verfassung für Europa ersetzt.

In Artikel 172 Absatz 4 wird die Bezugnahme auf Artikel 177 Absatz 5 durch Artikel III-310 des Vertrags über eine Verfassung für Europa ersetzt.

In Artikel 18 Absatz 3 und Artikel 83 Absatz 2 wird die Bezugnahme auf Artikel 164 durch Artikel III-307 des Vertrags über eine Verfassung für Europa ersetzt.

In den Artikeln 38 und 82 wird das Wort "Richtlinie" durch "Europäischen Beschluss" ersetzt.

Im Vertrag wird das Wort "Beschluss" bzw. "Entscheidung" durch "Europäischer Beschluss" ersetzt.

Artikel 6

Artikel 190 erhält folgende Fassung:
"Die Regelung der Sprachenfrage für die Organe wird unbeschadet der Satzung des Gerichtshofs vom Ministerrat einstimmig festgelegt."

Artikel 7

Artikel 198 erhält folgende Fassung:
"a) Dieser Vertrag findet auf die Färöer keine Anwendung."

Artikel 8

Artikel 201 erhält folgende Fassung:
"Die Gemeinschaft führt ein enges Zusammenwirken mit der Organisation für Wirtschaftliche Zusammenarbeit und Entwicklung herbei; die Einzelheiten werden im gegenseitigen Einvernehmen festgelegt."

Artikel 9

Artikel 206 erhält folgende Fassung:
"Die Gemeinschaft kann mit einem Staat oder mehreren Staaten oder einer oder mehreren internationalen Organisationen Abkommen schließen, durch die eine Assoziation mit gegenseitigen Rechten und Pflichten, gemeinsamem Vorgehen und besonderen Verfahren gegründet wird.

Diese Abkommen werden nach Anhörung des Europäischen Parlaments einstimmig vom Ministerrat geschlossen.

Werden durch diese Abkommen Änderungen dieses Vertrags erforderlich, so müssen diese zuvor nach dem Verfahren des Artikels IV-7 des Vertrags über eine Verfassung für Europa angenommen werden."

DEM PROTOKOLL ÜBER DIE VERTRETUNG DER BÜRGERINNEN UND BÜRGER IM EUROPÄISCHEN PARLAMENT UND DIE STIMMENGEWICHTUNG IM EUROPÄISCHEN RAT UND IM MINISTERRAT BEIGEFÜGTE ERKLÄRUNG

Die Mitgliedstaaten der Europäischen Union werden bei den Beitrittskonferenzen mit Rumänien und/oder Bulgarien hinsichtlich der Verteilung der Sitze im Europäischen Parlament und der Stimmengewichtung im Europäischen Rat und im Ministerrat folgenden gemeinsamen Standpunkt einnehmen: Sollte der Beitritt Rumäniens und/oder Bulgariens vor dem Inkrafttreten des in Artikel I-19 Absatz 2 der Verfassung vorgesehenen Beschlusses des Europäischen Rates erfolgen, so wird die Anzahl ihrer gewählten Vertreter im Europäischen Parlament auf der Grundlage der Zahlen 33 bzw. 17 berechnet, die nach der Formel berichtigt werden, nach der die Anzahl der Vertreter jedes Mitgliedstaats im Europäischen Parlament, wie im Protokoll über die Vertretung der Bürgerinnen und Bürger im Europäischen Parlament und die Stimmengewichtung im Europäischen Rat und im Ministerrat angegeben, festgelegt wurde.

Im Vertrag über den Beitritt zur Europäischen Union kann abweichend von Artikel I-19 Absatz 2 der Verfassung vorgesehen werden, dass die Zahl der Mitglieder des Europäischen Parlaments für den verbleibenden Zeitraum der Legislaturperiode 2004–2009 vorübergehend mehr als 736 betragen darf.

Unbeschadet des Artikels I-24 Absatz 2 der Verfassung werden bei der Stimmengewichtung im Europäischen Rat und im Ministerrat bis 1. November 2009 Rumänien 14 und Bulgarien 10 Stimmen zugewiesen. Bei jedem Beitritt wird die im Protokoll über die Vertretung der Bürgerinnen und Bürger im Europäischen Parlament und die Stimmengewichtung im Europäischen Rat und im Ministerrat vorgesehene Schwelle vom Ministerrat festgelegt.

ERKLÄRUNG
ÜBER DIE EINRICHTUNG
EINES EUROPÄISCHEN
AUSWÄRTIGEN DIENSTES

“Der Konvent hält es für geboten, dass der Ministerrat und die Kommission unbeschadet der Rechte des Europäischen Parlaments vereinbaren, dass der in Artikel I-27 der Verfassung vorgesehene künftige Außenminister der Union bei der Wahrnehmung seiner Aufgaben von einem neuen gemeinsamen Dienst (Europäischer Auswärtiger Dienst) unterstützt wird, der dem Außenminister unterstellt ist und sich aus Beamten der einschlägigen Dienststellen des Generalsekretariats des Ministerrates und der Kommission und aus abgestelltem Personal der diplomatischen Dienste der Mitgliedstaaten zusammensetzt.

Das Personal der Delegationen der Union im Sinne von Artikel III-230 wird aus diesem gemeinsamen Dienst bereitgestellt.

Der Konvent ist der Ansicht, dass die erforderlichen Vorkehrungen für die Einrichtung des gemeinsamen Dienstes innerhalb des ersten Jahres nach Inkrafttreten des Vertrags über eine Verfassung für Europa getroffen werden sollten.”

ERKLÄRUNG FÜR DIE SCHLUSSAKTE ÜBER DIE UNTERZEICHNUNG DES VERTRAGS ÜBER DIE VERFASSUNG

Haben nach Ablauf von zwei Jahren nach der Unterzeichnung des Vertrags über die Verfassung vier Fünftel der Mitgliedstaaten den genannten Vertrag ratifiziert und sind in einem Mitgliedstaat oder mehreren Mitgliedstaaten Schwierigkeiten bei der Ratifikation aufgetreten, so befasst sich der Europäische Rat mit der Frage.

VERZEICHNIS DER MITGLIEDER DES EUROPÄISCHEN KONVENTS

VORSITZ

Herr Valéry Giscard d'Estaing
Vorsitzender

Herr Giuliano Amato
Stellvertretender Vorsitzender

Herr Jean-Luc Dehaene
Stellvertretender Vorsitzender

SONSTIGE MITGLIEDER DES PRÄSIDIUMS

Herr Michel Barnier
Vertreter der Europäischen Kommission

Herr John Bruton
Vertreter der einzelstaatlichen Parlamente

Herr Henning Christophersen
Vertreter des dänischen Vorsitzes

Herr Alfonso Dastis
Vertreter des spanischen Vorsitzes
(seit März 2003)

Herr Klaus Hänsch
Vertreter des Europäischen Parlaments

Herr Giorgos Katiforis
Vertreter des griechischen Vorsitzes
(bis Februar 2003)

Herr Iñigo Méndez De Vigo y Montojo
Vertreter des Europäischen Parlaments

Frau Ana Palacio
Vertreterin des spanischen Vorsitzes
(bis März 2003)

Herr Giorgos Papandreou
Vertreter des griechischen Vorsitzes
(seit Februar 2003)

Frau Gisela Stuart
Vertreterin der einzelstaatlichen Parlamente

Herr Antonio Vitorino
Vertreter der Europäischen Kommission

Herr Alojz Peterle
Gast

MITGLIEDER DES KONVENTS

VERTRETER DES EUROPÄISCHEN PARLAMENTS

Herr Jens-Peter Bonde (DK)
Herr Elmar Brok (D)
Herr Andrew Nicholas Duff (UK)
Herr Olivier Duhamel (F)
Herr Klaus Hänsch (D)
Frau Sylvia-Yvonne Kaufmann (D)
Herr Timothy Kirkhope (UK)
Herr Alain Lamassoure (F)
Frau Linda McAvan (UK)
Frau Hanja Maij-Weggen (NL)
Herr Luís Marinho (P)
Herr Íñigo Méndez De Vigo y Montojo (ES)
Frau Cristiana Muscardini (IT)
Herr Antonio Tajani (IT)
Frau Anne Van Lancker (B)
Herr Johannes Voggenhuber (ÖS)

VERTRETER DER KOMMISSION

Herr Michel Barnier
Herr António Vitorino

VERTRETER DER MITGLIEDSTAATEN

BELGIË/BELGIQUE

Regierung
Herr Louis Michel

Nationales Parlament
Herr Karel de Gucht
Herr Elio di Rupo

DANMARK

Regierung

Herr Henning Christophersen

Nationales Parlament

Herr Peter Skaarup

Herr Henrik dam Kristensen

DEUTSCHLAND

Regierung

Herr Joschka Fischer,
seit November 2002 Nachfolger
von Herrn Peter Glotz

Nationales Parlament

Herr Jürgen Meyer

Herr Erwin Teufel

ELLAS

Regierung

Herr Giorgos Papandreou,
seit Februar 2003 Nachfolger
von Herrn Giorgos Katiforis

Nationales Parlament

Herr Paraskevas Avgerinos

Frau Marietta Giannakou

ESPAÑA

Regierung

Herr Alfonso Dastis,
seit September 2002 Nachfolger
von Herrn Carlos Bastarreche
als stellvertretendes Mitglied und seit März 2003
von Frau Ana Palacio als Mitglied

Nationales Parlament

Herr Josep Borrell Fontelles

Herr Gabriel Cisneros Laborda

FRANCE

Regierung

Herr Dominique de Villepin,
seit November 2002 Nachfolger
von Herrn Pierre Moscovici

Nationales Parlament

Herr Pierre Lequiller,
seit Juli 2002 Nachfolger
von Herrn Alain Barrau

Herr Hubert Haenel

IRELAND

Regierung
Herr Dick Roche,
seit Juli 2002 Nachfolger
von Herrn Ray MacSharry

Nationales Parlament
Herr John Bruton
Herr Proinsias De Rossa

ITALIA

Regierung
Herr Gianfranco Fini

Nationales Parlament
Herr Marco Follini
Herr Lamberto Dini

LUXEMBOURG

Regierung
Herr Jacques Santer

Nationales Parlament
Herr Paul Helminger
Herr Ben Fayot

NEDERLAND

Regierung
Herr Gijs de Vries,
seit Oktober 2002 Nachfolger
von Herrn Hans van Mierlo

Nationales Parlament
Herr René van der Linden
Herr Frans Tifraurmans

ÖSTERREICH

Regierung
Herr Hannes Farnleitner

Nationales Parlament
Herr Caspar Einem
Herr Reinhard Eugen Bösch

PORTUGAL

Regierung

Herr Ernâni Lopes,
seit Mai 2002 Nachfolger
von Herrn João de Vallera

Nationales Parlament

Herr Alberto Costa

Frau Eduarda Azevedo

SUOMI/FINLAND

Regierung

Frau Teija Tiilikainen

Nationales Parlament

Herr Kimmo Kiljunen

Herr Jari Vilén,
seit Mai 2003 Nachfolger
von Herrn Matti Vanhanen

SVERIGE

Regierung

Frau Lena Hjelm-Wallén

Nationales Parlament

Herr Sören Lekberg

Herr Göran Lennmarker

UNITED KINGDOM

Regierung

Herr Peter Hain

Nationales Parlament

Frau Gisela Stuart

Herr David Heathcoat-Amory

VERTRETER
DER BEITRITTSWILLIGEN LÄNDER

ΚΥΠΡΟΣ/ZYPERN

Regierung
Herr Michael Attalides

Nationales Parlament
Frau Eleni Mavrou
Herr Panayiotis Demetriou

MALTA

Regierung
Herr Peter Sherracino-Inglott

Nationales Parlament
Herr Michael Frendo
Herr Alfred Sant

MAGYARORSZÀG/UNGARN

Regierung
Herr Péter Balázs,
seit Juni 2002 Nachfolger
von Herrn János Martonyi

Nationales Parlament
Herr József Szájer
Herr Pál Vastagh

POLSKA/POLEN

Regierung
Frau Danuta Hübner

Nationales Parlament
Herr Jozef Oleksy
Herr Edmund Wittbrodt

ROMÂNIA/RUMÄNIEN

Regierung
Frau Hildegard Carola Puwak

Nationales Parlament
Herr Alexandru Athanasiu,
seit Februar 2003 Nachfolger
von Herrn Liviu Maior
Herr Puiu Hasotti

SLOVENSKO/SLOWAKEI

Regierung

Herr Ivan Korčok,
seit November 2002 Nachfolger
von Herrn Ján Figel

Nationales Parlament

Herr Ján Figel,
seit Oktober 2002 Nachfolger
von Herrn Pavol Hamzik

Frau Irena Belohorská

LATVIJA/LETTLAND

Regierung

Frau Sandra Kalniete,
seit Januar 2003 Nachfolgerin
von Herrn Roberts Zile

Nationales Parlament

Herr Rihards Piks

Frau Liene Liepina,
seit Januar 2003 Nachfolgerin
von Herrn Edvins Inkēns

EESTI/ESTLAND

Regierung

Herr Lennart Meri

Nationales Parlament

Herr Tunne Kelam

Herr Rein Lang,
seit April 2003 Nachfolger von
von Herrn Peeter Reitzberg

LIETUVA/LITAUEN

Regierung

Herr Rytis Martikonis

Nationales Parlament

Herr Vytenis Andriukaitis

Herr Algirdas Gricius,
seit Dezember 2002 Nachfolger von Herrn Alvydas Medalinskas, Nachfolger von Frau Dalia Kutraite-Giedraitiene als stellvertretendes Mitglied

БЪЛГАРИЯ/BULGARIEN

Regierung

Frau Meglena Kuneva

Nationales Parlament

Herr Daniel Valchev

Herr Nikolai Mladenov

ČESKÁ REPUBLIKA/TSCHECHISCHE REPUBLIK

Regierung

Herr Jan Kohout,
seit September 2002 Nachfolger
von Herrn Jan Kavan

Nationales Parlament

Herr Jan Zahradil

Herr Josef Zieleniec

SLOVENIJA/SLOWENIEN

Regierung

Herr Dimitrij Rupel
seit Januar 2003 Nachfolger von Herrn Matjaz Nahtigal

Nationales Parlament

Herr Jelko Kacin
seit Januar 2003 Nachfolger von Herrn Slavko Gaber

Herr Alojz Peterle

TÜRQÍYE/TÜRKEI

Regierung

Herr Abdullah Gül
seit März 2003 Nachfolger
von Herrn Yasar Yakis, seit
Dezember 2002 Nachfolger
von Herrn Mesut Yilmaz

Nationales Parlament

Herr Zekeriya Akcam
seit Dezember 2002 Nachfolger
von Herrn Ali Tekin

Herr Kemal Derviş
seit Dezember 2002 Nachfolger von Frau Ayfer Yilmaz

STELLVERTRETENDE MITGLIEDER

VERTRETER DES EUROPÄISCHEN PARLAMENTS

Herr William Abitbol (F)
Frau Almeida Garrett (P)
Herr John Cushnahan (IRL)
Frau Lone Dybkjaer (DK)
Frau Pervenche Berès (F)
Frau Maria Berger (ÖS)
Herr Carlos Carnero González (ES)
Herr Neil MacCormick (UK)
Frau Piia-Noora Kauppi (FI)
Frau Elena Paciotti (IT)
Herr Luís Queiró (P)
Herr Reinhard Rack (ÖS)
Herr Esko Seppänen (FI)
The Earl of Stockton (UK)
Frau Helle Thorning-Schmidt (DK)
Herr Joachim Wuermeling (D)

VERTRETER DER KOMMISSION

Herr David O'Sullivan
Herr Paolo Ponzano

VERTRETER DER MITGLIEDSTAATEN

BELGIË/BELGIQUE

Regierung
Herr Pierre Chevalier

Nationales Parlament
Herr Danny Pieters
Frau Marie Nagy

DANMARK

Regierung
Herr Poul Schlüter

Nationales Parlament
Herr Per Dalgaard
Herr Niels Helveg Petersen

DEUTSCHLAND

Regierung

Herr Hans Martin Bury
seit November 2002 Nachfolger
von Herrn Gunter Pleuger

Nationales Parlament

Herr Peter Altmaier

Herr Wolfgang Gerhards
seit März 2003 Nachfolger
von Herrn Wolfgang Senff

ELLAS

Regierung

Herr Giorgos Katiforis
seit Februar 2003 Nachfolger
von Herrn Panayiotis Ioakimidis

Nationales Parlament

Herr Nikolaos Constantopoulos

Herr Evripidis Stiliniadis

ESPAÑA

Regierung

Frau Ana Palacio
seit März 2003 Nachfolgerin
von Herrn Alfonso Dastis

Nationales Parlament

Herr Diego López Garrido

Herr Alejandro Muñoz Lonso

FRANCE

Regierung

Frau Pascale Andreani
seit August 2002 Nachfolgerin
von Herrn Pierre Vimont

Nationales Parlament

Herr Jacques Floch
seit Juli 2002 Nachfolger von
Frau Anne-Marie Idrac

Herr Robert Badinter

IRELAND

Regierung

Herr Bobby McDonagh

Nationales Parlament

Herr Pat Carey,
seit Juli 2002 Nachfolger
von Herrn Martin Cullen

Herr John Gormley

ITALIA

Regierung

Herr Francesco E. Speroni

Nationales Parlament

Herr Valdo Spini

Herr Filadelfio Guido Basile

LUXEMBOURG

Regierung

Herr Nicolas Schmit

Nationales Parlament

Herr Gaston Giberyen

Frau Renée Wagener

NEDERLAND

Regierung

Herr Thom de Bruijn

Nationales Parlament

Herr Wim van Eekelen

Herr Jan Jacob van Dijk
seit Oktober 2002 Nachfolger
von Herrn Hans van Baalen

ÖSTERREICH

Regierung
Herr Gerhard Tusek

Nationales Parlament
Frau Evelin Lichtenberger
Herr Eduard Mainoni
seit März 2003 Nachfolger
von Herrn Gerhard Kurzmann

PORTUGAL

Regierung
Herr Manuel Lobo Antunes

Nationales Parlament
Herr Guilherme d'Oliveira Martins,
seit Juni 2002 Nachfolger
von Herrn Osvaldo de Castro
Herr António Nazaré Pereira

SUOMI/FINLAND

Regierung
Herr Antti Peltomäki

Nationales Parlament
Herr Hannu Takkula
seit Mai 2003 Nachfolger
von Frau Riitta Korhonen
Herr Esko Helle

SVERIGE

Regierung
Herr Sven-Olof Petersson
seit Dezember 2002 Nachfolger
von Frau Lena Hallengren

Nationales Parlament
Herr Kenneth Kvist
Herr Ingvar Svensson

UNITED KINGDOM

Regierung
Baroness Scotland of Asthal

Nationales Parlament
Lord Tomlinson
Lord Maclennan of Rogart

VERTRETER DER BEITRITTSWILLIGEN LÄNDER

ΚΥΠΡΟΣ/ZYPERN

Regierung
Herr Theophilos V. Theophilou

Nationales Parlament
Herr Marios Matsakis
Frau Androula Vassiliou

MALTA

Regierung
Herr John Inguanez

Nationales Parlament
Frau Dolores Cristina
Herr George Vella

MAGYARORSZÀG/UNGARN

Regierung
Herr Péter Gottfried

Nationales Parlament
Herr András Kelemen
Herr István Szent-Iványi

POLSKA/POLEN

Regierung
Herr Janusz Trzciński

Nationales Parlament
Frau Marta Fogler
Frau Genowefa Grabowska

ROMÂNIA/RUMÄNIEN

Regierung

Herr Constantin Ene
seit Dezember 2002 Nachfolger
von Herrn Ion Jinga

Nationales Parlament

Herr Péter Eckstein-Kovacs

Herr Adrian Severin

SLOVENSKO/SLOWAKEI

Regierung

Herr Juraj Migaš

Nationales Parlament

Frau Zuzana Martinakova
seit November 2002 Nachfolgerin
von Herrn Frantisek Sebej

Herr Boris Zala
seit November 2002 Nachfolger
von Frau Olga Keltosova

LATVIJA/LETTLAND

Regierung

Herr Roberts Zile
seit Januar 2003 Nachfolger
von Herrn Guntars Krasts

Nationales Parlament

Herr Guntars Krasts
seit Januar 2003 Nachfolger
von Herrn Maris Sprindzuks

Herr Arturs Krisjanis Karins
seit Januar 2003 Nachfolger
von Frau Inese Birzniece

EESTI/ESTLAND

Regierung

Herr Henrik Hololei

Nationales Parlament

Frau Liina Tõnisson
seit April 2003 Nachfolgerin von Frau Liia Hänni

Herr Urmas Reinsalu
seit April 2003 Nachfolger
von Herrn Ülo Tärno

LIETUVA/LITAUEN

Regierung

Herr Oskaras Jusys

Nationales Parlament

Herr Gintautas Šivickas
seit Februar 2003 Nachfolger von Herrn Gediminas Dalinkevicius, seit Dezember 2002 Nachfolger von Herrn Rolandas Pavilionis,

Herr Eugenijus Maldeikis
seit Februar 2003 Nachfolger von Herrn Alvydas Medalinskas

БЪЛГАРИЯ/BULGARIEN

Regierung

Frau Neli Kutskova

Nationales Parlament

Herr Alexander Arabadjiev

Herr Nesrin Uzun

ČESKÁ REPUBLIKA/TSCHECHISCHE RÉPUBLIK

Regierung

Frau Lenka Anna Rovna
seit September 2002 Nachfolgerin von Herrn Jan Kohout

Nationales Parlament

Herr Petr Nečas

Herr František Kroupa

SLOVENIJA/SLOWENIEN

Regierung

Herr Janez Lenarčič

Nationales Parlament

Herr Franc Horvat
seit Januar 2003 Nachfolger von Frau Danica Simšič

Herr Mihael Brejc

TÜRQÍYE/TÜRKEI

Regierung

Herr Oğuz Demiralp
seit August 2002 Nachfolger
von Herrn Nihat Akyol

Nationales Parlament

M. Ibrahim Özal
seit Dezember 2002 Nachfolger
von Herrn Kürsat Eser
M. Necdet Budak
seit Dezember 2002 Nachfolger
von Herrn A. Emre Kocaoglou

BEOBACHTER

Herr Roger Briesch
Wirtschafts- und Sozialausschuss

Herr Josef Chabert
Ausschuss der Regionen

Herr João Cravinho
Europäische Sozialpartner

Herr Manfred Dammeyer
Ausschuss der Regionen

Herr Patrick Dewael
Ausschuss der Regionen

Herr Nikiforos Diamandouros
Europäischer Bürgerbeauftragter (seit März 2003 Nachfolger von Herrn Jacob Söderman)

Herr Claude Du Granrut
Ausschuss der Regionen

Herr Göke Daniel Frerichs
Wirtschafts- und Sozialausschuss

Herr Emilio Gabaglio
Europäische Sozialpartner

Herr Georges Jacobs
Europäische Sozialpartner

Herr Claudio Martini
Ausschuss der Regionen

Frau Anne-Maria Sigmund
Wirtschafts- und Sozialausschuss

Herr Ramón Luis Valcárcel Siso
Ausschuss der Regionen (seit Februar 2003 Nachfolger von Herrn Eduardo Zaplana, seit Oktober 2002 Stellvertreter von Frau Eva-Riitta Siitonen)

SEKRETARIAT

Sir John Kerr
Generalsekretär

Frau Annalisa Giannella
Stellvertreterin des Generalsekretärs

Frau Marta Arpio Santacruz
Frau Agnieszka Bartol
Herr Hervé Bribosia
Frau Nicole Buchet
Frau Élisabeth Gateau
Frau Maryem van den Heuvel
Herr Clemens Ladenburger
Frau Maria José Martínez Iglesias
Herr Nikolaus Meyer-Landrut
Herr Guy Milton
Herr Ricardo Passos
Frau Kristin de Peyron
Herr Alain Pilette
Herr Alan Piotrowski
Herr Étienne de Poncins
Frau Alessandra Schiavo
Frau Walpurga Speckbacher

INHALTSVERZEICHNIS

TEIL II
DIE CHARTA DER GRUNDRECHTE DER UNION 59

Europäischer Konvent

Entwurf eines Vertrags über eine Verfassung für Europa
Vom Europäischen Konvent im Konsensverfahren angenommen am 13. Juni und 10. Juli 2003
Dem Präsidenten des Europäischen Rates in Rom überreicht am 18. Juli 2003

Luxemburg: Amt für amtliche Veröffentlichungen der Europäischen Gemeinschaften

2003 — VIII – S. 352 — 17,6 x 25 cm

ISBN 92-78-40195-1